U0924224

《王亚南全集》编纂委员会

顾　问： 王洛林　吴宣恭

主　任： 张　彦　张　荣

副主任： 李建发　杨　斌　邓朝晖　庄宗明

委　员：（按姓氏笔画为序）

邓朝晖　庄宗明　李建发　杨　斌　宋文艳
张　荣　张　彦　高和荣　黄鸿德

《王亚南全集》编辑部

主　任： 庄宗明

成　员：（按姓氏笔画为序）

庄宗明　刘心舜　刘连支　许红兵
邱士杰　宋文艳　林　坚　林金忠

王亚南全集

第十二卷

厦门大学出版社
XIAMEN UNIVERSITY PRESS
国家一级出版社
全国百佳图书出版单位

图书在版编目(CIP)数据

王亚南全集.第十二卷/《王亚南全集》编纂委员会编.—厦门:厦门大学出版社,2021.10

ISBN 978-7-5615-8393-7

Ⅰ.①王… Ⅱ.①王… Ⅲ.①王亚南(1901—1969)—全集 Ⅳ.①C52

中国版本图书馆 CIP 数据核字(2021)第 202618 号

出 版 人 郑文礼
出版策划 宋文艳
责任编辑 许红兵
责任校对 李芮男
装帧设计 李夏凌 蔡炜荣
技术编辑 朱 楷

出版发行 厦门大学出版社
社 址 厦门市软件园二期望海路 39 号
邮政编码 361008
总 机 0592-2181111 0592-2181406(传真)
营销中心 0592-2184458 0592-2181365
网 址 http://www.xmupress.com
邮 箱 xmup@xmupress.com
印 刷 厦门集大印刷有限公司

开本 720 mm×1 000 mm 1/16
印张 20
插页 3
字数 251 千字
版次 2021 年 10 月第 1 版
印次 2021 年 10 月第 1 次印刷
定价 108.00 元

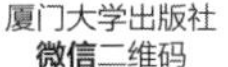
厦门大学出版社
微信二维码

厦门大学出版社
微博二维码

编纂体例

1.编校基本原则:尊重与保持原著面貌,同时兼顾现行学术规范和读者阅读习惯。

2.版式:原为竖排者均改为横排,繁体字均改为简体字。

3.古体字、异体字改动而于原意无损者,改为今体字和通用字,并按新版《现代汉语词典》规范。

4.对明显的文字排校差错,包括衍(多余)、脱(减少)、倒(倒置)、错(错讹)进行校改。添加的字用六角号及楷体标示,其他径行改正。漫漶不清、无法辨认的,用方框"□□"标示。

5.生僻或明显有碍于读者理解的旧词,改为常用或便于理解的新词。

6.标点符号原则上不作改动;个别影响阅读或容易引起歧义的,采用现行国家标准予以改正。

7.著作(译作)、文章原则上采用原有标题;个别无标题或标题有改动的,由编者酌加或修改,并用"*"号注明,加"编者注"说明。

8.原作中的夹注、篇后注、章后注等,原则上改为脚注,文献出版年份和页码统一为阿拉伯数字。

9.编者所加注释均注明"编者注",并根据情况采用脚注或夹注形式。

10.引文均不复核,个别明显错引处径行代为改正。

11.原文中人名、地名、国名已成音译定例的,按定例予以改正和统一;未成音译定例者,仍循其旧。卷末根据需要附"人名译名对照表"等。

12.统计数字按现行规范统一。年代表述仍循原著写法。

13.内容涉及对外或民族、宗教政策的，亦保留原样，必要时加“编者注”说明。

14.早期原著中个别提法不合现行规定的，径行作省略处理。

《王亚南全集》编辑部

本卷编者说明

本卷收录英国学者大卫·李嘉图著，郭大力、王亚南合译的《经济学及赋税之原理》。该书1931年1月由上海神州国光社初版，1936年转由上海中华书局出版印行。

大卫·李嘉图(1772—1823)是英国古典政治经济学的主要代表之一，也是资产阶级古典政治经济学的完成者。《经济学及赋税之原理》是李嘉图的代表作，首次出版于1817年，但作为定本流行的是1821年出版的第三版。全书共三十二章，分别论述了价值、地租、租金、价格、工资、利润、对外贸易、赋税、殖民地贸易、总收入与纯收入、通货与银行、机器等问题，以及对斯密、马尔萨斯、萨伊等人理论观点的评论，内容丰富，博大精深。

《经济学及赋税之原理》是经济学说史上的一部巨著，它囊括了古典经济学当时的所有重要理论，包含着李嘉图思想的全部精粹；该书进一步发展了亚当·斯密的劳动价值论，完成了资产阶级古典政治经济学的理论体系，被称为"李嘉图革命"。该书影响深远，成为马克思写作《资本论》的重要思想源泉。

该书向以"艰深难懂"闻名，但一经出版，就逐渐为人们所认可，并成为畅销书，曾多次再版，被誉为是当时继亚当·斯密《国富论》之后最著名的一部经济学著作。

在该书"译序"中，郭大力不仅就李嘉图的生平与经济思想作了简介，而且特别向读者说明，该书中译本的重要部分，大半出自王亚南的手笔。①

新中国成立后，郭大力曾对1931年出版的《经济学及赋税之原理》做过一次全面校订。后商务印书馆征得郭大力同意，由北京编译社参照《李嘉图著作和通信集》第一卷[斯拉法(P.Sraffa)和多布(M. H. Dobb)编，英国剑桥大学出版社1951年出版]校订后，将该书中文版更名为《政治经济学及赋税原理》，于1962年再版发行，王学文曾为该书再版撰写了序言。②

鉴于新中国成立前上海神州国光社和中华书局曾多次重印《经济学及赋税之原理》一书，此次收录《王亚南全集》时，选用的是中华书局1949年印行的版本。经比对，与神州国光社初版仅有个别文字调整。

《经济学及赋税之原理》是王亚南与郭大力商定翻译5部世界经济学名著的"大佛寺计划"中最先出版的一部，也是他们决心共同研习政治经济学理论初期的重要成果之一。

---

① 郭大力：《经济学及赋税之原理》"译序"，上海神州国光出版社1931年版。

② 参阅商务印书馆1962年出版的《政治经济学及赋税原理》(李嘉图著，郭大力、王亚南译)一书的"出版说明"。

目 录

经济学及赋税之原理

经济学及赋税之原理

經濟學及賦稅之原理

中華書局印行

原书封面

一九三六年四月發行
一九四九年十一月三版

經濟學及賦稅之原理（全一冊）

◎ 基價十三元五角
（郵匯匯費另加）

原著者　里嘉圖
譯者　郭大力　王亞南
發行人　中華書局股份有限公司代表　李虞杰
印刷者　中華書局永寧印刷廠　上海澳門路八九號
發行處　各埠中華書局
（一〇〇九三X上）

原书版权页

译 序

一、李嘉图眼前的经济问题

我喜欢读李嘉图的经济学，并非因为他书中的文字，具有一种特殊的吸引力的美，他这一本大著，文字是晦涩的；亦非因为他这书的编次，具有一种于读者便利的系统，他这一本名著，只是三十二篇乱七八糟的论文集。他这书的伟大，在于他真切表现了当时的经济问题。

在亚当·斯密时代，工业革命尚未完全发展。对于制造家的工业、企业家的商业，社会上尚有各种束缚。在上等阶级方面，尚有禁止谷物输入，而为贵族地主谋利益的谷物条例；在下等阶级方面，尚有限制工人自由，以防范相互竞争的基尔特组织。这时候，在资本家方面，尚没有企业的投资的自由；而在劳动者方面，亦没有劳动的择业的自由。

所以，在亚当·斯密时代，唯一的经济问题，是摧毁这种种束缚，让社会上的大工业发展。在亚当·斯密看来，这种种束缚的破除，不仅可能，而且必要。他以为，如果破除了这种种束缚，如果确立了资本家的企业自由投资自由，确立了劳动者的劳动自由择业自由，则大工业的发展，是指顾间事。

亚当·斯密这种革命思想的重要，不减于卢骚的《民约论》。卢骚想在政治方面确立第三阶级的自由，亚当·斯密想在经济方面，确立第三阶级的自由，他们的口号，同是一个自由。

他们二人，还有一个相似之点，卢骚以为，在政治方面打倒专制暴力贵族权威之后，确立第三阶级的自由，便是确立全国民的自由。亚当·斯密亦以为，在经济方面破除种种束缚之后，第三阶级的利益，便是全国民的利益。

贯通亚当·斯密《国富论》全书的中心思想，便是这种假设。所以他全书讨论的，只是如何发展大工业，如何确立第三阶级自由的问题，但他全书的题名，却是：《诸国民之富的性质及其原因之研究》。他以为，资本家为自身利益，把资本投在于己最有益的事业上，亦即最有益于社会。

在亚当·斯密心中，劳动阶级与资本阶级斗争的黑影，全不存在。后来阶级斗争的惨状，他不曾梦想。在他整个的思想中，只有如何始可发展工业的问题，但工业发展之后，社会上究将受何种影响，在他，实在难于想象。在他《国富论》中，如果偶尔言及了工业发展以后的结果，那他的结论，便是：工业发展于全社会有利。他不知道，随生产问题而起的分配问题，会成为十九世纪二十世纪人类的中心问题。他只注意了经济上的生产问题，未曾注意经济上的分配问题。

但历史告诉我们，工业发展的结果，决不如亚当·斯密所想象。工业发展，对于劳动阶级及资本阶级，可以而且一定会发生极端相反的影响。于资本阶级有利的，一定于劳动阶级有害。所以，在特殊情状下，工业发展不是国民之富的原因，只是特殊阶级之富的原因。

由工业发展而引起的社会上各种惨状，终随时代之推进而暴露。乌托邦社会主义的兴起，乃为必要。圣西门、傅立叶、奥文辈的学说，遂大行于世。但在他们之前，还有一个思想家为我们所不可忽视的，是英国的威廉·高德文。

亚当·斯密《国富论》的公表，是一七七六年间事，瓦特蒸汽机在工业上的实际应用，则始自一七八五年。亚当·斯密去世，是一七九〇年间事，高德文《政治正义论》的著作，即始于亚当·斯密死后之翌年。以空想共产主义资格而流行于劳动阶级间的这部名著，对于罪恶穷困，则断定其可灭绝，对于富裕阶级的游惰，则直言其非正义。在这部书中，流出了对劳动阶级同情的呼声，对于工业发展工厂发达当时的社会状况，加上了极严正的批评。

这部书的公表，暴露了当时英国社会的不安现象。亚当·斯密所未曾眼见或未曾提及的阶级斗争，至是渐就发生，而有日甚一日的趋势。分配问题的黑影，第一次印在人类脑中，而这一次印象的表现，不幸却是反对资本主义的呼声。就尚未充分发展的资本主义的立场说，这可说是恶作剧了。

但尚未充分发展的资本主义，决不能因这种反抗呼声而稍示退缩。为促进这个过渡时期的必要故，拥护资本主义的理论的出现，无论如何，亦不能避免。马尔萨斯起来了，马尔萨斯在第一版《人口论》中，便根据一种所谓自然法则，把高德文的理论驳倒。赖他这本不满300页的著作的出现，反资本主义的满天风云，才慢慢收敛起来。他肯定社会贫困的必要，认贫困为自然法则作用的结果，故在人类生活上，绝对不能避免。一切救济贫困提高工资改良工人待遇的要求，等于违反自然法则的妄言，有害于社会进步。

马尔萨斯这种议论，对于资本主义的贡献，不下于亚当·斯密的自由放任论。但亚当·斯密只看到了一个生产问题，马尔萨斯则因时代较后之故，再在生产问题之外，发现了一个分配问题。他认出了，生产问题的解决，不是分配问题的解决。所以，在第一版《人口论》中，他说：

“亚当·斯密博士研究所揭的对象，是国民之富的性质与原因。但还有一种研究，也许更有趣味，即研究那种种有影响于国民幸福或社会下层阶级（各国都以这阶级占大多数）幸福的原因。亚当·斯密屡屡把这两种研究，混而为一。我亦充分承认这两个问题的密切关系，并且，就一般说，增加国富的原因，亦有增进下等人民幸福的趋势。但这两种研究的实际关系，也许不如亚当·斯密博士所说的那样切近，至少，他不会注意一种事实，即，社会财富的增进，并不增进劳动阶级的幸福。”

在《人口论》最后订正版中，他的意见，便更确定了。他改订前言，说：

“亚当·斯密研究所揭的对象，是国民之富的性质与原因。但还有一种研究，也许更有趣味，即研究那种种有影响于社会下层阶级（各国都以这阶级占大多数）幸福的原因。亚当·斯密屡屡把这两种研究，混而为一。这二问题，无疑有密切关系。但其关系之性质与程度如何，财富增进对于贫民状况之影响又如何，他所叙述的，尚未能十分准确。……仔细考察一下，则知维持劳动的基金，不必随财富增加而增加，若按比例而同时增加之事，则为绝无仅有了。”

马尔萨斯对于经济学的贡献，在于他明白认识了分配问题的重要，马尔萨斯对于资本主义的贡献，在于他把社会上的贫困现象，归因于人口的自然法则，而为资本主义解去一层重围，把劳动运动的声势压下。从马尔萨斯的论调，我们知道当时英国的经济问题，不外两个，一为如何发展资本主义的问题，一为如何压制社会主义的问题。前者的特色，是企图打破生产上一切可能的束缚，后者是企图把一切可能的束缚，加在劳动者身上。资本主义一方面要求自由，一方面压制自由。

这是一种矛盾，但资本主义就在这种矛盾中发育。当时尚无人能认识这种矛盾的原因，从目的论的立足点说，固可由资本主义发展自身之内在要求而解释，但从唯物论的立足点说，则当由资本主义尚未充分发展之事实而说明。反谷物条例同盟的成立，是一八三八年间事，谷物条例的明令废止，是一八四六年间事，保护政策的放弃，是一八五二年格莱斯登任财政大臣时所决定。《人口论》第一版公布之时，却为一七九八年，最后订正版的发行，亦不过一八二六年。所以，在马尔萨斯生命尚未完毕之前，资本主义的发展，亦尚未达到相当繁荣的地步。这时，就使没有马尔萨斯，马尔萨斯主义却一定会发生。当时资本主义的状况，必须有马尔萨斯这样的辩护。

李嘉图经济学说的发生，亦应从同一见地解释。他是马尔萨斯的朋友。他的学说，亦是当时实际经济问题的表现。什么是当时的经济问题呢？不嫌重复，可再述一遍，即：资本主义为完成它自身的任务起见，有完成它自身的必要，但要完成它自身，则对当时生产上种种束缚，必须实现自由的要求，而对当时劳动运动的种种要求，必须加以不自由的束缚。

二、李嘉图的分配论

资本主义的命运，一方面可使我们悲悼，因为在它尚未从封建束缚完全解放出来以前，即已引起反对自身的劳动阶级的势力，他方面又可使我们安慰，因为在它尚未充分发展之前，每逢困难，都幸有救星。在这许多或大或小的救星之中，李嘉图当然是最大的一个。他是拥护资本主义的一员虎将。他拥护资本主义的方法，不外两途，即辨明企业自由的正当与劳动阶级要求的非理。前者是他生产论的一部，后者是他分配论的全体。前者承继亚当·斯密一脉相传的自由主义思想，后者却为他所创论，为后世各不同学派的根据。所以，要知道李嘉图的生产论，不读李嘉图的经济学，亦未尝不可由亚当·斯密的《国富论》推知；但要了解近代各种重要的经济学说，则非研究李嘉图的分配学说不可。

李嘉图自己，亦觉得他的分配论，在他全部学说中，是最重要最创造的一部分。所以在《经济学》[①]第一版序文中，他说：

"劳动、机械、资本联合使用在土地上面，所生产的一切土地生产物，分归社会上三个阶级，即地主、资本家，与劳动者。地主有土地，资本家有耕作土地的资本，劳动者则以劳力耕作土地。

"全土地生产物在地租利润工资的名义下，分归各阶级。……

"这种分配，受支配于一定法则，确定这种法则，是经济学上的主要问题。杜哥特、斯托亚特、斯密、萨伊、西斯曼底等人之著作，固曾改进这种科学，但关于地租、利润、工资的自然程序，犹未能有令人满意的主张。"

在他的分配论中，他认为最重要的，是地租学说。所以他在同一序文中，说："亚当·斯密和上述数名家，因不曾了解正确的地租原理，所以在我看，都忽视了许多重要的真理。在地租问题尚未看透以前，要发现这种种真理，殆不可能。"这种说话，对于今日研究李嘉图经济学说的人，犹甚重要。

李嘉图这里所说的"许多重要的真理"，即他"关于利润法则工资法则和赋税作用的意见"。所以要了解李嘉图学说，须先述他的地租论。

在《经济学》一书中，"地租论"怕是最重要的一章了。读此书的，当然不可轻易放过。为求简明起见，略述如下。

李嘉图以为，地租是"因使用原有且不可灭的土壤力而付给地主的那一部分土地生产物"，不可与资本的利息利润混同。地租的发

---

① 原文如此。这里的《经济学》即《经济学及赋税之原理》，下同。——编者注

生，不是耕作品质较良的土地的结果，反之，正是因人口增加而不得不耕种劣质土地的结果。原始社会，地广人稀，只耕最优良的土地，故无地租。后因人口增加，最优良的土地有限，遂不得不耕作劣质或地位较不适宜的土地。此时，最优良的土地，始有地租，而地租额之多少，则由这两种土地品质之差而定。人口愈增殖，人类必须耕作之土地品质愈低劣，优良土地的地租，亦必按比例而愈增加。

他既认地租腾贵是耕作较劣土地的结果，所以他说地租是谷物价格腾贵的结果，不是谷物价格腾贵的原因。地主就使抛弃全部地租，亦不能引起谷物价格的低落。地租不是构成价格的要素，地租非从劳动工资或资本利润中扣出。地租的输纳，决不是劳动者农业家的损失。这种主张，对于地主不劳而获的地租，真是绝妙的辩护辞。

李嘉图的工资学说，亦极可注意。劳动的价格，和市场上一般商品的价格，同样有自然价格与市场价格之区别。市场价格虽因人口增减或劳动之供求比例变化而变化，但市场价格与自然价格的符合，又是究局的趋势，什么原因呢？他说：

"当劳动的市场价格，超过于其自然价格时，劳动者的境况，是繁荣而幸福的，他有力在生活必需品方便品上，支配一个较大的比例，因而可以供养一个健康而较大的家庭，但高工资又是增加人口的奖励，劳动者的人数加多了，工资便将降而至于其自然价格，且有时由于一种反动，而降到自然价格以下。"

"劳动市场价格低于其自然价格时，劳动者的境况，便最难堪。这时，习惯上绝对必需的享乐品，亦因贫困而剥夺了。在这种困顿的场合，劳动者的人数减少而劳动的需要增加，劳动的自然价格，才再提高而至于自然价格。劳动者又依自然工资率，得到他们适度的享乐品。"

把劳动阶级的生活状态，抑制在这样一个自然标准上，使他们所领受的工资，只足维持他们自身和他们的家族，那真无异把劳动阶级锁在千斤的铁枷上，叫他们永远不能翻身。他把劳动者的劳动视为商品，那又以非人格的待遇，来待遇劳动者了。

再讲他的利润学说。在他的利润论上，他说："在支付地主与劳动者以后，土地生产物的其余部分，必须属于农业家，做为资本的利润。"又说："农业家制造家的生存，端赖利润，有如劳动者的生存，端赖工资。利润的减少，必致减少蓄积的动机，如果利润之少，尚不足补偿他必致遇着的困难与危险，他就全然不会蓄积了。"由这种话，他又确认资本利润的正当了。

李嘉图的分配论，有一最大特色，即肯定地租与利润的正当，而斥劳动阶级要求的非分。劳动的市场价格，虽暂时间可高可低，但究局之趋势，却为一致于其自然价格。劳动者要求自然价格以上的工资，实属非分的要求。安分守己的劳动者，应满足于自身生命与种族的维持，不应希望增进自身的幸福。增进劳动者幸福的希望，只是希望，社会主义的实现，只是幻想。

李嘉图这种学说，虽不像马尔萨斯那样肯定贫困的必要，但至少否定了劳动者生活改良的可能。马尔萨斯的学说，固甚残忍，李嘉图的学说，亦未免冷酷。他们都想靠一种自然法则，来压制劳动者的生活。经济思想史家，常常把他们列为悲观派，或是因为这样吧。但我们不可忘记，他们所描写的劳动阶级生活状况，正是工业发展后的真实情形。

李嘉图的分配学说，还有点令我们注意的，是他视地主资本家劳动者三阶级的利害关系，极端相反。

他以为，在任何时代任何地方，都有一种不付地租的现耕土地。这种土地，在现耕各种土地中，是最不生产的，它所能提供的收获，只足赔偿资本的利润与劳动的工资。较肥沃的土地，虽能提供较多量的收获，但赔偿利润与工资之外，有余便须扫数付给地主。谷物价格，即按这种最不生产不付地租的土地所产谷物之价格而定。换言之,这种谷物的价格,是各种土地所产谷物价格的标准。故谷物价格的高低,无关于地租。

由这个前提,至少可以引出两个结论:(一)地租的多寡,定于生产的难易,生产愈困难,地租愈提高。(二)地租无论多寡,劳动工资与资本利润的合计,在一定生产条件之下,决不可变。以第一结论为前提,断定了地主阶级与社会上其余各阶级的利害冲突;以第二结论为前提,又断定了资本阶级与劳动阶级的利害冲突。

地主阶级因要地租增加,当然希望生产的困难加甚。谷物条例之禁止谷物输入,就是这种利害关系的说明。但社会上其余各阶级,却希望生产之困难减少。消费者当然希望商品的价格低廉,但要使商品价格低廉,又非使生产便利不可。资本家则以消费者与雇佣者二重资格,希望生产的便利增进,因工资的腾落,亦定于劳动者必需品价格的腾落。地主阶级与社会上其余各阶级的冲突,恰好是当时的实在情形。

如果在一定生产条件之下,劳动工资与资本利润的合计额,决不可变,则工资多寡,显然与利润多寡之趋势相反。工资提高,必致减低利润,利润提高,必致减低工资。这种议论,在李嘉图《经济学》中,常可发现。按照他的论法,资本阶级与劳动阶级的利害关系,自始即互相冲突。这种议论,亦是当时实在情形的反映。

现今中国人,往往误认马克思为提倡阶级斗争的宣教师,反对马克思的,有这种误解,赞成或信仰马克思的,亦有这种误解。如果马克思的学说可以说是提倡阶级斗争的,则李嘉图当推为宣传阶级斗争的领班生了。

马克思学说是当时社会现象的表露,李嘉图学说亦然。

三、李嘉图学说的影响

读李嘉图《经济学》，有一事最令我们纳罕。他书中，一句一字，都为资本主义辩护，但他书中一字一句，又都可转用作反资本主义的武器。这种现象，在别个大经济学家的著作上，绝对没有。李嘉图《经济学》之所以有价值，这或许是一个小小的原因吧，但李嘉图《经济学》所以有这样大的影响，这就是最主要的原因了。

李嘉图的劳动价值说，在他的《经济学》中，是极重要的一部分。他的劳动价值说，可以说全部由亚当·斯密得来，后来由马克思承继下去，这在经济学史上，留下一个耐人寻味的极有意趣的经济学说进化的痕迹。由此，我们看出了，亚当·斯密、李嘉图辈用以辩护资本主义的主张，转过来，可成为反资本主义的武器。亚当·斯密、李嘉图明明承认了一切价值的来源是劳动，却又承认所创造的价值一部分，应在地租名义下归于地主，一部分应在利润名义下归于资本家，而剩给劳动者的部分，反只足维持劳动者最必要的生活。马克思同他们一样，说一切价值的来源是劳动，但他却说，在剥削劳动的资本主义下，既在劳动者生产的全部价值中，扣去劳动者维持生活所必要的部分以后，剩余价值即须归于社会上的游惰阶级如地主与资本家。关于这两种不同的学说，我们如果舍弃他们中心的伦理观不论，便可说这两种学说，殆无不同之点。如果有，那只是研究态度的不同。前者是说明的，后者是批评的；前者眼中的资本制度是永劫不移的经济组织，后者却认资本制度为人类社会进化所必须通过的一个阶段。

在所谓正统经济学派的著作中，流行一种极重要的观念。在李嘉图《经济学》中，这种观念，尤为明显。世人因不明了这个观念，往往不能澈底了解李嘉图的经济学说，那就是经济人的假设。在正统派经济学者心中，似乎有一个抽象的社会存在。在这个社会中，人类只有一种活动，即谋利的活动，人类只有一种要求，即生计的要求，人类只有一个目的，即变成富裕的人。总之，这个社会内的人，是纯粹的经济人。他们被假定为没有道德，没有真理，没有艺术。他们的理想，不是善，不是真，不是美，只是富。由这种经济人的假定，我们又联想起了马克思的唯物史观，即有时被称为经济史观的那种学说。马克思的唯物史观，承认一切思想的艺术的道德的活动为"上层建筑"，而受决定于社会的生产条件与生产组织，因为这才是基础。李嘉图与马克思，在这里，又极相类。但前者所以有经济人的假设，是为了说明资本主义的方便，后者经济史观的命题，却是断定资本主义没落的前提。

李嘉图的工资法则，我们前面讲过，确实是最冷酷的一个结论，但又是资本主义社会中最真确的一个结论。这结论，后来被社会主义者拉塞尔称为工资铁则，认为难于打破，但其打破，又被认为社会主义者应有之目标。马克思亦承认这个法则在资本主义社会内的真确。在他的《资本论》中，他常提及这个理论。他的剩余价值学说，亦未始不以此为根据。但李嘉图的工资铁则，是钳制劳动者的铁枷，马克思的剩余价值说，却是解放劳动者的福音。

马克思最有名的阶级斗争说，早已在潜隐状态上，表现在李嘉图的经济学说中了。李嘉图视地租利润工资为对立之物，已充分表示了这三阶级利害关系的冲突。

讲到李嘉图与马克思的关系，使我们想到资本主义与社会主义的关系。在李嘉图学说中，已包含马克思学说的种子，在资本主义社会中，亦包含社会主义的胚胎。在母亲的怀中，已经怀了儿子。

这种奇迹，李嘉图似已预先知道了。在《经济学》的序文中，他说："……他（李嘉图自己）现今要发表他关于利润法则工资法则和赋税作用的意见，总不致被目为僭妄吧。倘著者认为正确的原则果然正确，则进而探索其重要的归宿，任务当属于他人。才能浅薄的本书著者，不能胜此重任。”

“才能浅薄”是自谦的，“不能胜此重任”，只因时代早了些，而这里预言的“他人”，当然是《资本论》著者马克思了。马克思根据他的学说，断定了资本主义的没落。

马克思亦甚推崇李嘉图。他在《资本论》第一卷第二版序文中，便推李嘉图为正统经济学派的最后一位大师，认李嘉图的经济学，为有产阶级经济学之登峰造极。在他别种著作中，亦有类似的称扬。

结论完全相反的两个经济学家，却根据于大部分互相类似的前提。这，实在是研究者大可注意之点。

李嘉图经济学说的影响，当然尚可在马克思主义之外寻得。后来为资本主义辩护的麦克洛克、西尼耳、约翰·穆勒、克恩斯的意见，虽与李嘉图稍有出入，但大部仍以李嘉图学说为根据。十九世纪初叶英国社会主义者奥文、汤蒲孙、浩德斯金；大陆社会主义者蒲鲁东、洛伯达斯，都曾直接间接受其影响。拉塞尔的工资铁则、亨利·乔治的单一税，就完全根据于李嘉图的经济学说。他真是“十九世纪最多影响的经济学者”。

四、李嘉图的生平及其著作

大卫·李嘉图于一七七二年四月十九日生于伦敦。父名伯拉罕·李嘉图，是生于荷兰的犹太人，后移居伦敦，经营股票交易所，弄得了大财产。经济学家李嘉图，是他第三子，14 岁时，便跟父亲，从事于交易所的工作。

李嘉图之生，是《国富论》出版前四年的事体。那时，工业革命正在英格兰发动，社会上顿呈紊乱状态。乡村人口缺乏，谷物供给不足等等困难，都是当时亟待解决的问题。

他父亲是一个虔敬的犹太教徒，但他却爱上了一个非犹太教的女子，名叫威金孙女士的，因此，不得不与父亲分离。他是21岁结婚的。结婚的生活颇为圆满。同时，他经营股票交易所的运气亦不坏。30岁时，家中已颇有积蓄，后来，他还成了大地主。他生活的安定，或是他研究成功的一个原因。

他本来很喜欢研究数学化学地质学及矿物学。一七九九年，他和夫人旅行于巴斯，偶然看见了亚当·斯密的《国富论》，便觉得很有趣味。研究的结果，于一八一〇年著了一本《金块高价论》，曾披露于《早邮报》上。这是他第一部著作。

李嘉图曾受几个大学问家的影响。当时的詹姆士·穆勒、马尔萨斯、边沁，都曾在精神上给他鼓励，或在思想上给他指导。李嘉图的大著《经济学》的公表，亦为穆勒怂恿的结果。

一八一九年李嘉图被举为下议院议员，虽非属自由党，但常与自由党一致投票。一八二三年，以病重故，辞议员职。数月后，他便作古了。他死于一八二三年九月，享年五十有一。

李嘉图既未受完全的教育，而他专心研究经济学，又不过始自一八〇九年。他的研究期间，实在很短。但他惊人的成绩，表现而为著作的，已有多种，如——

一、《金块高价论》　一八一〇年

二、《论金融问题答波桑葵君》　一八一一年

三、《谷物低价对于资本利润的影响》　一八一五年

四、《通货之调剂与稳定》　一八一六年

五、《经济学及赋税之原理》　一八一七年

六、《基金制度论》，公表于一八二〇年出版大英百科全书附

录中。

七、《威斯特恩之金融意见》 一八二一年

八、《农业保护论》 一八二二年

九、《国家银行计划》，李嘉图死后一八二四年出版。

十、《马尔萨斯经济原理之注释》，未单独出版。

其他零星著作，如信札政论，尚未列内。他生平著作的丰富，亦颇可称耀了。

在这些著作中，最重要的，当然是《经济学及赋税之原理》。此书第一版出于一八一七年，第二版出于一八一九年，第三版颇有增订，出现于一八二一年。法译本为萨伊氏之手作，出版于一八一九年，德译本则由斯密特出版于一八二一年。日译本据我所知的，已有两种，一为堀经夫译，一为小泉信三译。

这本名著在经济学上的位置，已有定评，用不着我吹。这部书的特色，是文字晦涩，编次杂乱，议论冷酷，立论抽象，以假设擅长。演绎法的经济学，是恰如其分的称呼。

* * *

这个译本，是我和我的朋友王亚南君合译的。第二章至第十五章，由我友亚南担任，余则由我担任。这部大著的介绍，对于中国经济学界，不知能否有些微的贡献，如果有，则功应归于我友亚南，这部书的重要部分，大半出自他的手笔。

这篇译序，本应由我们共同负责发表，但亚南今尚留居日本东京，我却匿居在被称为“匪窟”的故乡，过无聊的粉笔生涯。因交通不便，邮寄亦甚困难。没有办法，只好由我单独负责。

郭大力

一九三〇年四月二十四日

原 序

劳动、机械、资本联合使用在土地上面，所生产的一切土地生产物，分归社会上三个阶级，即地主、资本家，与劳动者。地主有土地，资本家有耕作土地的资本，劳动者则以劳力耕作土地。

全土地生产物在地租、利润、工资的名义下，分归各阶级，但因社会发展阶段不同的缘故，各阶级所得的比例，根本不同。决定这种比例的主要因数，是土壤的丰度、资本的蓄积、人口的多寡，以及农业上的熟练、精巧和器具。

这种分配，受支配于一定法则。确定这种法则，是经济学上的主要问题。杜哥特(Turgot)、斯托亚特(Stuart)、斯密(Smith)、萨伊(Say)、西斯曼底(Sismondi)等人之著作，固曾改进这种科学，但关于地租、利润、工资的自然程序，犹未能有令人满意的主张。

一八一五年马尔萨斯氏(Malthus)著《地租的性质及其发达之研究》，牛津大学有一位学友，亦著《土地投资论》，他们差不多同时以正确的地租学说问世。不先明白这个学理，决不能理解财富增进，对于利润工资究有何等影响；赋税征收，对于社会各不同阶级，究有何种关系——课税对象物若为直接出自地面的生产物，则尤不能不明了此种学理。亚当·斯密和上述数名家，因不曾了解正确的地租原理，所以，在我看，都忽视了许多重要的真理。在地租问题尚未看透以前，要发现这种种真理，殆不可能。

要填补这种缺陷，像本书著者那样微小的能力，确实不够。但对于这问题曾以全力研究的他，在上述数名家著述中曾得到许多帮助的他，对于近年的情状，曾有良好经验的他，自信，现今要发表关于利润法则、工资法则，和赋税作用的意见，大概不致被目为僭妄罢。倘著者认为正确的原则果然正确，则进而探索其重要归宿，任务当属于他人。才能浅薄的本书著者，不能胜此重任。

本书曾攻击世间一般承认的见解。在亚当·斯密的大著中，著者亦有难于同意之点。对此，著者觉有详论之必要。但对于这位大作家的大著作，著者仍是备极推崇，希望大家不要误会。

对于萨伊的著作，亦当同样声明。在欧洲大陆诸作家中，赏识斯密学说、应用斯密原理、介绍斯密学说于欧洲诸国，他是首先一个。经过他的手，这种学问的系统，是更合理更有意义了。他曾以新奇切实的研究，增加这种学问的内容①；但是，著者虽然尊重这位先生的著作，却不能不在他著的《经济学》中，提出自己不能赞同的章句来批评。为学问的原故，著者必须有这种自由。

① 特别是第十五章第一节贩路论。其中，包含几种极重要的原理，我相信，首先解释这几种原理的，就是这位卓越的学者。

第三版小引

这一版对于“价值”这个难题目，已有更充分的说明。第一章有若干增补。又新插入一章“机械论”，论机械改良，将如何影响于各阶级。“价值与富之不同性质”一章，曾参照萨伊氏著作的最新版（第四版），就他关于这重要问题修正了的见解，加以考察。最后一章，更明白地说明了：一国因农业改良，能减小国内生产谷物所必要的劳动量，或因制造品输出，能从外国购买低廉谷物，其结果虽可减落国内商品的总货币价值，却可增进国民的纳税力。一国应否限制外国谷物输入呢？这种考察，甚为重要，而对于因负债过多，势须征收重税的国家，尤有意义。这里，我说明了，纳税力如何，非定于商品全额的总货币价值，亦非定于地主、资本家收入的纯货币价值。决定国民纳税力的，是各人收入的货币价值与各人消费的货币价值之较差。

一八二一年三月二十六日

第一章

价 值 论

第一节 一件商品的价值，或所能换得的他种商品的数量，乃定于生产所必要的相对劳动量，非定于劳动报酬的多寡

亚当·斯密曾说："价值一辞，有两种不同的意义，它有时表示特定物品的效用，有时表示因占有其物而取得的对于他种货物的购买力。前者叫做使用上的价值，后者叫做交换上的价值。"又说："使用价值很大的东西，其交换价值往往极小，甚或绝无。反之，交换价值很大的东西，其使用价值往往极小，甚或绝无。"水与空气，是极有用的，为生活所不可少，但在普通情状下，它们不能交换任何物品。反之，与空气、水比较而言，金的用处是很少的，但它能换得许多货物。

效用不是交换价值的尺度，但为交换价值所不可少。若某商品全无效用，换言之，全然不能满足我们的欲望，那无论它怎样稀少，无论生产所必要的劳动量若干，它终不能有交换价值。

有用商品的交换价值，得自两个泉源——一个是稀少性，一个是生产所必要的劳动量。

有些商品的价值，单由稀少性而定。劳动既不能增加它的数量，它的价值亦不能因供给增加而减低。例如稀有的雕像、图画，稀有的书籍古钱。又如珍贵的葡萄酒，其葡萄由特殊土壤栽培，其品质特殊，分量有限，其价值无关于生产必要的劳动量。价值变动，全然按照欲得者之资力与欲望。

但在市场上，这类商品的种类不多。在人类所欲得的货品中，最大的部分，是由劳动而生。投下了生产所必要的劳动，这类物品即可无限制地在许多国度(不单是一国)增加。

在讨论商品、商品的交换价值，和商品相对价格法则的时候，我

们所指的商品，既可由人力增加总量，又允许生产上的自由竞争。

在原始社会，这类商品的交换价值，全受支配于各自费去的比较劳动量。

亚当·斯密说："一切物的真实价格，即欲得此物的真实费用，亦即获得此物的辛苦勤劳。一物，对于已得此物但愿以之交换他物者，真正值得多少呢？——那等于因占有此物，而能自己省免，转加在别人身上的辛苦勤劳。""劳动是第一价格，是原始的购买的货币。"又说："原始蒙昧社会，尚无资财蓄积与土地财产，获取各物所必要的各种劳动量的比例，是支配各物交换比例的唯一条件。例如，狩猎民族捕杀海狸一头，所费若二倍于捕杀野鹿一头，海狸一头，即可交换野鹿二头，换言之，值野鹿二头。二日劳动生产物的价值，当然二倍于一日劳动生产物，二时劳动生产物的价值，当然二倍于一时劳动生产物。"①

如果把不能由人类劳力增加的物品除外，则交换价值的基础，确乎是人类的劳动。这在经济学上是一个极重要的原理。价值一辞的暧昧，在经济学上，不知引出了多少错误和争执。

投在商品内的劳动量，支配商品的交换价值：劳动量增加，商品价值加大；劳动量减少，商品价值低减。

亚当·斯密既如此确凿的决定了交换价值的本源，又如此首尾一贯的主张价值的大小，须比例于生产时投下的劳动量；但他同时却又树立别种价值标准尺度，说价值的大小，就看它能换得那种标准尺度物若干。他所谓标准尺度，有时是谷物，有时又是劳动；不过这里所说的劳动，已非生产该物时所须投下的劳动量，却只是交换该物时所得而支配的劳动量。在他看来，这两种劳动量似无多大区别。他以为，劳动效率加倍，则所能生产的商品量加倍，同时，劳动的报酬亦

① 《国富论》第一篇第五章。

必加倍。

劳动的报酬,如果与其生产额为比例,则生产该物所须投下的劳动量,当然会等于交换该物所得而支配的劳动量,即彼此当然都可作为价值的标准尺度。可是这两种劳动量,事实上并不相等。前者往往能够指示他物价值的变动,是一个不变的标准;后者却是可变的,不能测定他物价值的变动。亚当·斯密在适切说明金银价值可变,不足以测定他物价值之变动以后,却又选定同样可变的谷物或劳动来作标准。

不待说,金银会因更丰饶的新矿发现,而发生价值上的变动;但这种发现,究不多见;其影响虽大,但影响期间决计不久。掘矿术的改进,掘矿机械的改良,亦可影响金银价值,因为这时由同一劳动,可掘得较大的数量。再,矿山采掘多年后,因产额日减,亦不免令金银价值发生变动。上述种种,当然是实情。但谷物价值又能避免这些影响么?农业改良、农具改良、沃壤发现(在输入自由时,一国沃壤发现之利益,可影响各市场的谷物价值),不是可以影响谷物价值么?输入禁止、人口增加、财富增进,食物供给困难(因耕作劣地,需要劳动较多)不也可以影响谷物价值么?至若劳动价值亦是同样可变的。社会情状的变化,可引起劳动供求比例的变化,因而引起劳动价值的变化。此外,食品必需品的价格变动了,劳动的工资,亦不免受到影响。

同在一国,生产一定量食品或必需品所必要的劳动量,某一时或不免要二倍于他时,但劳动者报酬的减少,却是极其有限。劳动者的工资,大体上都是等于一定量的食品和必需品的,若更由此种限度减少下来,他便不能生活。因之,在这种场合,以生产食品必需品所必要的劳动量作标准,食品必需品的价值,已腾贵百分之百;以交换食品必需品所得而支配的劳动量作标准,它们的价值,却没有多少增加。

吾人所论，如非一国，而为数国，如美利坚、波兰、英吉利。我们的意见，还是这样。这三国都有一种耕地，可称为最后耕地。以同人数一年的劳动投在最后耕地生产谷物，美波二国必较多于英，这是大家知道的。假若这三国的一切必需品同样低廉，那我们说生产愈便易，付给劳动者的谷物量亦按比例愈多，不是一个大错误么？

倘因机械改良，生产劳动者衣履所必要的劳动量，仅等于现今1/4，则衣履价值亦将减少75%。劳动者所能消费的鞋，既不能常为四双，所能消费的衣服，既不能常为四套，工资也许会因竞争及人口增加之故，而适应于工人必需品的新价值。普及于一切工人必需品生产上的改良方法，虽可减低工人必需品的交换价值，减少他们生产所必要的劳动量，但数年之后，劳动者的享乐品就不会增加，纵令增加，亦极有限。

亚当·斯密说："劳动可得而支配的货物量，时大时小，但变动的是货物价值，不是购买货物的劳动价值。"所以"独永远不改变其自身价值的劳动，是唯一究竟真实的标准，能在一切时间一切地方评较一切商品的价值。"这话当然不确。真理应如亚当·斯密前文所说："获取各物所必要的劳动量的比例，是支配各物交换比例的唯一条件。"换言之，决定诸商品相对价值的，是劳动所能生产的商品量的大小，不是报酬劳动的商品量大小。

二商品的相对价值变动了，我们就想知道究系何物变动。若以甲物现在的价值，比较鞋、袜、帽、铁、糖及一切其他商品，我们发觉了甲物所能交换的这种种商品的数量，都恰与先前相等；以乙物现在的价值比较这种种商品，我们却发觉了全有变动：于是，我们断言，变动的是乙物，不是与乙物比较的甲物。此种断言，大概不致错误。如果放心不下，可再考察这种种商品的生产条件。若又发觉了，生产鞋袜铁糖帽等物所必要的劳动量资本量，恰与先前相等；乙物生产所必要的劳动量资本量，却有增减了，我们的断言，就由大概不错，变成了一定不错。我们说，变动的是乙物。这时，我们才发现了价值变动的原因。

若一翁斯(Ounce)金所交换的各种商品量已较小，又知因新沃矿发现或机械改良，一定量金已能由较小量的劳动获得，那末，我说金的相对价值变动的原因，是生产较便易或必要劳动较少，谁亦不能说不对罢。同样，如果劳动的相对价值大减的原因，是劳动供给伙多，而劳动供给伙多的原因，又是谷物必需品的生产便易，那末，我说，谷物必需品价值低减的原因，是生产谷物所必要的劳动量已减少；劳动价值低减，又是劳动者维持生活较易的结果，当亦不致错误。但亚当·斯密和马尔萨斯却另有主张。他们以为：在金的场合，如金所能支配的谷物和劳动较少，则谓这只是金价跌落，其他各种商品的价值依旧，固然不错，但在谷物与劳动的场合，却不应如此说。谷物与劳动虽不免有价值上的变动，但在它们变动时，应称作谷物与劳动的价值依旧，变动的不过是一切其他的商品。

现在我所要抗议的，亦就是这种称呼。我以为，谷物决不能例外，它和金是一样的。谷物与他物之相对价值变动的原因，如果是生产谷物所必要的劳动量减少，则按照正当推理，我必须称它作谷物价值跌落，不说它是他物价值腾贵。雇劳动者一星期所付工资已非 10 先令而为 8 先令，货币价值又未变动，劳动者现今 8 先令所能购得的食品必需品，又较多于先前 10 先令所能买得的数量，那原因当然不能像亚当·斯密、马尔萨斯所说，是工资的真实价值提高，只能说所购各物价值已经跌落。这是全然不同的两回事。这时，我勉强称它作工资的真实价值跌落，尚不免遭世人嘲笑，有乖科学正理，至若反对派的称呼，直可说是全不合理。

假定谷物每卡德(Quarter)价格 80 先令时，劳动者工作 1 星期，受谷物 1 布奚(Bushel)；跌价至 40 先令时，受谷物 1 布奚又 1 卡德。又假定，他家每星期消费谷物 0.5 布奚，其余则以交换他物，如燃料、肥皂、蜡烛、茶、糖、盐等。在后一场合,剩下 3/4 布奚,所能换得的商品量,若尚不及前一场合剩下的 0.5 布奚,那吗,请问,劳动价值提高了呢?抑已减低?亚当·斯密必说是提高了;因为他的标准是谷物,现今劳动工作一星期所得的谷物已更多了。但同一亚当·斯密,对于同一问题的答案,又会说是减少了;"因为商品价值,取决于因占有其物而取得的对于他种货物的购买力",现今,劳动对他种货物的购买力,已更小了。

第二节 品质不同的劳动,报酬亦不同。但这不是商品相对价值变动的原因

我说劳动是一切价值的基础,相对劳动量,单独决定商品的相对价值,诸君或将责我忽视劳动品质上的差异,说我不知道甲业一时劳动一日劳动,难与乙业一时劳动一日劳动比较。其实,要参照劳动者的比较的熟练与强度,评定劳动的品质,在市场上,决不是难事。为实际目的,市场上的评价,亦够正确。这种评价表一经定立,即不易变动。宝石匠的一日劳动,在昔较贵于普通劳动者一日的劳动,今仍较贵。在评价表上,它们各有适当的位置。[①]

因此,如果我们所比较的,是不同时代同一商品的价值,即可视

---

① "劳动虽为一切交换价的真实尺度,但一切商品价值,通常非由劳动评定。要确定两个劳动量的比例,往往困难。两种工作所费去的时间,往往不是决定比例的唯一因数。测定比例者,不应忘记它们的困难程度熟练程度极不相等。难工作一点钟,比易工作二点钟,尽可包含较多劳动。须十年学习的工作一小时,比较普通业务一月所含劳动,亦可较多。困难程度如何,熟练程度如何,不易寻出标准的尺度。但劳动生产物互相交换时,对于这二事,又不得不有相当的斟酌。调节这种交换的,不是任何准确的尺度,却是市场上两不相亏的协议,这虽不甚准确,但日常实用,亦就够了。"——《国富论》第一篇第十章。

不同时代的劳动作用相等,无庸顾虑劳动之比较的熟练与强度。我们假设,我们所比较的,是时代不同但种类相同的劳动。倘若增加了,或削减了1/10,1/5,或1/4,亦必与其原因为比例,在商品相对价值上发生相应的结果。

罗纱1匹,现今值麻布2匹,10年后,值麻布4匹。如是,我们可断言,非生产罗纱所必要的劳动增加,即生产麻布的劳动减少,再不然,即兼有这两种原因。

我愿读者诸君注意研究的,仅是关于商品相对价值的变动,而不是关于其绝对价值的变动,所以这里无须乎考察劳动品质的比较表。劳动品质,虽原有不齐,学习技能所必要的工夫熟练与时间,虽原有不等,但我们可以说:时代虽异,劳动作用则等。或者说,其变异既小,对诸商品相对价值的暂时影响亦甚微。

"劳动资本的用途,各式各样。这各式各样的用途,有各式各样的工资率与利润率。各工资率利润率相互间的比例,不因社会贫富进退而受影响。公共幸福上的变革,虽能影响普通工资率与普通利润率,但结局必平均影响于各种用途。其相互间的比例,必依然无改。睁眼看远些,情形确是这样。"①

第三节 影响商品价值的,不仅是直接投在商品内的劳动,投在工具建筑物内的劳动,亦有此种作用

亚当·斯密说,在原始社会,猎人捕杀鸟兽,已需若干资本,不过这种资本,可由猎人自己蓄积而得。没有武器,海狸野鹿都不得而捕

① 《国富论》第一篇第十章。

杀。所以猎获物的价值，不仅受支配于捕杀野兽所必要的时间与劳动，且须受支配于制造猎人资本即其武器所必要的时间与劳动。

因更难接近海狸，瞄准又须准确的原故，制造杀狸武器比较制造杀鹿的武器，需要更多劳动。1 头海狸的价值，自然亦较多于 2 头野鹿。因为合计起来，捕杀海狸 1 头所必要的劳动，实多于捕杀野鹿 2 头。假使制造这两种武器所必要的劳动量相等，其耐久力却不等。耐久器具仅以小部分价值，移入所产商品内，不耐久器具，却以更大部分的价值，实现于所产商品内。结果亦当为此。

捕杀海狸野鹿所必要的一切器具，属于一个阶级，捕杀所必要的劳动，可属于别一阶级。但海狸与野鹿的比较价格，仍与投入的实际劳动（制造武器及捕杀野兽的劳动总量）成比例。与劳动相对而言，资本有丰啬之别，维持生活所必要的食品必需品，亦有丰啬之别。有武器者，或以之捕杀海狸，或以之捕杀野鹿，总须在猎获品中，分取 1/2、1/4，或 1/8，其余当作工资，付给劳动者。但这种分割，未能影响二商品的相对价值。利润腾落、工资涨跌，会平均影响于各种用途。

假设社会投资的范围扩大，供给木舟绳索以捕鱼者有人，供给种子农具以耕作者有人，上述那个原理——商品的交换价值，与其生产时投下的劳动量为比例——依然正确。不过这里所谓劳动，不仅是直接投在商品内的劳动，劳动又须有各种器械援助。投在这等器械内的劳动，亦须包括在内。

在工商业繁盛的进步社会又是怎样呢？在进步社会状况下，诸商品的价值变动，亦须依照这个原理。例如要评定袜的交换价值，就知道袜与别种商品的相对价值，是取决于二物制造及上市所必要的劳动总量。其中包括有（第一）栽种原棉，耕耘土地所必要的劳动，（第二）运棉至制袜地点所必要的劳动，其中更含有造船必要劳动的一部分，（第三）纺工与织工的劳动，（第四）建筑房屋制造机械的机师、锻匠、木匠的劳动的一部分，（第五）零售商人等等的劳动。这各种劳动的总和，决定袜与别种商品交换的比例。别方面，投在别种商品内的劳动总和，同样是决定二物交换比例的因数。

要证实这种说法，请先作一假定。在全袜制成上市备换他物以前，我们讲过，它必须经历许多过程。现今，假设有一个过程的劳动缩减了，这是什么过程，我们可以不问，只要必需劳动缩减了，袜的价值必致降落，它所得而支配的他种物品量，亦必减少。它跌价，正因生产它所必要的劳动减少。生产别种商品所必要的劳动量既未缩减，袜所能交换的他种商品量，当然会减少。

生产商品的必要劳动的节省，必致减少商品的相对价值。这所谓必要劳动，不仅是制造商品本身所必要的劳动。生产商品必须有资本援助，而生产这种商品所必要的劳动，也包括在内。减少的，无论是造袜直接需要的漂白匠、纺工织工等等，抑是间接有关的水手、运客、机师、锻匠等等，袜的价格，都将跌落。在前一场合，节省的劳动，只能影响于袜；在后一场合，仅一部分影响于袜，其余生产上曾利用房屋、机械、舟车的商品，都不免受影响。

假设原始社会中，猎人的弓箭、渔人的木舟，为同量劳动生产物，其价值相等，耐久力亦相等。则在这种情形下，一日劳动生产的野鹿价值，必等于一日劳动生产的鱼的价值。生产量若干不同，普通工资利润如何不同，鱼与兽的比较价值，全受支配于投在二物内的劳动量。渔人用器，如果价值 100 镑，经用 10 年；雇 10 个工人，工作 1 年，费 100 镑，每日劳动，可得鲑鱼 20 尾。猎人的武器，亦为价值 100 镑，经用 10 年；雇工 10 人，工作 1 年，费 100 镑，每日劳动，可获野鹿 10 头。如是，无论全生产物中工人所占比例如何，1 头野鹿的自然价格，均必为鲑鱼 2 尾。工资所占比例的大小，固可影响利润；因为大家知道，工资高则利润低，工资低则利润高；但不能影响鱼鹿的相对价值。两种职业的工资，必同时提高，同时降低。如果猎人借口于工资提高，要提高鹿的交换比例，渔人亦可拿同样的话，要提高鱼的交换比例。所以工资变动如何不问,利润变动如何不问,资本蓄积如何,亦可不问,只要他们各自劳动一日所能获得的鱼数鹿数不变,1 鹿的自然价格,总必等于 2 鲑。

倘若同量劳动所能获得的鱼较少了,所能获得的兽较多了,鱼的相对价值便将腾贵。倘若同量劳动所能获得的兽较少了,所能获得的鱼较多了,则腾贵的便是兽的相对价值。

倘有第三种商品价值不变,则以鱼价兽价比于这商品,我们就可断言,二者相对价值的变动,有几分应归因于鱼价变动的原因,有几分应归因于兽价变动的原因。

假设货币就是这种商品。1 鹿之价,既值 2 鲑,如果鲑 1 尾值 1 镑,鹿 1 头就值 2 镑。后因捕鹿所必要的劳动量增加,或因捕鲑所必要的劳动量减少,或兼有二因,则 1 鹿之价,一变而等于 3 鲑。这种变动,究出于何因呢?若有一不变标准,我们就很容易判定这数原因作用的程度。鲑若仍售 1 镑,鹿却涨至 3 镑,这就可断言是捕鹿所必要的劳动增加了。鹿若仍售 2 镑,鲑却只售 14 先令 3 便士,又可断言,是捕鲑所必要的劳动减少了。倘鹿涨价卖 2 镑 10 先令,鲑跌价卖 16 先令 8 便士,我们又可断言,是两方面的原因都有。

劳动工资无论怎样变动,都不能引起商品相对价值的变动;因为,我们只假定工资提高,未假定各种职业所必要的劳动量增加;所以那不过是劳动报酬加大罢了。但猎人渔人既借口工资提高,来提高兽价鱼价,矿主亦可借这理由,来提高金的价值。这种诱因,以同等势力,影响于这三种职业,所以工资提高后,这三种职业家的相对地位,这三种产物的相对价值,均可不变。工资增加了 20%,利润虽将按比例跌落,商品的相对价值,却不受影响。

假设投下等量的劳动与固定资本,已能产出更多的鱼,但不能产出更多的金与兽,则鱼的相对价值,当然会跌落下来。一日劳动生产物,已不为 20 尾鲑而为 25 尾,则 1 尾的价格,亦不为 1 镑而为 16 先令。要交换 1 头鹿,2 尾鲑已经不够,现今要 2.5 尾了。但鹿价仍为 2 镑。反之,投下等量劳动资本,若只能获得更少的鱼,鱼的相对价值,便会腾贵。如是,鱼的交换价值的涨跌,只因获取一定量所必要的劳动已有增减。其涨跌,亦与劳动量的增减为比例。

我们若有一不变标准,以测定商品价值的变动,我们一定会见到,在假设的场合上,商品腾贵,必与该商品生产上所必要的劳动追加量相应。生产所必要的劳动未加,商品的价值亦不能腾贵。如果商品生产所必要的劳动未加,固定资本流动资本的比例不变,固定资本的耐久力依旧,工资虽提高,商品的货币价值决不因而腾贵。商品的相对价值,亦不因而提高。反之,如果生产必要的劳动量已加,则如上述,商品的相对价值,将立即变动。但这种变动,不能归因于工资腾贵,只能归因于必要劳动量的增加。

第四节　生产商品的劳动量,支配商品的相对价值。但因采用机械及固定耐久资本,这个原则的运用,遂大受修正

前一节,我们假定杀鹿捕鲑所必要的武器,有相等的耐久力,且为等量劳动的结果。由此,我们就知道鹿鲑相对价值的变动,乃取决于捕获它们所必要的劳动量的增减。但社会上各种职业所使用的工具、房屋、机械的耐久力可极不相等,又可是不等劳动量的结果。维持劳动的资本,和投在工具、房屋、机械内的资本,又可按不同的比例结合。因为固定资本的耐久力不等,这两种资本的结合比例不同,所以,除了生产商品所必要的劳动量,尚有一个原因,可以惹起商品相对价值的变动。这原因,就是劳动价值的腾落。

劳动者消费的衣食物,劳动者工作所在的房屋,劳动者赖以工作

的器具，都有逐渐消磨的性质。但各种资本所能堪耐的时间，大有差异：汽机所能堪耐的时间，较长于船舶；船舶又较长于劳动者的衣服；劳动者的衣服，又较长于其食品。

资本，或则消耗迅速，常须再生产，或则徐徐消磨，无须常常再生产，故资本可分为二类，一曰流动资本，一曰固定资本。① 酿酒业者的房屋机械，均有大价值，又耐久，所以说它使用了多量的固定资本；反之，制鞋业者却以大部分资本支付工资，工资的用法，又是购买较易消化的衣食物，所以说它使用了多量的流动资本。

再者，流动资本的循环（即复归于投资者手中），历时亦极不相等。农夫播种的小麦，与面坊磨粉的小麦比较，就可说是固定资本。一个把它投在地内，本年不能收获。一个却把它磨粉，作成面包出售，一星期内，他就可收回这种资本，再作同一职业；如果高兴，另创他业亦可。

两种职业所使用之资本虽相等，但固定资本部分与流动资本部分的比例，可极不相等。

甲业的资本，仅以极小部分维持劳动，用作流动资本，大部分却投在工具、机械房屋内，使成为比较固定耐久的资本。乙业资本虽与之相等，却大部分用以维持劳动，仅极小量投在工具、机械房屋内。如是，若一旦工资提高，则二生产物所受影响，必不相等。

再者，二制造家所使用的固定资本流动资本虽各相等，固定资本的耐久力，却可很不相等。譬如汽机与船舶，均值 1 万镑，其耐久力却相差甚远。

两个职业家，若都只用劳动，不用机械，商工上市所必须经历的时间又恰相等，则他们的货物的交换价值，必恰与投下的劳动量成比例。

① 这种区分，并非本质上的区分，其间不能划出分明的界线。

如果二人使用的固定资本，其价值相等，耐久力亦相等，则其生产物的价值，就只随生产时必要劳动量的增减而增减。

就生产条件完全相同的诸商品说，相对价值变动，虽以生产时必要劳动的增减为唯一原因，但若诸商品的生产条件不同（固定资本部分的比例不同），那除了必要劳动量的增减外，尚有一个原因可以惹起诸商品的相对价值的变动。这原因，我们已经讲过了，即劳动价值腾贵。工资变动，大麦燕麦的关系可依然不变，因其生产条件相类。棉织品与罗纱，亦因生产条件相同，其相互关系，不因工资变动而改变。但大麦与棉织品比，燕麦与罗纱比，却会因工资腾落而发生相对价值上的变动。

设有 2 人，各造机械 1 架，各雇工人 100 人 1 年，又有 1 人雇 100 人种谷。年终 1 架机械的价值，必与所产谷物价值相等，因为都是等量劳动的生产物。假设 1 架机械的所有者，用这架机械雇用 100 人，于次年制造罗纱；别 1 架机械的所有者，亦用机械，雇 100 人，于次年制造棉织品，农民仍雇 100 人种谷。第二年的情形，该是这样——他们所雇用的劳动量相等，但罗纱业者的机械与货物合计，棉织物者的机械与货物合计，是 200 人劳动 1 年的结果，或者说是 100 人劳动 2 年的结果；谷物却依然是 100 人劳动 1 年的结果，所以，倘若谷价仍为 500 镑，则罗纱业者合计机械与罗纱的价值，应为 1000 镑，棉织业者合计机械与棉织品的价值，亦应等于谷价 2 倍。若再精密计算，它们的综合价值，且不只此。罗纱业者棉织业者资本第一年的利润，已化成资本，农民资本第一年的利润，却消费掉了。因为资本的耐久程度不同，换言之，因为商品上市所必须经历的时间不等，商品的价值，与投在商品内的劳动量，不能恰成比例——它们不是 2∶1，而略多于 2∶1，以赔偿历时较久之损失。

假设劳动者劳动 1 年，报酬为 5000 镑，换言之，这三位职业家每年各使用资本 5000 镑，利润 10%，于是，第一年终，每架机械的价值为 5500 镑，谷价亦 5500 镑。第二年，制造家农业家又各使用 5000 镑雇用劳动。乍看起来，各自售货所得，似仍为 5500 镑。其实不然。与农业家比较，用机械的制造家，必不只得 5500 镑，他们尚须得 550 镑作为利润，以报酬投在机械内的那 5500 金镑。他们的货物，必须售卖 6050 镑。因固定资本（蓄积的劳动）之量不同，诸资本家生产商品，每年虽投下等量劳动，其所产商品，可不相等。罗纱与棉织品的价值相等，因为它们是等量劳动，而且是等量固定资本的生产物；谷物与罗纱棉织品的价值不等，即因固定资本量不同，它们的生产条件是不相同的。

它们的相对价值，将如何为劳动价值腾贵所影响呢？罗纱与棉制品的相对价值，当然不因工资腾贵而变。在假设的场合，它们所受的影响是相同的。大麦与燕麦的相对价值，亦不因工资腾贵而变。因为就固定资本与流动资本的比例说，它们的生产条件，亦是相同的，但谷物对罗纱，对棉织品的相对价值，必因工资腾贵而变。

劳动价值腾贵，利润必致跌落。谷物若扫数分归农业家与劳动者，则后者所占比例愈大，前者所占比例必愈小。同样，罗纱（或棉织品）若扫数分归工人与雇主，则前者所占比例愈大，后者所占比例必愈小。设因工资腾贵，利润由 10％降至 9％，则制造家固定资本的利润，不复为 550 镑，只为 496 镑；加入制造品价格内，价格不复是 6050 镑，只是 5995 镑。谷物却仍售 5500 镑。所以，生产上使用较多固定资本的制造品，与生产上使用较少固定资本的货物比较，就算相对跌了价。工资腾落，将在什么程度上，惹起货物相对价值的变动呢？那是取决于固定资本在全资本中所占的比例。一种商品生产，若须用昂贵机械昂贵房屋，或须历时悠久，其相对价值，必因工资腾贵而跌落；反之，若主要由劳动生产，且能迅速上市，则相对价值，必因工资腾贵而腾贵。

但读者诸君应记着：这个原因，虽可使商品的相对价值变动，其影响却比较微小。使利润跌落1%的工资腾贵,仅足使(在假设场合上)商品的相对价值,发生1%的变动。利润已发生如此巨大的变动,相对价值却仅由6050镑跌至5995镑。工资腾贵,对于商品相对价格的影响,充其量,不得过6%、7%。利润跌落,终有所底,无论如何,决不许超过这个限度,而为一般的永续的跌落。

使商品价值变动的主要原因——生产所必要的劳动量的增减——却不如是。倘生产谷物所必要的工人数不是100,而为80,谷价即将跌落20%,即由5500镑降至4400镑。倘生产罗纱所必要的劳动不是100人而是80人,则罗纱亦将由6050镑跌至4950镑。永续利润率的大变动,总是多年积成的结果。必要劳动量的变动,却是日常发生的事态。机械工具、建筑物、栽棉方法等的改良,都可节省劳动,使商品生产,更为便利,使商品价值,缩减下来。论商品价值变动者,虽不可全然忽视工资腾贵的影响,但过于重视,亦属同样错误。所以,本书虽有时提到这个原因,终不免视商品相对价值变动的唯一原因,是生产时必要劳动量的增减。

生产二商品的劳动量虽相等,若不能同时上市,其交换价值必不相等,那是无待烦言的。

假设我第一年出资1000镑,雇20人生产一商品,第二年又出资1000镑,雇20人以完成此商品,第二年终,始赍商品上市,利润10%,商品售价当为2310镑。因为我第一年的资本是1000镑,第二年的资本是2100镑。别一人所雇用的劳动量虽相等,但完全用在第一年,他出资2000镑,雇40人,第一年终即可赍产物上市,利润10%,卖价仅2200镑。请看,投在这两种商品内的劳动量相等,但一售2310镑,一售2200镑。

这种情形,表面似与上述者不同,实则一致。前一场合,二倍劳动量生产的机械与罗纱的价值,不仅二倍于谷物的价值。在后一场合,生产所需的劳动量虽相等,但其价值不相等。这种现象的发生,都因商品上市必须经历较悠久的时间，都因利润累积而成资本。利润既保留了一个时期，自应有适当的赔偿。

我们上述的原则是：若生产时投下的劳动量未有增减，商品价值，决不变动。如果生产商品只用劳动，这原则可完全适用。但根据本节所述，因固定资本流动资本的比例不同，这原则便须加以不少的修正。据本节所云，即令劳动量未变，劳动价值腾贵了，亦可惹起货物交换价值的跌落——如果这种货物的生产，曾使用固定资本，固定资本之量愈大，跌落程度亦愈大。

第五节　价值不因工资腾落而变动。但因资本耐久力及循环速度不等这原则须大受修正

在前节，我们假定两职业的资本相等，但固定资本与流动资本的比例不等。现今我们又假定：二资本部分的比例相等，但耐久力不等。固定资本耐久力愈小，即愈近于流动资本。它在短期间消费掉，亦在短期间再生产。我们讲过，固定资本占重要地位的制造业的生产物价值，定会因工资腾贵而相对跌落。流动资本占重要地位的制造业的生产物价值，定会因工资腾贵而相对提高。固定资本耐久力愈小，即愈近于流动资本，故由同一原因，可引起同一结果。

固定资本如果没有耐久力，便须年年费去多量劳动，来保持它的原效率。这样投下的劳动，亦可看作是实际投在制造品内的劳动，制造品亦当按照比例于那种劳动而取得价值。设我有一机械，价值20000镑，助以极少劳动，即可生产商品。如果机械消磨程度甚微，普通利润率10%，那吗，我采用机械的结果，把利润2000镑加在商品内，亦就够了。但若机械消磨程度甚大，每年须费50人劳动，来维持它的原效率，那吗，商品价格务须追加的额数，应足使我所得可补

偿这 50 人的劳动。

工资腾贵虽一,但商品价格所受影响不一。甲种商品生产,既须采用消磨迅速的机械,故须继续以多量劳动,移入所产商品中。乙种商品生产,既采用消磨迟缓的机械,故移入之劳动量甚微。工资提高,利润跌落,可减低耐久资本产出品的相对价值,且按照比例,提高不耐久资本产出品的相对价值。若工资跌落,则结果相反。

我说过,固定资本的耐久力各不相等。设有 1 机械,用于某特殊职业,等于 100 人劳动 1 年,亦仅经用 1 年。设机械值 5000 镑,100 人劳动工资亦为 5000 镑,则为制造家计,买机械 1 架,抑雇工人 100,同样行得。设因劳动腾贵,100 人一年工资已等于 5500 镑,制造家自然愿意以 5000 镑购置 1 架机械。或谓劳动腾贵,机械价格不亦将腾贵,而值 5500 镑吗?一考实际情形,殊不如此。制造机械若不须使用资本,亦不须支付利润,那么,劳动腾贵,机械价格自然会提高。但机械制造,必须使用资本,从而在 5000 镑中,就必须抽出一部分利润。制造一架卖 5000 镑的机械,决不能雇 100 人。如果雇了 100 工人,机械售价,便不能是 5000 镑。所以,我们必须改变我们的假设。假定仅雇 85 人罢,每人工资 50 镑,一年共 4250 镑,其余 750 镑,是付工资后剩下的,作为资本利润而归于雇主。工资腾贵 10%,雇主非再投下 425 镑资本不可。如是,他投下的总资本,不再是 4250 镑,而为 4675 镑了。此时,机械售价若仍为 5000 镑,剩给他的利润,便只有 325 镑。工资腾贵,结果是利润减落。这是一切制造家资本家的实在境遇。工资腾贵,影响于他们全体。机械制造者倘因工资腾贵而提高机械价格,定会有异常多量的资本,投来建造机械,至机械仅能供出普通利润率之时为止①。因此,我断言机械价格,不因工资腾贵而腾贵。

工资一般腾贵之际,制造家若能借助于机械,既可不增加生产费,又可不提高价格,他就可享受特殊利益。但事实上,他却非减低商品价格不可。不然,一定有异常多量的资本流入这种职业,使其利润降至普通标准。如是,采用机械的利益,是社会的。机械是一个哑工人,生产它所必要的劳动与所代替的劳动比较,以货币价值计,或可相等,以数量计,却可相差极远。有了机械,食品价格的腾贵,可不致牵累那许多人。如上举例,则所牵累的,只是 85 人,不是 100 人。其经济程度,可由制造品跌价之事实征知,这时,不是机械的实价腾贵,亦不是机械制造品实价腾贵,只是机械制造品,按机械耐久的程度,而为比例的跌落。

太古社会,不常用机械与耐久资本,由等量资本生产的商品,亦几乎有相等价值。商品相对价值要发生变动,只有增减生产它们所必要的劳动。但自有昂贵耐久的工具以来,即使投下等量资本,其产品价值,已极不相等。它们虽仍按照生产时必要劳动量的增减,而发生相对价值上的变动,但工资与利润的涨跌,亦可影响它们的相对价值。——虽则影响微小。卖 5000 镑的货物,和卖 10000 镑的货物,既为等量资本的生产物,其利润必相等。但若货物价格不随利润率涨跌而涨跌,利润就不能相等。

所以,无论资本用途何若,考察相对价值变动者,均须顾及资本的耐久力。商品生产若曾采用耐久资本,则相对价值的变动,与工资的变动相反。工资腾贵,商品的相对价格必跌落;工资跌落,商品的

① 于此,我才知旧国多用机械,新国多因劳动的原故。维持生活愈困难,劳动必愈腾贵,劳动愈腾贵,采用机械的要求愈激切,难于维持人类生活的现象,是旧国惯有的。新国人口虽大增,亦不能引起工资腾贵,那里,很容易养活第 200 万人,第 300 万人,第 400 万人,亦一样容易养活第 700 万人,第 800 万人,乃至第 900 万人。

相对价格必腾贵。商品生产若主要由于劳动，其所采用之固定资本较少或较不耐久(与计算价格之媒介物比较而言)，则相对价格的变动，与工资变动的方向相同。工资腾贵，相对价格亦腾贵，工资跌落，相对价格亦跌落。

第六节　论不变的价值尺度

诸商品的相对价值变动了，我们当然希望有方法判定何种商品的真实价值腾贵，何种商品的真实价值跌落。要办到这样，我们只有认定一个不变的价值尺度，依次把它们比较。但世间要寻找一种绝对不变的尺度，却是不可能的。测定他物价值的商品，亦不免价值变动。世间任何物生产所必要的劳动量，都不免增减。即令必要劳动量不变，它仍不是完全的价值标准，仍不是不变的价值尺度。据上述，生产媒介物所必要的固定资本的比例，比较生产别种商品所必要的固定资本的比例，若不相同。工资腾落，已可引起媒介物价值的相对变动。固定资本的耐久力若不相等，商品上市所必须经历的时间若不相等，则由同一原因，可以引出同一结果。上述种种，已足使世间不能有完全的价值尺度。

设定金为标准。金的获得，又何尝不需劳动与固定资本。节省劳动方法的改良，便于其他一切商品的生产，亦便于金的生产。所以，仅就生产便易的关系说，金的相对价值，已可跌落。

即使假设这个原因可以除去，假设获得等量的金，永远需要等量的劳动。但金仍非价值的完全尺度，仍不能准确测定他物价值的变动。生产金的固定资本部分与流动资本部分的比例，未必与生产他物者相等。生产金的固定资本的耐久力，亦未必与生产他物者相等。

金上市所必须经历的时间，又未必等于他物。生产条件既不相等，它有什么资格作完全的价值尺度？金的生产条件，同于罗纱棉织品吗？若相同，金当然是这二物价值的完全尺度；但对于谷物，对于煤炭，对于一切生产条件不同的商品，却不是完全的价值尺度了。何则？据上所云，就令生产金所必要的劳动，永无变动，而永续利润率的变动，亦可影响金对谷物对煤炭的相对价值。又令金的生产条件与谷物同，但由同一理由，它又不是罗纱棉织品价值的完全尺度。世间殆无一物配称为一切物价值的完全尺度。幸而利润率的变动，对于商品相对价格的影响，比较轻微。最大的影响，是生产必要劳动量的变动。所以，如果生产金所必要的劳动量常相等，那单从理论方面讲，我们说有近似完全的价值尺度，亦无不可。各种商品生产所必要的固定资本与流动资本的比例，各不相同，但在这不同的许多的比例中，生产金的两个资本部分的比例，不可认为最近于平均数么？这比例，距两极端——一仅用极小量的固定资本，一仅用极小量的劳动——的距离，不近似均等，而宛如中数么？

假定一个近似不变的标准，有一个大便利：即，在叙述他物价值变动的时候，不必回回顾虑媒介物价值的可能的变动。

他物价值变动所不能避免的原因，金币亦不能避免。这是我所承认的。但为研究便利起见，我且假设它是不变的，并假定一切价格上的变动，全发因于所说的商品方面。

在结束这问题以前，我应指谪亚当·斯密的一种意见。亚当·斯密以为，随劳动价格的腾贵，一切商品价格都会腾贵。据我所知，他的学徒亦都这样主张。我希望，我前面讲过的那些话，已足说明这种意见之毫无根据。我说明了，生产上需要更少固定资本（与媒介物比较而言）的商品，且将因工资腾贵而跌落。反之，倘若工资跌落，则随之跌落的，只是生产上需要较少固定资本（与媒介物比较而言）的商品；生产上需要更多固定资本的商品，且将因而腾贵。

此外，尚有一事，必须补说明白。因所含劳动不等，甲商品值1000镑，乙商品值2000镑。但我不说甲值1000镑，乙值2000镑。我说它们的相对价值为2∶1，说它们在这个比例上交换。这样说，无论甲商品值1100镑，乙商品值2200镑，抑是甲商品值1500镑，乙商品值3000镑，都行得。但关于这点，我们不愿多谈。我只说，支配商品的相对价值的，是生产它们投下的相对劳动量。①

第七节 货币价值变动和商品价值变动的种种结果

因为要确示商品相对价值变动的原因，我才视货币为价值不变之物。但货币价值变动和商品价值变动，都可使商品价格变动。由商品价格变动而生的各种结果，我们亦可加以考察。

货币价值是可变的。货币工资的腾贵，往往发因于货币价值的跌落；由这原因而生的工资腾贵，常有商品价格腾贵随其后。这时，劳动与商品的相互关系依旧，变动的只是货币。

货币因得自外国，因为是一切文明国交换的普遍媒介物，因须按照无常的比例（商业及机械的改进、人口的增加、获取食物的困难加大，都是影响这个比例的原因）而分配于各国，所以，价值不免常常变动。讨论交换价值与价格的支配原则，应小心区别这两种变动——一属于商品自身，一则发因于媒介物。

① 关于这个学理，马尔萨斯说："投在商品内的劳动，未尝不可称为商品的真实价格。但在这样称呼时，我们所用的字义，未免与习惯相反。我们混乱了费用与价值的区别，我们知道，生产财物的主要刺激，就是这种区别，这是不容混乱的。"

马尔萨斯说我认费用价值为一物；倘他所谓费用，乃统括"生产费"及利润，则诚是。但根据上述那段话，他所说的费用，其意又不类此。他尚未明了我的意思。

由货币价值变动而引起的工资腾贵，可平均影响于一切物的价格。故于利润，不生实在影响。工资腾贵的原因，如果是劳动的报酬较丰，或获取必需品的困难加大，那除了少数特例，即不致发生价格腾贵的结果，却将使利润跌落。在前一场合，一国常年劳动，无须以较大比例扶持劳动者；在后一场合，却须用较大的部分。

我们判断地租、利润与工资的腾落，所根据的，是农场全部生产物，在什么比例上分配于地主、资本家、劳动者三阶级，而不是由媒介物测定的各阶级所得生产物价值究有多少。这种媒介物，显然是可变的。

我们要判断地租率、利润率与工资率，所根据的，又不是各阶级所得的绝对生产量，只是生产这各部分生产物所必要的劳动量。机械上农业上的改良，可使全生产量加倍，但若工资地租利润都加倍了，各阶级所获的相互比例必依旧。那决不能有相对的变动。但若全生产量加倍了，工资却全然不加，或仅增加一半；地租亦不加倍，只增加 3/4；剩下的追加量，扫数归作利润，那我说利润提高了，工资地租跌落了，总不会错罢，因为，如果我有一个不变的测定价值的标准，我就可断言，归劳动阶级地主阶级的价值已较少，归资本阶级的价值已较大了。商品绝对量虽已加倍，但生产它们所投下的劳动量却依旧。在产出的 100 顶帽，100 件衣，或 100 卡德谷物中，在先

劳动者得	25
地主得	25
资本家得	50
合计	100

后因商品量加倍，拿百分比说，

劳动者仅得	22
地主仅得	22
资本家却得	56
合计	100

在这种场合,虽因产量丰饶,付给劳动者地主的数量,已按 25 对 44 的比例增加了,我仍当说工资地租跌落,利润提高。劳动者所得的生产物部分,在生产时,究曾投下多少劳动与资本呢?这样投下的劳动与资本,是这一部分生产物的真实价值,亦即是测定工资的手段。至若由帽衣谷物或货币而表现的这一部分生产物的名义价值,决不能测定工资。在假设的场合,商品价值跌落了一半,若货币价值不变,价格亦跌落一半。以不变的媒介物为证,可知工资已跌。这时,工资所能提供的低廉商品量虽增加了,实际却是跌落了。

货币价值变动,决无关于利润率。假设制造品腾贵了 100%,由 1000 镑腾至 2000 镑,他的资本,他的机械、房屋与工具,亦将腾贵 100%,故利润率依然不变。它所能支配的生产量,亦依然不变。

依节省劳动的方法,以一定价值的资本,若就使产量加倍,产物价格亦不减半。故生产物与资本之比例依旧,利润率因之,亦一如昔时。

制造家若能以同一资本倍其产量,同时,货币的价值又偶然减半,生产物出售的价值,便当倍于昔日;资本的货币价值,亦必倍于昔日;故生产物价值对资本价值的比例,仍不变。生产物虽加倍了,如果三阶级的分配比例不变,地租、工资、利润亦必不变。

第二章

地 租 论

我们现待考察的，是土地的占有与地租的发生，能不能单独惹起商品相对价值的变动。为求问题这一部分的理解，我们必须研究地租的性质和地租腾落的法则。

使用了原有不可灭的土壤力，必须给地主一部分生产物。这即所谓地租。地租，往往与资本的利息利润混同；俗语，农民付给地主的一切物，都称作地租。设有面积同，自然丰度同，位置相邻的两个农场：一个有农场建筑物各种利便，既宜于排水施肥，又有墙壁篱垣；别一个却全然没有这些。使用前者，当然要付更多报酬。按照通俗说法，这全部报酬，均称为地租。精细的考察，指示了在这全部报酬中，显然只有一部分是报酬原有不可灭的土壤力，另一部分则作为资本（因曾投资改良土地品质，建筑贮藏所）的报酬。亚当·斯密对于地租一辞，虽有时用在科学的意义上，却亦常常把这个名辞，乱用在流俗的意义上。他告诉我们，因欧洲南部需要木材，木价腾贵，挪威的森林，便发生了地租。这是向来没有的。支付这种地租的人，不早知道土地上有价值的木材，斫下来，出卖，即可偿还一切费用及其利润吗？如果木材斫伐以后，因顾念将来培植树木或他种生产物，仍少不了土地，为报酬土地生产力故，以报酬给地主，当然可称为地租。至若亚当·斯密讲的那种报酬，所报酬的，只是斫伐木材售卖木材的自由，不是栽培木材的自由。他又曾论述炭坑石坑的地租。对于他的见解，我们可作同样的批评。他所说的报酬，乃所以报酬石炭石料的获得，与原有不可灭的土壤力，初无何等关系。这都不能称作地租。这种区别，对于地租利润的研究，极为重要；因地租增减法则，与利润增减法则，大不相同，趋向亦极不相同。进步国年年支给地主的报酬，因包含利润和地租两种性质，所以，依了各种互相反对的动因，有时保持原状不变，又有时因为某种动因占了优势，以致发生变化，或则增进，或则减退。本书常常提到地租，我希望大家记着，我所谓地租，是付给地主的，报酬原有不可灭土壤力的生产物。

一国最初殖民时，肥沃之土甚多。为供养现有人口，只需耕作一极小部分，实际上，现有人口所能支配的资本，亦只能耕作极小部分。所以没有地租。未被占有之土地既然甚多，谁都可随意选择耕地，使用土地，无须支付代价。

根据普通的供求原理，空气、水，以及各种无限量的天赐物，使用了都不须代价。同样，无限量的土地，亦不能有地租。借空气压力与蒸汽涨力之助，机械得成就它的作业，而大缩减人类劳动；但因这种天助可取之不竭，使用了，无代价可言。酿酒业者、蒸馏业者、染业者，在生产时，都不绝使用了水和空气，即因水和空气都无限量，故亦无价格。[①] 设土地同空气、水一样，其量无限，其质均一，那除非它在地位上具有特殊便利，它的使用，如何能有代价？但正因土地之量有限，其质又非均一，而人口增加的结果，品质较劣地位较差的土地，亦须取而耕作，故其使用，当有地租报酬。在社会发展进程上，第二等地取而耕种，第一等地的地租，立即开始。地租额，取决于这两等土地品质之差。

第三等地取而耕作，第二等地的地租又立即开始，地租额亦由二者生产力之差而定。这时，第一等地的地租，将要抬高。以同量资本劳动，投在第一等地和第二等地，所获常有一差额，第一等地的地租，

① “我们知道，土地不是唯一具有生产力的自然动因，但只有，也许只有这种自然动因，能由一团人占有，从而独占它的利益。江海的水力，用以运转机械、载舟、养鱼，故亦有生产力；此外，推转风磨的风，给我们热的太阳，亦代我们工作了，但幸而没有人说：这是我的，使用了，必须报酬。”萨伊著《经济学》第 2 卷第 124 页。

即按照这个差额,而更多于第二等地的地租。人口逐渐增加,一国为增加食品之故,非借助于品质较劣的土地不可。比较肥沃的土地的地租,即因而腾贵。

设有第一、第二、第三各级土地。在这三等地上,投下同量资本劳动,纯收获为 100 卡德、90 卡德、80 卡德谷物。在人口较少肥地较多的新国,只须耕作第一等地,纯收获的全部,都属于耕作者,作为投资的利润。迨人口增加,不得不耕作第二等地,除了维持劳动的必要部分不计,纯收获不过 90 卡德。因之,地租始生于第一等地。因为,在这场合,只有两个可能的结果。非农业资本的利润率彼此不等,即须从第一等地的收获,扣下 10 卡德,或 10 卡德的价值,来为别种目的。耕种土地者是地主抑是别人,可以不问,这 10 卡德,总可称作地租。如是,第二等地耕作者,才不致吃亏。支付 10 卡德地租而使用第一等地呢,抑不支付地租而继续使用第二等地呢,对于他,没有两样。同理,第三等地取而耕作时,耕作第二等地亦须支付地租 10 卡德或 10 卡德的价值,第一等地的地租,却会腾至 20 卡德。如是,第三等地的耕作者,才不致吃亏。投资第一等地支付地租 20 卡德,投资第二等地支付地租 10 卡德,或投资第三等地不支付地租,利润都是一样。

不耕作第二、第三、第四、第五,或更下等土地,仅加投资本于已耕土地,亦往往能够增加生产。以加倍资本投在第一等地上,生产物虽不能加倍,虽不能增加 100 卡德,但也许能够增加 85 卡德。这个追加额,已较大于第三等地(假设投下同额资本)产额。

在这场合,便宁可投资于旧地,但地租仍会发生。投下两个等量的资本劳动,所获得的两个生产量,如果有大有小,差额当归作地租。设租地人以 1000 镑资本投入土地,可获小麦 100 卡德,再以 1000 镑资本投入,再可获 85 卡德,那在租约满期后地主便可强迫以 15 卡德或与这相等的价值,付作地租,因为利润率不能有两个。他情愿再投 1000 镑资本而少得 15 卡德,定因为这种资本,寻不到比这更有利的用途。普通利润率既然按照这个比例，所以，如果原租地人拒绝增加地租，不愁没有别人承耕。超过普通利润率以上的剩余生产物，须扫数归给地主。

在这场合，最后一次投下的资本，依然不纳地租。若第二次投下的资本 1000 镑不纳地租，第一次投下的资本 1000 镑，则因生产力较大，须纳租 15 卡德。设在同一土地上第三次投下 1000 镑，可再获 75 卡德，第二次投下的那 1000 镑资本，便亦付纳地租。地租多少，仍取决于二者收获之差额，即 10 卡德；同时，第一次投下的资本 1000 镑，所纳地租即将由 15 卡德加至 25 卡德；最后一次投下的 1000 镑，无论如何，亦不纳租。

人口虽日加，但若优地所产食物已足维持人口增殖而有余，或者，投在旧地上的资本累加，又可不递减收获，地租便不能腾贵；地租发生的原因，是投下追加劳动量，收获必按比例递减。

丰度最大地位最宜的土地，首先加入耕作，其生产物之交换价值，由生产（由生产至于上市）所必要的劳动总量决定。在劣质土地取而耕作的时候，因生产所必要的劳动量已加，原生产物的交换价值即将腾贵。

是制造品，是矿产，抑是土地生产物，可以不问。在有利条件下生产商品，换言之，在生产上若有特殊利便，所须投下的劳动量必较小。在极不利条件下生产商品，换言之，在生产上若无特殊利便，所须投下的劳动量必较大。决定商品交换比例的，决不是前一场合的较小劳动量，只是后一场合的较大劳动量。

慈善机关办的工业，因有义捐，生产上有特殊便利。但这种便利，不是决定商品普通价格的因数。别个制造家生产这种商品，仍不免照常遇到困难，这种困难，才决定这种商品的价格。自然哪，如果受惠劳动者所供给的数量，已可满足全社会的需要，没有这种便利的制造家，自然会在市场上立足不住。他会继续营业，证明在那种条件下，他投资仍可获得通常利润，货物的售价，仍能按照比例于生产时投下的劳动量。①

这时，在最良土地上，投下与先前相等的劳动，仍能获得与先前相等的生产物。这是真的。但因新资本新劳动投在劣地所获较少之故，生产物价值，将会腾贵起来。沃地的利益不曾丧失，唯将由耕作者消费者，移归地主。劣地既需较多劳动耕种，我们又只有依赖劣地，才能获得追加量的原生产物，所以，原生产物的比较价值，会继续超过先前的水平线，可换得较大量的罗纱帽鞋等等，因为它们生产，尚无需追加劳动。

所以，原生产物比较价值腾贵的原因，只是最终部分的生产，须投下追加量的劳动，不是支付地租。支配谷物价值的，是投在不纳租土地上生产谷物所必要的劳动量，或者说是凭借不纳租资本部分生产谷物所必要的劳动量。谷物腾贵的原因，不是支付地租；反之，支付地租的原因，是谷物腾贵。地主放弃全盘地租，谷物价格亦不会低落下来，结果，不过使一部分农业家，过优裕生活。最劣土地栽种原生产物所必要的劳动量，依旧不会减少。

在土地最多，土地生产力最大的时候，地租无从发生。只因土地生产力衰退，劳动结果减少，才在肥地原生产额中，取一部分来作地租。土地的这种性质，其实是土地的缺陷。别种自然助力，没有这种

---

① 萨伊氏下述那段话，不忘记了价格终受支配于生产费的事实么？他说："投在土地上的劳动生产物，有不因稀少而腾贵的特性。食物减少，人口亦常同时减少，结局，这种生产物的需要量与供给量，同时减退。加之，在荒地尚多的地方，比较毫无荒地的国度，谷物价格未必会更腾贵。中世纪，英国法国未耕殖的土地，比较今日，当然更多，所产原生产物，又比今更少，但若比较他物价格而加以判断，那时谷物价格，并不比今日高。生产物少，人口亦少，供给方面的缺乏，抵消了需要方面的微薄。"——前书(萨伊著《经济学》——编者注)第 2 卷第 338 页。萨伊氏深信商品价格受支配于劳动价格，认慈善机关有增加人口减少工资的倾向。他说："英国货物的低廉，我想，有一部分原因是国内有许多慈善机关。"——第 2 卷第 277 页。这种主张，和工资支配价格学说，首尾一贯。

缺陷。世人因见土地能供地租，便认土地为优良的生产的源泉。这真离奇得很。水、空气、蒸汽涨力，与空气压力，如果有品质上的差异，它们如果可由人占有，各级品质的数量如果有限，它们亦会要租金了。在我们必须利用劣等自然力时，制造业上等量劳动的生产力必减少。因之，制造品价值，定会提高。人力做的愈多，自然做的愈少。这样，土壤力的有限性质，不复为土地特有了！

土地提供地租，决不是土地的优点。新机械的效率若较小于旧机械，制造品交换价值，固然会加大，最良机械所有者固然可得租金，但这亦是我们希望的事体吗？①

---

① 亚当·斯密说："农业上，自然与人共劳动。自然的劳动虽无须代价，但其生产物与人工劳动生产物，同样有价值。"但自然劳动所以有报酬，不因它的工作多，却因它的工作少，自然的赠赐愈吝啬，它工作的报酬愈隆厚；反之，自然的赠赐愈宽大，它的工作，愈无须报它。"农业上劳力的家畜，好像制造业上的工人。它再生产的价值，不仅等于它自己的消费额（即雇用它的资本），加资本家的利润，——远甚于此。它所再生产的，偿还了资本及其利润尚有余。余额照例归于地主，作为地租。这种地租，可视为自然力（地主借给农业家使用的自然力）的生产物。地租的额数，定于自然力的假设程度，换言之，在决定地租时，我们往往虚拟土地的自然丰度及人造丰度。地租若干，须按照这个虚拟的丰度。在生产物中，减去人力造成的部分，余额便是自然的造就；自然的造就，在全生产物中，不常在 1/4 以下，它每每在 1/3 以上。但以等量劳动投在制造业上，决不能引起偌大的再生产。制造业上人做了一切，自然没做一点。再生产，须与生产动力之强弱为比例。农业资本与制造业资本量虽相等，但前者所能推动的劳动量，必较大于后者。因所能推动之劳动量较大，农业资本更能增加一国年产物的价值，更能增加一国居民的真实财富与收入。所以，农业投资，最有利于社会。"第 2 篇第 5 章第 15 页。

在制造业上，自然就不帮助我们吗？那些推动机械帮助航运的风力水力，是什么？那些推转重机械的空气压力与蒸汽涨力，不是自然的赠赐吗？至若，柔冶金属融解金属的热，染色过程发酵过程的空气分解作用，又不待说了。一切制造业都曾得自然帮助，那是宽大的，不需代价的帮助。

关于我所征引的亚当·斯密那一节话，布哈南氏曾这样批评过："第四卷我曾讨论生产的和不生产的劳动。我说明了农业对于国富的增加，并不更甚于工业。斯密博士说地租的再生产，大有利于社会，但他未曾想到地租是价格腾贵的结果，亦未想到地主的利益，恰是全社会的损失。地租的再生产，于社会无绝对利益，不过牺牲这一阶级，便宜那一阶级罢了。说农业提供生产物和地租的原因，是自然与人协作，全然是幻想。地租的来源，不是生产物，而是生产物售得的价格，这个价格的获得，不因自然帮助了生产，只因这种价格，能使消费适应于供给。"

地租腾贵,常为国富增进、人口增殖、食物供给困难的结果。这是富的征候,不是富的原因。财富迅速增加的现象,每每在地租稳定甚而降落的时候发生;地租迅速增加的现象,亦常常发生在土地生产力减退的时候。财富增加最速之国,可使用之土地必最肥沃,输入的限制必最少;且因农业改进,劳动量虽不增加,生产额却可倍增。所以,那里地租的增进,必甚迟缓。

谷物价格腾贵,假设是地租的结果,不是地租的原因,价格便须按照地租腾落的比例而受影响了,地租便是构成价格的部分了。但我们讲过,由最大劳动量而生产的谷物,才是谷物价格的决定要素。这种谷物的价格,既不曾,亦不能含有一点地租。[①] 因之,亚当·斯密说支配商品交换价值的根本规则(即生产商品的比较劳动量),得因土地占有和地租支给的事实而完全变更,不能算作正确。大多数商品虽都参入了原生产物成分,但决定原生产物价值的,是投在土地上不纳地租的最后资本部分的生产力。地租不能说是构成商品价格的要素。

丰度有大小,位置有宜否,一国各种土地生产力的差异是颇大的。一国财富与人口的自然发展,究有何种影响于地租,我们已经考量过了。我们知道,必须投在土地上的资本增加一次,最后资本部分的收益,即减少一次,因之,资本每加一次,地租即腾贵一次。同理,若按照当时社会情状,必须投在土地上的资本减少一次,最后资本部分的生产力即增加一次,因之,资本每减一次,地租即减低一次。在一国资本大减退,维持劳动基金大减时,结果便当如是。人口所赖以调节的,是雇佣人口的基金。人口常随资本增减而增减。资本减退的必然结果,是谷物的有效需要减少,是谷物价格下落,是耕种事业衰退。资本蓄积,既足使地租腾贵,反过来,资本减退,地租当然会低

---

① 我相信,这原理的理解,在经济科学上极为重要。

落。生产力较小的土地如果逐渐放弃不耕，生产物的交换价值必低落。品质较优的土地，已经是最后耕地，不支给地租。

一国之财富人口既并增，农业上若又有大改进，耕作贫地，遂无必要。投在沃地上的资本，亦可减少。因之，这国的地租，定会减低。

设扶持现人口所必要的谷物为100万卡德，社会上须耕作第一、第二、第三各级土地。后因农业改进，第一、第二等土地所能供出的谷物，已足供用，第三等地已无耕作必要，地租自然会低落下来。第二等地，现今代替第三等地的地位，不纳地租了。第一等地的地租，亦不是第一等地收获与第三等地收获的差额，不过是第一等地收获与第二等地收获的差额。人口既未增加，所需谷物亦不增加，当初投在第三等地上的资本劳动，即可用以生产他种物品。这时，除非因为要获得原料，势须在不利条件下，把资本投在第三等地上，地租即不致腾贵。

农业改良，原生产物生产所必须投下的劳动量减少。结果，原生产物的相对价格低落，蓄积增加。这是事实，无可置疑。资本的利润，是大增了。可是，这种蓄积，又会增加劳动的需要，提高工资，增加人口，增进原生产物的需要，因而，耕作事业，非谋发展不可。地租要恢复原状，须在人口增加以后；换言之，再须耕作第三等地时，地租才会提高。如是，可见地租要积极减少，非经长岁月不可。

农业改良有两种：一是增进土地生产力；一是凭借机械的改良，使我们能以较少劳动，获得同量收获。这两种改良，都会引起生产物价格的低落。何则？假若它们不能减落原生产物价格，它们就不能算作改良。既然改良了，生产所必需的劳动，必定更少。劳动量减少了，价格或相对价值，必致跌落。这两种改良，又都会影响地租，惟程度不等。

较巧妙的轮栽法或更适宜的施肥法，都是增进土地生产力的改良方法。这种改良方法，使我们能够在较小量土地上，获得同量收获。譬如，采用萝卜栽培法者，除了生产谷物，尚能饲一群羊，先前牧羊的土地，便不必要了。这不是使用较小量土地而获得同量收获吗？又譬如因发现一种肥料，一块土地所能生产的谷物量，可更多 20%。因之，投在生产力最小农场上的资本，至少可以撤回一部分来。我们讲过，为了低减地租，农民不一定要耕种较少土地。投在同一土地上的各资本部分，生产效果是各个不同的。所以，在同一土地上，撤回生产效果最小的那一部分资本，亦就够了。如果萝卜栽培法的采用，有效肥料的施给，可使我投下较少资本而获得同量收获，那吗，各资本部分的生产力虽差额依旧，地租亦会低减下来。作为计算标准的资本部分，将有更大的生产力。譬如，逐次投下的各资本的部分，所获若为 100、90、80、70；在四部分全都投下去的时候，地租当为 60，其式如下：

<table>
<tr><td>70 与 100 之差为 30</td><td rowspan="4">总收获为 340，即</td><td>100</td></tr>
<tr><td>70 与 90 之差为 20</td><td>90</td></tr>
<tr><td>70 与 80 之差为 10</td><td>80</td></tr>
<tr><td>合计 60</td><td>90</td></tr>
<tr><td></td><td></td><td>340</td></tr>
</table>

如果我继续使用这四部分资本，即令各部分资本的收获，同样加大了，地租亦必同样不变。譬如，设收获不是 100、90、80、70，已增至 125、115、105、95，地租仍为 60，如下：

<table>
<tr><td>95 与 125 之差为 30</td><td rowspan="4">总收获增至 440，即</td><td>125</td></tr>
<tr><td>95 与 115 之差为 20</td><td>115</td></tr>
<tr><td>95 与 105 之差为 10</td><td>105</td></tr>
<tr><td>合计 60</td><td>95</td></tr>
<tr><td></td><td></td><td>440</td></tr>
</table>

生产物如此增加了，如果需要不增加①，谁亦没有心思把如此多的资本投在土地。所以，资本一定会撤回一部分。于是，最后资本部分的收获将为 105，不是 95，同时，地租亦降至 30：

105 与 125 之差为 20
105 与 115 之差为 10
合计　30

生产物仍足应人口需要，因收获量共有

125
115
105
345

这时，供给已有 345 卡德，需要仅 340 卡德。

第二种农业改良，虽可减低生产物的相对价值，虽可引起货币地租的下落，但谷物地租不致低减。那样的改良，不增加土地生产力，不过使我们能以较少劳动获得同量生产物。这种改良，不能促进土地的耕作事业，但能促进农业资本的构成。犁锄打谷机一类农具的改良，耕马的节省，家畜病治疗法的进步，皆属于这一类。有这类改良，我们投在土地上的资本与劳动，可以减少，但要获得同量收获，仍须耕种同量土地。这种农业改良，能否影响谷物地租，全看各资本部分所获生产物之差，是否已有增减。设有资本四部分，50、60、70、80。投在土地上，各部分的结果相同。后因构成资本的方法改良，各部分资本可减为 45、55、65、75，但若各资本部分所获生产物之差，依旧未变，谷物地租，亦必依旧不变。前一种改良，却可使我撤回生产力最小的那一部分资本，故结果为谷物地租跌落。生产力最大资本部分的收获，与生产力最小资本部分的收获比较，差额已经更小了，而这差额，就是地租。

不待多举例证，我们已充分说明了，能减缩各资本部分所获生产物之差，即可减少地租，反之，能加大各资本部分所获生产物之差，即可增

---

① 农业改良，对于地主的利益，我不轻视。农业改良的结果虽为低降地租，但它可激起人口的增殖，同时又使我们能以较少劳动耕作较贫土地，结局，对于地主，仍有莫大利益。不过，地主在受益以前，须经过一个积极的不利期间。

加地租。

在论述地租时，宁视地租为生产物之部分，不问其交换价值。不过，我们要知道，生产困难既可提高原生产物的交换价值，又可增加地主所占部分的原生产物（地租）。所以，由于生产困难，地主显然得了两重利益：第一，他获得的部分加大了；第二，他那一部分原生产物的价值又腾贵了。[①]

---

① 要明白此理，要说明谷物地租与货币地租的变异程度，且假设曾投 10 人劳动于一定品质的土地上，收获为 180 卡德小麦，价值每卡德 4 镑，共值 720 镑。又假定在同一土地或其他土地上追加 10 人劳动，收获仅增加 170 卡德。那吗，小麦每卡德的价格，会由 4 镑涨至 4 镑 4 先令 8 便士，因为 170 ∶ 180＝£4 ∶ £4,4s,8d。在这场合，170 卡德需 10 人劳动，在另一场合，只需 9.44 人劳动，所以，谷物将按 9.44 对 10 之比而腾贵。即由 4 镑涨至 4 镑 4 先令 8 便士。再雇 10 人，收获为 160，价格将腾至 4 镑 10 先令。再雇 10 人，收获为 150，价格将腾至 4 镑 16 先令。再雇 10 人，收获为 140，价格将腾至 5 镑 2 先令 10 便士。

假设在谷价每卡德 4 镑，收获 180 卡德时，不须支付地租，在收获仅为 170 卡德，每卡德价格 4 镑 4 先令 8 便士时，便须提供 10 卡德的价值，作为地租。10 卡德，共值 42 镑 7 先令 6 便士。照例推去，按次得表如下：

总收获	160 卡德	150 卡德	140 卡德
每卡德价格	4 镑 10 先令	4 镑 16 先令	5 镑 2 先令 10 便士
谷物地租	20 卡德	30 卡德	40 卡德
货币地租	90 镑	144 镑	205 镑 13 先令 4 便士

由是可知

谷物地租增加的比例为 {100, 200, 300, 400}

货币地租增加的比例为 {100, 212, 340, 485}

第三章

矿山地租论

金属亦由劳动获得。生产它的,固然是自然,但从大地中,采掘、柔冶,使适人用,却是人的劳动。

矿山地租,亦是矿产物价格腾贵的结果,不是原因。

若矿山甚伙,丰度相等,任人占有,地租即无由发生。矿产物价值,取决于采矿及矿产物上市所必要的劳动量。

但矿山之品质各殊,投下同量劳动,结果可极不相等。最劣矿山所产金属之交换价值,除了赔偿采矿运矿所须消费的衣食等必需品,尚须供出普通利润,给投资开矿的资本家。这种最贫瘠的矿山,不能支付地租,亦不支付地租,但支配沃矿地租的,就是这种矿山开采的结果。最贫瘠的矿山已能供出普通利润,沃矿产额,必较大无疑。这较大量,必须付给矿山所有者,作为地租。这个原理,与上述地租原理相同,无须详论。

支配原生产物价值制造品价值的一般规则,亦适用于金属。那就说,金属的价值,不取决于利润率,不取决于工资率,亦不取决于矿山地租。决定它的,是获取金属及金属上市所必要的总劳动量。

金属价值,亦不免变动。开矿器具,开矿机械,可改良而大缩减劳动;新沃矿山的发现,可由同量劳动获得较多矿产物;运输方法的进步,可缩减金属上市所必要的劳动。在这诸场合,金属价值都将低落,因而,只能换得较小量的他种货物。反之,矿坑采掘深下,污水积存,意外发生,都可增加获取金属的困难,因而,使金属的比较价值增加。

一国铸币,无论怎样合于标准,但它是金银铸成的,终不免有价值上的变动。那变动，不仅是偶发的、暂时的，而且，可以是永续的、自然的。

亚美利加及其丰沃矿山的发现，曾大影响于贵金属的自然价格。许多人，以为这种影响，迄今犹未终了。事实上，这一切影响，或许早已停止了。贵金属的价值，晚近虽仍有跌落，但应归因于采掘方法的改良。

贵金属价值上的变动，总是极缓慢而渐次的。因之，金银用作价值媒介物，实际上，尚不致感到多大不便。这种价值尺度，固然亦是可变的，但在各种商品中，比这变动更少的，也许找不出来。况且，金银除了这个长处，又具有硬性、展性、可分性，及其他各种长处。所以，各文明国，金银都有充作货币标准的特权。

等量劳动，等量固定资本，投在不纳租矿山上，所获得的金量，如果常常相等，则视金为不变价值尺度，亦未尝不可。金的数量虽可依需要增加，但若价值不变，则用以测定可变的价值，尤称至当。作者在本书前部，既已视金为价值不变之物，此后，仍当续持这种假定。因之，说及价格变动，我总假设变动的，是商品，不是媒介物。

第四章

自然价格与市场价格

劳动虽为商品价值的基础，商品生产所必要的比较劳动量，虽为商品交换比例的决定要素，但商品现实的市场的价格，与本来的自然的价格，尽可有偶然暂时的差异。

一般说来，商品供给，决不能长期间，适应于人类欲望所需，继续供出同样程度的丰裕。所以，没有一种商品的价格，免得了偶然暂时的变动。

就因为这种变动，各职业的资本分配，得以适合需要，而无过不及。跟着价格的腾落，利润亦会超在普通水平线上或降在普通水平线下。某职业的利润既已腾落，资本或将因鼓励而流入，或将因警告而提出。

各人既有随意投资的自由，他自然会斟酌什么是最有利的用途。假设资本改业，可收利润 15%，他自然不能满意于 10%的利润。投资家莫不要避较不利而趋就有利。这种不息的要求，使各业利润率平均，使各业投资家的利益相等。要寻出这种变化过程的步骤，也许很难。制造家大概不会改业，不过减少原有职业的资本额。富国有所谓金融阶级。他们不从事任何职业，只用货币贴现，或用货币贷借。他们生活，仰赖于利息。银行家的大宗资本，即如此使用。如此使用的资本，是浮动的。它会按照或大或小的比例，投在一国各种职业上。富裕制造家的营业范围，不受限制于一已所有的基金。他定然有若干浮动资本，按照商品需要，而为伸缩。在丝的需要增加，罗纱的需要缩减时，罗纱业者不必转移资本到丝业。他会辞退若干工人，不再向银行家金融家借债。同时，丝业制造家因须雇用较多工人，更有借债的要求。如是，制造家无须废弃原业，资本已可由这个用途移至别个用途。我们观察大都市的情形，见那里本国货外国货，在数量上，竟能按照规则，依需要而供给。即令嗜好改变，人口增加，需要变化，仍不常见供给过剩或供给不足的现象。“各职业的资本分配，适合需要，无过不及”说之真确，非常人可知。

资本家寻找有利的投资所，自然会考虑一种用途的各种长处。也许因为这种职业安全清洁安逸，以及各种现实的想像的利益，而宁愿放弃一部分货币利润。

假设因为这种种考虑，资本利润取得了这样的调剂：甲用途20%，乙用途25%，丙用途30%。这种相对的差异，也许是永续的。假若三者中，有一职业利润，以他种原因，而永续提高了10%（暂时的，不讲），他二业利润，亦必以同一比例提高。

今日的情状，似乎是一个例外。战争的终止，破坏了欧洲资本的原分配法。在必要的新分配法上，各资本家犹未曾寻得各自的地位。

假若一切商品出售，都按照自然价格，各业资本利润率，自必相等。即令略有差异，亦仅因依当事者评价，认某业有某种现实的或幻想的利益。假设因时尚变迁，丝的需要增加，羊毛的需要减少。丝与羊毛的自然价格（生产它们所必要的劳动量）虽依然不变，丝的市场价格却将提高，羊毛的市场价格却将减低。结果，丝物制造家的利润，将超过普通利润率，同时，羊毛制造家的利润，便将降至普通利润率以下。不过，在这两种业务，受影响的，不只利润。劳动工资，亦不免。但丝的需要增加，资本与劳动，都会立即从羊毛制造业移到丝物制造业。待丝织物毛织物的市场价格再与自然价格接近，这两种商品的制造家，才再各自得到普通的利润。

因之，投资家避不利就有利的欲求，限制了商品的市场价格，不令其继续大超过或过低减于其自然价格。至若，调节商品交换价值，使商品价值，除了支付工资及他种必要费用，残留部分，概依投资比例,而归于资本家,那又是竞争的结果。

《国富论》第七章,关于这问题,讨论甚是周到。由于偶然的原因,特殊资本用途的商品价格、劳动工资、资本利润,虽可暂时受到影响,但不能影响商品的一般价格、一般工资,或一般利润。在论述自然价格自然工资及自然利润各种法则的时候,我全然不问这些偶然的事变。我所说的商品交换价值或购买力,是商品原有的。那才是商品的自然价格。

第五章

工 资 论

一切可以卖买可以增减数量的物品，都有自然价格与市场价格之别。劳动亦然。劳动的自然价格，是维持劳动者自身及其族类所必要的价格。有了这个价格，劳动者数，始可不增不减。

劳动者维持一身维系一家，以保持族类的力量如何，非决定于他们在工资名义下获得多少货币，乃取决于此额货币能够购买多少食品必需品和习惯享乐品。因之，劳动自然价格，乃取决于劳动者维持一身维系一家所必要的食品必需品习惯享乐品的价格。食品必需品的价格提高，劳动的自然价格亦提高；食品必需品的价格低落，劳动的自然价格亦低落。

社会进步，劳动自然价格，常有腾贵趋势。支配劳动自然价格的，是几种主要商品。在这几种商品中，有一种商品，有因生产困难加大而腾贵之趋势。但因农业改良或输入食品的新市场发现，必需品涨价的趋势，得暂时抵消，甚至，使必需品价格跌落。因之，劳动自然价格，亦会发生相应的结果。

原生产物与劳动除外，一切商品，都有随财富增进人口发达而降落自然价格的趋势。原料的自然价格腾贵了，制造品的真实价格虽亦不免增加，但机械的改进，分工法劳动分配法的改良，生产者知识技艺两方面的精进，尽可抵消这趋势有余。

依供求比例的自然作用，实际付给劳动者的价格，称为劳动市场价格。劳动稀少，劳动市场价格提高；劳动丰裕，劳动市场价格低落。其市场价格自然价格虽不免差异，但亦有趋于一致的倾向，与其他商品同。

劳动市场价格超过自然价格，劳动者景况，繁荣而幸福，他有力在生活必需品享乐品上，支配一个较大比例，有力供养一个健全的大家庭。但高工资是增加人口的奖励，若劳动者数加多了，工资又将降止于自然价格。有时，由于一种反动，降在自然价格以下。

劳动市场价格低在自然价格下，劳动者的景况，最难堪。这时，习惯享乐品，将因贫困而剥夺。在这种困顿的场合，劳动者的人数将减少，劳动的需要将增加。因之，劳动市场价格，再提高而止于自然价格。劳动者又依自然工资率，得到他们适度的享乐品。

工资虽有按合自然工资率的倾向，但进步国工资的市场率，常超在自然率之上。资本第一次增加，将增加劳动需要，接着，资本第二次增加，又会发生同样结果。因之，资本增加，若渐次不断，劳动需要，定将予人口增殖，以连续的刺激。

用在生产上的那一部分财富，称为资本。使劳动发生效力，必需食品衣服器具原料机械等等。这种种，都包括在资本内。

资本的数量与价值，可同时增加。一国的衣食料增加了，生产这追加量所必要的劳动，可同时增加。

有时，资本的数量增加，价值却不增加，甚至实际减落。如果这追加量的生产，曾得机械之助，那不仅无须按照比例，增加生产所必要的劳动量，且可减少。在这场合，资本量增加了，其价值无论合计分计，都不会比前此更大，甚至实际减少。

在第一场合，劳动自然价格将提高；在第二场合，劳动自然价格将依旧或低落。但不论在何场合，工资市场价格，都会提高。资本增加了，对劳动的需要，亦必按比例增加；待做的事业增加了，对劳动者的需要，亦必按比例增加。

在这二场合，劳动市场价格，都将超在自然价格之上。在这二场合，劳动市场价格与其自然价格，又都有趋于一致的倾向，不过在第一场合，这种倾向的实现较速。在这场合，劳动者的景况虽将改进，但改进之程度不大。食品必需品价格的腾贵,会吸去工资追加部分的大部分,结果,只要劳动供给稍稍增加,人口稍稍增殖,劳动市场价格,就会缩减而止于当时已经追加的自然价格。

在第二场合,劳动者的景况,却大改善了。他收入的货币工资增加了,他所支出的价格,却不但没有增加,他自身,他家属所消费的物品的价格,说不定还会低减下来。这样,非待人口大增,劳动市场价格,即不会降落,而止于当时已经减落的自然价格。

是则,社会进步资本增加的结果,劳动市场价格必腾贵;但这种腾贵趋势的久暂,须取决于劳动自然价格曾否增加,但这又取决于劳动者必需品的自然价格曾否腾贵。

劳动自然价格,就连以食品必需品估计,亦非绝对固定不变的。国相同,可因时而不同;国不同,差异就更大了。[①] 国民性格关系至大。英国工人工资,若仅能购买马铃薯,居住泥壁小屋,他会说工资太低了,在自然工资率以下了,不够赡养家庭了。但在"人间生活低廉"国,亦就以此满足。他的欲望,很容易满足。今日英国农民小屋中享受的那许多享乐品,在我们前代人看来,也许是奢侈品罢。

社会进步,制造品有低廉的趋势,原生产物有腾贵的趋势。结果,它们的相对价值,极不平衡。富国劳动者,牺牲小量食物,即可自由满足自身各种欲望。

不问货币价值变动(货币价值变动,定会影响货币工资,但我们认货币价值不变,假设没有这种影响),工资腾落,原因不外两个:

第一,劳动的供给与需要;

---

① "住宅衣服,在这国不可少,这另一国,却尽非必要。兴都斯登劳动者所得的自然工资,虽扫数用以购买覆盖物,亦不足保全俄罗斯劳动者生命。但他们仍可全力工作。气候相同诸国,劳动自然价格所以不同,有起因于风俗习惯者,有起因于自然原因者。"托伦斯著《谷物贸易论》第68页。关于这问题的全部,托伦斯都曾加以最切当的说明。

第二,劳动者消费品的价格。

社会发达的阶段不同,资本的蓄积或雇劳动基金的蓄积,亦迟速不一。但无论如何,资本蓄积,均须受支配于劳动生产力。沃地甚多的时候,劳动生产力往往最大。这时,资本蓄积较速于人口增加,是常有的现象。

情形顺适,人口 25 年增加 1 倍,一国资本总额,也许不要 25 年,就可增加 1 倍。在这场合,劳动需要的增加,较速于劳动供给的增加,工资常有腾贵趋势。

以文化先进国之技艺知识,输入新殖民地,其地资本的增加,往往会较速于人口的增加。若不能由人口稠密国移入劳动者,劳动价格将大涨。此后,人口愈稠密,劣等土地愈有耕作必要,资本增加的趋势,亦愈减退。现人口的欲望满足以后,社会上究能有若干剩余的生产物,那须看生产的便利程度如何,生产上所须雇用的人数,究曾减到什么程度。这时,景况若佳,生产力或仍可较大于生殖力。但可惜这种情形,不能长此继续下去。土地量既有限,质又不等,把资本逐次加投下去,生产率亦必递减下去。人口增殖力,却不易变动。

一国沃地甚多,但因居民无知识,不喜工作,既会呈现贫乏饥荒种种现象,即所谓人口压迫生活资料。殖民已久之国度,因原生产物供给力减退,亦往往呈现人口过剩的各种弊害。对于这两个国家,救治法极不相同:前者罪在恶政,罪在财产不安全,罪在各阶级人民缺乏教育。只要刷新政治、改良教育,便可增进他们的幸福。这样办,资本增加的速度,即可驾在人口增殖速度之上。生产力加大了,人口增加,就不生问题。后者人口增殖率,远过于必要基金的增加率。倘非人口增加率减退,产业上的努力,适足助长弊害。生产事业的增进,跟不上人口的增殖。

在人口压迫生活资料之处,只有两种救济方法:一为减少人口,一为加速资本蓄积。富国沃地,概已加入耕作,第二种救治法,非唯不易实行，也不宜实行。若操之太过，仅足陷一切阶级于贫困。贫国沃地尚多未辟，生产手段尚甚丰裕，实行第二方法，当推上策，由此，一切阶级的生活，都可改善。

人道爱护者，希望世界各国劳动阶级的生活，都安适快乐，并愿以各种法律手段，鼓励他们去获得这种生活。然而，这毕竟是一种希望罢了。对于人口过剩现象，现今还不能有更好的保障。在劳动阶级欲望极小而甘于低廉食品之国，民间现象，极多困苦，极不安定。他们没有避免灾难的处所，他们不能降低地位，他们的地位已是低无可低了。主要生活品若有不足，可用之代替物又若不可得，荒年一切罪恶，遂随荒年而来。

社会自然进步，由供求比例支配的工资，常不免有低落倾向。劳动需要的增加率将减低，劳动供给的增加率却依然。资本常年增加率，若原为2％，减为1.5％，工资就会低落；若再落而为1％或0.5％，工资将益低落。资本增加率继续缩减，工资亦继续低落。在资本增加率缩减的倾向未终结以前，工资是不能维持原状的。但请注意，我说这些话的时候，我假定工资仅受支配于劳动的供求比例。我们不可忘记，此外，尚有一种事实可支配工资，即劳动者消费品的价格。

人口增进，生产必需品所必要的劳动量增加，必需品价格亦不断腾贵。因之，若在劳动者必需品腾贵时，货币工资又跌落，劳动者就会受到两重影响，生活资料将全被剥夺了。所以，事实上，货币工资不但不会低落，反而会腾贵。但追加货币工资所能购买的安适物与必需品，仍不及先时。假设他们原先的工资为24镑，或每卡德4镑的谷物6卡德，那吗，谷物腾至每卡德5镑，他所得的，也许不过5卡德的价值。5卡德既可值25镑，所以说货币工资增加了，但5卡德毕竟较少于6卡德，所以说他们所能购买的安适物必需品，已不及先时。

劳动者报酬，尽管是实际短少了，但工资名义上的增加，亦必减少制造家利润。制造家货物售价不曾提高,生产费却腾贵了(在讨论利润时,我们还要考虑这种事情)。

可见地租提高的原因,即是工资提高的原因。如果货币价值不变,地租与工资,都将因财富增进人口增加而生腾贵倾向。

但地租腾贵与工资腾贵,其间有一根本差别。货币地租的腾贵,必伴以现物地租的增加。加多的,不仅是货币地租,而且是谷物地租。他所有的谷物追加了,谷物的交换力又追加了。地主的命运,当然更好得多了。劳动者的命运,却很不幸。货币工资增加,是真的,谷物工资减少,亦是真的。市场工资率既难于超过自然工资率,所以,不仅他对谷物的支配权会降落下来,他的一般生活状况,亦会降落下来。谷物价格腾贵 10%,工资腾贵每每较少于 10%,地租腾贵却每每更多于 10%。所以,劳动者状况,通常是向下降的,地主状况,却通常是向上升。

小麦每卡德 4 镑时,假设劳动者每年工资 24 镑,或小麦 6 卡德的价值;又假设工资一半消费在小麦上,他半则用以购买他物。他所得

	镑	先令	便士		镑	先令	便士			
当小麦每卡德	4	4	8	时,共	24	14	0	或	5.83	卡德价值。
	4	10	0		25	10	0		5.66	
	4	16	0		26	8	0		5.50	
	5	2	10		27	8	6		5.32	

按这比例取得的工资,使他恰好能够维持原状的生活,不更优裕;因为当谷物每卡德 4 镑时,他家消费 3 卡德,

所费为 ……………………… 12 镑

别种物品 …………………… 12 镑

合计 ………………………… 24 镑

当小麦价值每卡德 4 镑 4 先令 8 便士时,他家消费 3 卡德,

所费为 ………………………… 12 镑 14 先令

别种价格未变的物品 ……… 12 镑

合计 …………………………… 24 镑 14 先令

当小麦每卡德价值 4 镑 10 先令时,他家消费 3 卡德,

所费为 ………………………… 13 镑 10 先令

别种物品 ……………………… 12 镑

合计 …………………………… 25 镑 10 先令

当小麦每卡德 4 镑 16 先令时,3 卡德,

所费为 ………………………… 14 镑 8 先令

别种物品 ……………………… 12 镑

合计 …………………………… 26 镑 8 先令

当小麦每卡德 5 镑 2 先令 10 便士时,3 卡德,

所费为 ………………………… 15 镑 7 先令 6 便士

别种物品 ……………………… 12 镑

合计 …………………………… 27 镑 8 先令 6 便士

谷物腾贵,谷物工资虽会依比例减少,货币工资却通常会增加。如上表所列,他的享乐品,尚保持原状。但别种商品,亦会依原料成分的比例而提高价格。购买时,又何尝不要加付价格。茶、砂糖、石硷、蜡烛、房租,即令不致腾贵,购买熏肉、干酪、麻布、鞋子、罗纱所须支出的价格,或又不免提高。所以,即令货币工资依照上表增加,他们的光景,亦会比较不好。你也许会这样说吧——在考察工资及于价格之影响时,我假定铸币金属,即产于工资变动之国。事实上,金是国外产物,所以,我所推演的结论,不大合于实情。这个话,是很无谓的。金产国外之事实,决不能摇动这个议论的真理。无论金产国内国外,结果总是一样。

在工资腾贵的场合,常常因为财富和资本的增加,惹起了对劳动的新需要。但这现象发生的时候,商品生产额必增加无疑。为流通

这追加量的商品，即令价格依旧，亦需要更多货币或更多铸币材料。据假定，这材料必须由外国输入。我们讲过，一种商品更为人所需，其相对价值必腾贵。帽更为人所需，帽价必腾。金更为人所需，金价亦必提高。在假设场合，说商品将因工资腾贵而腾贵，就无异肯定一个大矛盾。何则？我们既说，金的相对价值将因需要而腾贵，又说，金的相对价值，将因诸物价格腾贵而下落。这二结果，全不相容。诸物价格腾贵，货币相对价值下落，是一回事。金的相对价值，即依诸物测定。若一切商品价格都腾贵，金决不会流入这国来购买昂贵物品。反之，国内的金，且将因利乘便，输出以购买外国低廉物品。所以，铸造货币的金属，不拘是国内生产的，抑是国外输入的，工资腾贵都不能引起商品价格的腾贵。货币量没有增加，商品决不会腾贵。现在，追加货币量既不能在国内生产，又不能由国外输入。要从外国购入较大量的金，国内商品必须低廉，不可腾贵。要使金有输入可能，换金的国产商品价格，必不可昂贵。金的输入与国产商品昂贵，是两个绝不相容的事实。即令通用纸币，也无从改变这个道理。纸币金币的价值是一致的，并且应当一致。影响金价的原因，亦会影响纸币价值。

上所述的是支配工资的法则，亦是支配社会上最大多数人类幸福的法则。像契约一样，工资应在公平自由的市场竞争中决定，不可加以法律限制。

救贫法的倾向，显然反对这个道理。其意虽要改善贫民状况，但不但不曾改善贫民状况，且将使富者境况变坏。它虽不能使贫者富有，却将使富者趋于贫困。按照这个法律，维持贫民的基金，必累进增加。这样，一定会吸尽全国的纯收入。一国取得经常费以后，应该把一部分财富留给人民，但这种法律，却会把这个部分吸尽。①

自马尔萨斯以来，这种法律的有害倾向，已为世所稔知。同情于贫民者，莫不切望其撤废。不幸，法律定立已久，贫民已经习惯了这种法律作用，所以，要废之无害，还须加以细心的机变的处理。这种法律，本为贫民而制定，但其制定，适足加重贫民痛苦。希望断绝这种痛苦的，希望撤除这种法律的，应赞成逐渐废除。

欲长保贫民安乐福利，不能不在贫民方面立法方面着想，以限制他们人数的增加，减少他们不谨慎的早婚。救贫法的作用，恰与此相反。它忘记了抑制人口方法的必要，反而，扣取慎重勤勉者方面应有之工资，以招致不慎重。②

弊害的性质，指示了救济的方法，只是逐渐缩小救贫法的范围，同时，开导人民，使知自立价值，教导贫民，使能自给；告诉他们，谨慎远虑，乃是必要的有利的德行。这样，才能逐渐达到比较健全的状况。

救济救贫法的方法，倘非以根本撤废为终极目标，类皆不值一顾。指出安然达到这个目标的方法，即是拥护人道，配称为贫民之友。征收救贫基金的方法，无论怎样改良，都不足缓和它的弊害。增加救贫基金，都只有害无利。晚近有人提议救贫基金，改由国家征收。我以为，由各教区征集救贫基金的方法，尚可缓和它的有害影响。由各教区征集，以扶助本区贫民的基金，因利害关系切己，且实

---

① 布哈南氏说："劳动者的贫困景况，若由食品稀少或工作稀少而生，一切国家法律，都曾设法救济；但由社会状况而生，法律却救济不了。法律的作用有限，我们应当知道。莫因希望幻想的境界，白牺牲了实际的利益。"布哈南第 61 页。若所论仅为暂时贫困状况，我亦同意于这一段话。

② 比较近顷救贫委员会报告与一七九六年皮特氏议论，知道自一七九六年以来，众议院对于这问题的理解，已进步多了。昔日，皮特氏说："让我们设想，救济儿女众多的家庭，不是侮辱轻蔑，只是公道荣誉吧。这将给大家庭以福利，不是灾殃。国内有一种人能依劳动自给，有一种人养育儿女以充实国力，但须仰给于国家。对于这两种人，我们且分别清楚吧。"汉萨特议会史第 32 卷第 710 页。

行较易之故，或更容易减低救贫税率。在这样的征集方法下，人民更会留意救贫税征集方法的节省与配分方法的经济。

时至今日，救贫法尚未吸尽全国纯收入，其因即由于此。救贫法至今尚未成为过甚的压迫，应当感谢这种法律的施行，未曾十分认真。一切贫民若都能确实得到扶助，人人生活都得安适，则按由学理推论，这种赋税的繁重，怕会驾在其他各种赋税总和之上。救贫法的作用，使富强变为贫弱，使劳动的努力仅仅为了生计，使智能优劣的界限紊乱，使人类心灵，为满足肉欲而不绝忙碌，最后，使一切阶级陷于贫困——这种作用的灵活，比于地心吸力定律，决无愧色。幸而这种法律的施行，是在繁荣期中，那时，维持劳动基金的增加，甚有规则，人口增加，亦依自然程序。但若社会进步停顿（这当然为期尚遥），这种法律的有害性质，定必越发显明，越发令人惊愕。撤废它的困难，亦会更大得多。

第六章

利 润 论

我们讲过，各种用途的资本利润，相互间常保持一定比例，有依同一程度同一方向变动的趋势。现今，我们要讨论什么是利润率永续变动的原因，亦即研究利息率变动的原因。

我们又讲过，支配谷物价格的[①]，是投在不纳租土地上生产谷物所必要的劳动量，或者说，是凭借不纳租资本生产谷物所必要的劳动量。制造品价格的腾落，按照比例于生产它们所必要的劳动量。所以，不纳租土地的耕作者，各种货品的制造家，都无须牺牲一部分生产物，来支付地租。他们商品的全部价值，仅分成两个部分，一为资本利润，一为劳动工资。

谷物与制造品的售价若不变，利润之高或低，即按照比例于工资之低或高。若谷物因生产所需劳动加多了，价格腾贵起来，但无需追加必要劳动量的制造品，却不会因而腾贵。因之，倘若工资不变，制造家利润亦可不变。不过，精确计算，工资每因谷物腾贵而腾贵，故制造家利润，必致低落。

设有一制造家，货物出售所得之货币额，常常一样，比方说，1000镑吧，那吗，他的利润多少，就看制造货物所必要的劳动的价格如何。工资由 60 镑增至 80 镑，他的利润便会减少。工资腾贵，利润必按比例低落。但原生产物价格既腾贵，则须问，支付追加工资的农业家，所得利润率，是不变的么？那一定是变的。他雇劳动者既须支给

① 读者请注意，为使问题明了起见，我认货币价值不变。一切价格上的变动，均视为商品价值变动。

追加工资，要获得同量生产物，又须付纳地租或增加劳动者数。原生产物腾贵，仅按照比例于地租或追加劳动者数，故工资腾贵，无所报偿。

假设制造家农业家各雇 10 人，每人每年工资由 24 镑增至 25 镑，各自支给的工资全额，不是 240 镑，是 250 镑。制造家支给了这个增加额，即可获得同量商品。耕新地的农业家，也许要追加 1 个劳动者，又须多付 25 镑；耕旧地的农业家，亦须付 25 镑地租。耕新地的农业家，须付 275 镑工资；耕旧地的农业家，合计工资地租，亦为 275 镑。比较制造家，他们须多付 25 镑。为了报偿这 25 磅，必须提高原生产物价格。不然，农业家利润，即不能与制造家利润一致。因为这是一个重要命题，我将进一步加以研究。

我们讲过，原始社会，土地生产物价值之分配，地主与劳动者两方，均所得无几，但他们所得的股份，会因财富增进获食困难而增加。我们又说明了，劳动者所得价值，虽将因食物价格腾贵而增加，但实际上，他们所得，且将减少。同时，地主所得，不仅会在价值上提高，数量上亦有增加。

在土地生产物中，既以一部分付给了地主和劳动者，余额必归农业家，作为资本利润。但这还有论难的余地。有人说，社会进步了，在全生产物中，他所得比例虽将减少，但因生产物价值腾贵，地主劳动者所获价值加大了，他所得价值，亦必加大。

譬如，有些人说，谷物由 4 镑腾至 10 镑，上等地所收为 180 卡德，故售价非 720 镑，共计已为 1800 镑。由是，地租价值与工资价值，纵令确实加大了，农业家利润的价值，仍可加大。但我以为，这是不可能的。兹为解说如下：

谷物价格腾贵，仅按照比例于最劣等土地生产困难的增加。

我们讲过，在某级土地投下 10 人劳动，设可得小麦 180 卡德，价值每卡德 4 镑，合计 720 镑。在同一或其他土地上，追加 10 人劳动，设生产额仅增 170 卡德。170 ∶ 180 = £4 ∶ £4 4s 8d。小麦会由 4 镑腾至 4 镑 4 先令 8 便士。生产 170 卡德谷物，在第二场合，需 10 人劳动，在第一场合，仅需 9.44 人劳动。这种腾贵，乃按照 9.44 对 10 的比例，或按照 4 镑对 4 镑 4 先令 8 便士的比例。同样，再追加 10 人劳动，设仅能生产 160 卡德，小麦价格又会腾至 4 镑 10 先令；若生产仅为 150 卡德，价格就会腾至 4 镑 16 先令。依次可以类推。

在不纳租土地可生产 180 卡德，价格每卡德 4 镑时，出售共可得 720 镑

在不纳租土地仅可生产 170 卡德，价格腾至 4 镑 4 先令 8 便士时，出售共可得 720 镑

在不纳租土地仅可生产 160 卡德，价格腾至 4 镑 10 先令时，出售共可得 720 镑

在不纳租土地仅可生产 150 卡德，价格腾至 4 镑 16 先令时，出售共可得 720 镑

那么，现在明白了。农业家所能售得的价格，始终相等，但所须支付的工资，昔受支配于小麦每卡德 4 镑的价格，今则受支配于较高的价格。工资提高了，利润率当然会按照谷物价格腾贵的比例减少。

在这场合，谷物价格的腾贵，显然可以增加劳动的货币工资，同时又可减低农业家利润的货币价值。

耕作优等旧地的农业家，亦不能例外。他亦须支给追加的工资，谷价虽提高了，付地租后留剩的生产物价值，决不为更大于 720 镑。这是他和劳动者共分的。劳动者所得愈多，他所得而保留的，自不能不依比例减少。

谷价每卡德 4 镑时，180 卡德全部属于耕作者，他把它出售，可得 720 镑。谷价腾至 4 镑 4 先令 8 便士，他便须在 180 卡德中，支给

10 卡德价值的地租，结果，剩下 170 卡德，仍值 720 镑。谷价再腾至 4 镑 10 先令，他须支付 20 卡德或 20 卡德价值的地租，其余 160 卡德，仍值 720 镑。

可见谷物价格无论腾到怎样，只因获取追加量生产物，须投下较多资本劳动，故所腾贵，通常与追加地租的价值或追加工资的价值相等。无论谷价如何，付地租后，剩留的真实价值，是始终一样。那就是说，无论生产量如何，农业家所能售得的，总是 720 镑。价格与数量的增减，成反比例。

如是，负担地租的，显然是消费者，非农业家了。我的农场生产物，若常为 180 卡德，价格腾贵了，我留供自己的，必为较小量生产物的价值。我这时，须以追加量生产物的价值，付给地主。但我这时所得而保留的货币，仍为 720 镑。

无论如何，这 720 镑，终将分割而为利润与工资。土地原生产物的价值，如果超过 720 镑，所超过的部分，定当归作地租。倘若不曾超过，亦就没有地租。工资利润的腾贵低落不问，这 720 镑，终归是他们共有。利润无论高到怎样，不致吸尽这 720 镑，使劳动者不能有供养自身的绝对必需品。反之，工资无论高到怎样，亦不致吸尽全额，不留一点归作利润。

原生产物价格腾贵，工资亦腾贵①，利润就必低落。这种现象，在制造业上，在农业上，都是实在的。农业家售得的价值，支付地租后，余额不能加大。制造家售得的价值，亦不能增多。但他们所不得不支付的工资，却加大了价值。如是，利润因工资腾贵而低落的道理，是再确实没有了！

地租常受支配于生产物价格，必归消费者负担。不过，不支付

---

① 读者须知，年成丰歉，人口突变，可偶然增减需要，故亦可偶然变动谷物价格。但关于这点，我们置之不论。我们所论述的，是谷物自然的不变的价格，不是偶然的常变的价格。

地租的农业家，却宁愿地租跌落，宁愿生产物的自然价格低贱。原生产物的消费者，各种制造品（包含原生产物的）的消费者，莫不望价格低贱。农业家亦然。但因谷物高价格将影响工资，故于农业家，关系尤切。他雇劳动者 10 人，谷物价格腾贵一次，他便须在 720 镑中，支付追加额工资，给这 10 个劳动者。原生产物腾贵了，工资必致腾贵。依照假设，小麦每卡德 4 镑时，每年工资应为 240 镑，由是：

	镑	先令	便士		镑	先令	便士
当小麦每卡德	4	4	8	每人工资应为	24	14	0
	4	10	0		25	10	0
	4	16	0		26	8	0
	5	2	10		27	8	6

劳动者农业家共分的 720 镑，是一个固定基金。此中分配情形，可列表如下：

	镑	先令	便士		镑	先令		镑	先令
小麦价格每卡德	4	0	0	劳动者共应得	240	0	农业家共应得	480	0
	4	4	8		247	0		473	0
	4	10	0		255	0		465	0
	4	16	0		264	0		456	0
	5	2	10		274	5		445	15

①

---

① 谷价变动若如上述，在180卡德谷物中，地主农业家劳动者的分配比例，当如下：

每卡德价格			小麦地租	小麦利润	小麦工资	合计
镑	先令	便士	卡德	卡德	卡德	卡德
4	0	0	无	120.0	60.0	180
4	4	8	10	111.7	58.3	180
4	10	0	20	103.4	56.6	180
4	16	0	30	95.0	55.0	180
5	2	10	40	86.7	53.3	180

货币地租，货币工资，及货币利润的分配，当如下：

每卡德价格4镑时

货币地租	无
货币利润	480镑
货币工资	240镑
合计	720镑

每卡德价格4镑4先令8便士时

货币地租	42镑7先令6便士
货币利润	473镑
货币工资	247镑
合计	760镑7先令6便士

每卡德价格4镑10先令时

货币地租	90镑
货币利润	465镑
货币工资	255镑
合计	813镑

每卡德价格4镑16先令时

货币地租	144镑
货币利润	456镑
货币工资	264镑
合计	864镑

每卡德价格5镑2先令10便士时

货币地租	205镑13先令4便士
货币利润	445镑15先令
货币工资	274镑5先令
合计	925镑13先令4便士

设农业家原资本为3000镑,第一场合,他所得利润为480镑,利润率16%。若利润降为473镑,利润率便是15.7%。降为465镑,利润率15.5%。降为456镑,利润率15.2%。降为445镑,利润率14.8%。

但利润率,还会更低落。我们知道,构成农业家资本的,大部分是原生产物,如谷物、干草、田间的大麦小麦、牛马等等。这些物品的价格,都将因生产物腾贵而腾贵。因此,他的绝对利润既由480镑降至445镑15先令,他资本的价值,若又由同一原因,从3000镑涨至3200镑。所以,在谷物价格每卡德5镑2先令10便士时,他的利润率,尚不及14%。

制造家营业资本,设亦为3000镑,后因工资腾贵,继续原业,不得不追加资本。他的商品,原以720镑出售,今仍按原价售卖。但工资原为240镑,在谷价5镑2先令10便士时,便须腾至274镑5先令。先前,他投下3000镑资本,可得利润480镑,后来,资本增加了,利润又减至445镑15先令。要这样,制造家利润,始与农业家利润率一致。

大多数商品,都参有土产原料,因之,大多数商品,不免会受原生产物价格腾贵的影响。棉制品、麻布、罗纱,都将随小麦价格腾贵而腾贵。但我们应该知道,在这场合,诸物涨价的原因,是原料的生产,须费较多量劳动,不是雇用劳动者,须付追加的工资。

商品腾贵,都因生产商品投下了追加的劳动,非因劳动价值提高。宝石、铁制品、银制品、铜制品的价格不腾贵,即因未含地面生产的生产物。

我曾假定原生产物价格腾贵,必致工资于腾贵。有人说,这非必然结果。劳动者可满足于较小量的享乐品。原工资若已甚高,削减若干,亦属可能,利润不下落,不是不可能的。不过,必需品价格既渐次腾贵,工资的货币价格,决不会低落或静止。在普通情况下,说必需品价格之永续腾贵，必致工资于腾贵，亦未尝不可。

劳动者领得工资，用一部分购买食物，一部分购买别种必需品。这类必需品价格的腾贵，可同样影响于利润。购买这类必需品，既须增加支出，劳动者自然会要求增加工资。工资增加，必致减低利润。至若非必要品如绢物天鹅绒家具等，则虽因所费劳动增加而价格腾贵，亦决不能影响利润。只有工资腾贵可影响利润；劳动者既不消费绢物天鹅绒，故不能提高工资。

读者应知，我所谈的，是一般利润。商品产额，若供不应求，它的市场价格，尽可超过它的自然价格必要价格。但这是暂时的结果。投在这种用途上的资本既有高利润，自然会吸引资本过来。这个用途的必要基金足够以后，商品追加量取得以后，价格就会低落。因之，这一职业的利润，再与普通标准一致。在普通利润率下落时，特定用途的利润，未尝不可有局部的上腾。但就因为利润不均一，资本才会移动。工资腾贵，人口增殖，必需品供给困难，普通利润率逐渐下落，是依次继起的现象。农业家利润，固可暂时超在普通标准以上，外国的殖民地的特殊贸易部门，固可暂时有异常的刺激，但这种事实的承认，不能驳倒我们的学说，我们的学说是，利润高低由工资高低而定，工资高低由必需品价格腾落而定，必需品价格腾落，又主要由食物价格腾落而定。

我们不要忘记，市场价格是常有变动的。需要供给的比例，即是市场价格变动的原因。罗纱每码值 40 先令，已可继续生产，继续提供普通利润，若因时尚变迁，突然出人意料，以致需要增进或供给减退，价格因之，尽可腾至 60 先令或 80 先令。罗纱制造家，遂能暂时得到异常的利润。这时，资本自然会流入罗纱制造业，使供求比例恢复原状，罗纱价格再降至 40 先令。40 先令，才是自然价格、必要价格。同样，谷物需要的增加，使谷物价格腾贵，因之，农业家亦可暂时得到普通以上的利润。这时，设沃地尚多，生产追加谷物所必要的资本一经投下，谷价就会降到原来的标准，利润亦会恢复原来的比率。假设沃地不多，生产追加谷物，已需追加量的资本和劳动，谷价就不会降到原来的标准。谷物的自然价格提高了，农业家不但不能长保持高的利润。他的利润率，事实上，已经更低了，他亦无话可说。必需品腾贵了，工资腾贵是必然结果。

是则，利润之自然趋势，乃是下降。社会进步，财富增进，获取必要追加食物量，须费追加劳动。幸而，生产必需品的机械，常有改良，农业科学，常有发现，利润这种趋势，方才屡次遏住；这种改良与发现，使我们能够缩减一部分必要劳动，减低劳动者必需品价格。并且，必需品价格的腾贵与劳动工资的腾贵，亦是有限境的。劳动工资若腾至 720 镑（即利润与工资合计），而等于农业家收入之全额，蓄积当立即告终。资本完全没有利润，有谁要雇用劳动呢？人口增加，到哪里去呢？事实上，未达到这点以前，低得太过的利润率，已足停止一切蓄积。在这场合，除了支付工资，一国生产物，怕会扫数归地主阶级税收阶级。

上所假设，虽甚不完全，但引作根据，可知谷物价格若为每卡德 20 镑，一国收入，已当全部属于地主。依£20：£4＝180：36 的比例，当初生产 180 卡德的必要劳动量，至是，仅能生产谷物 36 卡德。这样，生产 180 卡德的农业家的情状，如下：

180 卡德，每卡德 20 镑，共	3600 镑
144 卡德的价值（地主的地租，36 与 180 之差）	2880 镑
其差，36 卡德的价值	720 镑
劳动者 10 人，36 卡德的价值	720 镑

这样，便没有一点利润了。

这时，如果劳动者每年每人仍消费 3 卡德，合计 60 镑，其他诸商品的费用为 12 镑，劳动者 10 人，每年所费，恰为 720 镑。但这里，我必须声明一句。这种假设，目的只在举例说明。要计算翔实，虽应注意逐次获取必要追加谷物量所必要的劳动人数，劳动者家属所须消费的数量等等事实，但在理论的说明上，尽可不问这些。除了食物，劳动者还有别种必需品。原料既已腾贵，这种必需品亦会腾贵。这种必需品的腾贵，亦可使工资腾贵，因而使利润低落。但为简明起见，我不曾提起这种事实。

我早就说过了，价格用不着低到毫无利润的地步，资本蓄积的动机，就会全然消灭。任谁蓄积，目的亦不外使蓄积生利。要使蓄积生利，又只有把它投在有利用途上。既无蓄积资本的动机，亦即无蓄积。价格决不能减到这个地步。劳动者没有工资，不能生活，农业家制造家没有利润，亦不能生活。他们蓄积的动机，将随利润减少而减少。利润低落，若不能抵偿投资的困难与危险，他们蓄积的动机，便会全然消灭。

复次，我又须进一言。利润率下落之迅速，且较甚于我所计算。生产物价值的腾贵，既如前所假定，农业家资本的价值，亦不免大增。谷物由 4 镑腾至 12 镑，他资本的交换价值，也许早已加倍，即由 3000 镑增至 6000 镑。因此，假若利润为 180 镑，与原资本价值比，为 6%，与新资本价值比，不过 3%。6000 镑 3%，恰为 180 镑。在这条件下，没有 6000 镑资本的新农业家，即不能着手耕种。

有些职业，可从中取得若干补偿。利润低落了，原料熟货涨价，是一种赔补。酿酒业者、蒸馏业者、毛织业者、麻布业者，便有这样的处境。但金物宝石等等制造家、金融家、货币所有者，却无法补偿利润率低落的损失。

因土地上资本累积，工资腾贵，即令资本利润率低落，利润总额的增加，却犹可预期。假设每次蓄积 10 万镑，重覆蓄积下去，利润率即须由 20%降至 19%，再降至 18%，再降至 17%。总之，利润率不绝递降。在这情形下，资本家利润总额，却可依此累进。换言之，资本 20 万镑的利润总额，必较大于资本 10 万镑的利润总额，资本 30

万镑的利润总额,必较大于资本 20 万镑的利润总额,余可类推。总之,利润率虽则减退了,但资本增加一次,利润总额亦增加一次。不过,这亦有限度。资本 20 万镑,利润率 19%时,利润总额固然较大于资本 10 万镑,利润率 20%时;资本 30 万镑,利润率 18%时,利润总额固然较大于资本 20 万镑,利润率 19%时,但资本蓄积,达到了一定限度,更进的蓄积,必致减少利润总额。假定蓄积已为 100 万镑,利润率 7%,利润总额为 7 万镑;再加 10 万镑,利润率降至 6%,资本全额虽由 100 万镑增至 110 万镑,利润却将由 7 万镑减至 6.6 万镑,已经减少了 4000 镑了。

投资结果,若不能增加生产物的数量,又不能增加生产物价值,资本蓄积,即无提供利润之可能。幸而,加投 10 万镑资本,并不会减损原资本的生产力。因之,一国生产物的数量,定会增加。在原有生产物价值中,既有追加生产额的价值,最终部分生产物的生产困难,又可增加全部生产物的价值,因之,一国生产物的价值,定会增加。不过,资本蓄积到了极大限度,生产物价值虽仍有增加,但在分配上,利润所占部分,却往往会减少,地租工资往往会增加。用数目字来说明吧。我们讲过,每次增加 10 万镑资本,重复增加,可使利润由 20%、19%、18%,降至 17%以下。但常年生产物的数量,仍可增加。价值的增加,且将出人意表。它将由 2 万镑加至 3.9 万镑以上,更加至 5.7 万镑以上。如上所假定,在资本已为 100 万金镑时,再追加 10 万镑资本,利润总额,实际上,定会缩小。一国收入每年虽仍可增加 6000 镑以上的数目,但仅分归地主与劳动者。地主与劳动者将可得更多生产物。他们的地位,使他们能够侵蚀资本家原有的利益。如上所计算,谷物价格每卡德 4 镑时,农业家付纳地租后,所余 720 镑,即以 240 镑支给劳动者,自己保留 480 镑。价格腾至 6 镑,他便须以 3000 镑支给劳动者,余下的利润,仅为 420 镑。设投资额之大,足使收获 10 万倍于 720 镑,换言之,设能提供 7200 万镑,则在小麦每卡德 4 镑时，利润总额为 4800 万镑。资本再加大，在小麦每卡德 6 镑时，结果为 720 镑之 10.5 万倍，换言之，能提供 7560 万镑，利润就将由 4800 万镑，实际降至 4410 万镑，或 420 镑之 10.5 万倍。工资则由 2400 万镑腾至 3150 万镑。工资所以腾贵，因为资本增加了，必须按比例，雇用追加的劳动者。于此，吾人不得不声明一句。这时，劳动者所领受的货币工资虽较多了，但领受的生产物却较少了。所以，他们实际状况，或将更加恶劣。这时，真正得利者，只有地主。他能收入较高的地租：第一，因为生产物价值较高了；第二，因为在全生产物中，他能占取的比例，已经更大得多。

产出的价值虽已大增，但付地租后，残留的价值，须以较大比例归生产者消费。利润即随这比例转移，亦仅随这比例转移，在土地收获丰富时，工资虽可暂时腾贵，劳动者消费额虽可暂时超出平常，但人口增殖的刺激，马上会使劳动者消费额缩减，而止于日常标准。在瘠地加入耕作，或耕作旧地须投下较多劳动与资本，所获却又比较减退的时候，影响便是永续的。付地租后，剩余生产物虽仍由资本家劳动者共分，但其中，必有较大比例归于劳动者。各劳动者所得之绝对量，可较少或竟不免较少，但因雇用了追加的劳动者，剩余生产物，自不免有较大比例的价值，被吸引而为工资。因而，归作利润的，就只有较小比例的价值。土地生产力有限的自然法则，使这种现象，有永续下去的趋势。

我们前曾确立的结论，于是，再被我们确立了。无论在什么时候，什么地方，都有一种无租土地或无租资本。耕作这种土地或使用这种资本，所必要的劳动者，必须有一定量的必需品。供给这一定量必需品所必要的劳动量，是利润的定素。因之，蓄积的结果，可因国而异，但要皆取决于土地丰度。一国土地面积纵令辽阔，若品质贫瘠，又禁止食品输入，则极中平的资本蓄积，亦足大减利润率而速增地租。反之，土地面积窄狭，但甚丰沃，且许食品自由输入之国，资本虽大蓄积，亦不致大减利润率而大增地租。第五章，我已说明，无论作为货币标准的金，是产自本国，抑是从国外输入，工资腾贵，都不能提高商品的货币价格。即使商品价格常随工资腾贵而腾贵，我们的结论——高工资，势必夺去雇主真实利润的一部——仍不失为一种真理。假定制帽业者、制袜业者、制鞋业者，多付了10镑工资，那吗，即令他们能抬高价格，以补偿这10金镑，他们的地位，亦不能因而优裕。在工资腾贵时，制袜业者售袜所得价格，非100镑，而为110镑，以货币额计算，利润总算和先前一样，但同一金额所能换得的商品，却将更少1/10。贮存额虽依旧，但他所能雇用的劳动者数(因工资增加)，所能购买的原料量(因价格腾贵)，却较少了。所以，按照他的利害关系，宁愿货币利润额减少而一切商品价格照旧呢？或宁愿货币利润额增加而一切商品价格提高呢？这两种情形，实际上完全没有两样。由是，我表明了，第一，工资腾贵，不会提高商品价格，但必减低利润；第二，即令一切商品价格提高，利润仍将减低，事实上，测定价格测定利润的媒介物价值，亦将低落。

第七章

国外贸易论

国外贸易扩张，虽甚能增加一国商品享乐品的总和，但不能直接增加一国价值的总额。测定外国商品价值的，是交换外国商品所须付出的本国商品量。新市场发现了，我们付出一定量本国商品，或能换得二倍外国商品，但所能换得的价值，不会更大。设有一商人，以1000镑价格售卖英国货，即用这货币额，购买一定量外国货，输入英国市场，可卖1200镑，投资利润，就是20%。购买的外国货，无论多少，他的利润和他输入品的价值，总是一样的。输入25桶葡萄酒可，输入50桶亦可，只要售得的总价格为1200镑，他的利益，便是一样。无论在何场合，利润都是200镑，或资本20%。输入英国的总价值，亦一样没有增减。如果50桶葡萄酒的售价不只1200镑，这商人一己的利润，即将超过普通利润率。资本自然会流向这种有利的营业，至酒价下落，一切恢复原状为止。

或谓，经营国外贸易之特大利润，未尝不可提高本国普通利润率。何则？大家既贪图外国贸易的利益，资本用途，即将为之一变。别种职业的资本减少，物价必致腾贵，因而，利润增加。有个大学问家，就说谷物等物的需要既未变，用以生产它们的必要资本却减少，因之，物价提高，使农业家等人的利润增加，而与国外贸易利润相等。①

抱这种主张的人，认各业利润有互相一致同时进退的倾向。关于这点，我们的见解一致。我们的争点，在于：他认利润均等的原因，

① 亚当·斯密第一卷第九章。

是一般利润上腾，我却以为，特惠事业的利润，迅将下降而止于普通水平线。

我以为，除非谷物等物的需要减少，用以生产这些商品的资本，决不会减少。如果需要减少了，它们的价格，就贵不起来。购买外国货所须付出的本国生产物量，或依旧，或较大，或较小，三者必居其一。（一）设依旧，谷物等物的需要必依旧，用以生产它们的资本，亦必依旧。（二）设因外货低廉，本国只需在常年生产物中，给一较小部分，作购买外国货的手段，则留待购买本国货物的部分，必较大于昔。设本国货物的需要已较大于昔，一定因为外货消费者，所得而自由处分的收入已增加，前此用以购买外货的资本，得自由处分来购买这些物品。所以，获取追加供给的手段，依然存在。价格与利润，都不会永续提高。（三）设购买外货，已须付出较大部分的本国的生产物，则用以购买本国货物的部分，必较小，因之，此等物的需要必致减少。同时，原用以购买此等物的资本，即将抽调出来，备制造他种商品，作为购买外货的必要手段。总之，在这三场合，合计外国货本国货的需要，都有限制。限制它的，便是一国的收入与资本。一方面增加了，他方面不得不减少。交换同量英国货物，若须输入加倍量的葡萄酒，那吗，英国人非消费加倍量的葡萄酒，即消费同量葡萄酒，而消费追加量英国货物。假设我有 1000 镑收入，常年以 100 镑购买葡萄酒 1 桶，其余 900 镑，则用以购买一定量英国货物。酒价若由每桶百镑降至每桶 50 镑，省约下来的 50 镑，非用以加买葡萄酒 1 桶，即用以购买追加量的英国货物。我加买，一切饮酒者都加买，外国贸易不致受影响，英国输出的商品量依旧。交换结果，所得数量虽已加倍，所得价值却无增加。如果英国人民不愿多饮葡萄酒，他们就可减少英国货物的输出额。饮酒者省约下来的金额，可用以购买己所欲用的其他物品。因之，不经营国外贸易而被撤回来的资本，又寻到了用途，即用以生产现今人们需要的物品。

资本蓄积方法有二：即增加收入与减少支出。支出未增，利润由1000镑加至1200镑，每年可多蓄积200镑。利润未增，支出方面节省200镑，每年可多蓄积200镑。利润由20%提至40%以后，葡萄酒输入者，若仍以1200镑价格售卖葡萄酒，那一定因为他购买英国货物所须支付的金额，是857镑2先令10便士，不是1000镑。他如果仍旧要拿1000镑购买英国货物，葡萄酒售价，就非提至1400镑不可。要这样，他的利润，才能由20%提至40%。同时，若因消费品价格低廉，一切消费者，都能在1000镑支出中，节存200镑价值，国家实富的增加，是谁亦能看见的。蓄积一方面是收入增加的结果，他方面是支出减少的结果。

设因采用机械，大多数消费品价值，都低落20%。就蓄积程度说，这，本无异收入增加了20%。但在前一场合，利润率是静止的，在后一场合，却提高了20%。设因低廉外货输入，我能在支出方面省约20%，结果亦无异采用机械，减少生产费。利润是不会增加的。

因之，市场扩张，虽可增加商品数量，增加维持劳动的基金和材料，但不能提高利润率。我们的幸福，虽可由利润率提高而增进，但劳动之妥善分配，使各国各就地位上气候上自然上人为上的优点，而生产物品与他国物品交换，亦同样可增进我们的幸福。这两个增进幸福的方法，对于人生，同样重要。

工资不下落，利润率决不会增加。工人必需品不低廉，工资又决不会下落。这两件事，正是我全书所亟要说明的。设因外国贸易扩张，机械改良，劳动者食品必需品，得以低廉价格售于市场，利润自会提高。设若自种谷物，自制衣服，自造必需品的价格，不能减低，但若能以较廉价格得之于新市场，工资亦将低落，同时，利润亦将提高。但是，由外国贸易扩张或机械改良而得之物，若纯由富有者消费，利润率自然不会发生什么变动。葡萄酒、天鹅绒、丝绢，及其他昂贵物品，即令价格低落了50%，工资率亦受不到影响，因之，利润率依然不变。

国外贸易,因可增加消费品的数量与种类,鼓励人们蓄积节省,于国家诚有莫大利益。但若输入品,非劳动者所要消费,即不能提高利润。

关于国外贸易的这种观察,亦适用于国内贸易。劳动分配方法的改善,机械的发明,道路运河的开凿,制造上运输上缩减劳动方法的发现,都不能提高利润率。但这种种原因,将影响价格,故于消费者有利。消费者可由同一劳动或同一劳动生产物价值,换得较大量的在生产上已有改良的货物。但对于利润,它们没有影响。反之,工资减低,虽可使利润提高,但于货物价格,没有影响。前者有利于一切阶级,因为一切阶级都是消费者;后者仅于生产者有利,他们的收入增加了,一切货物的价格却依旧。

支配一国诸商品相对价值的规则,不能支配国际诸商品的相对价值。

在交易完全自由的制度下,按照自然趋势,各国都把资本劳动,投在最有利于本国的用途上。个人利益的贪图,极有关于全体幸福。勤勉的,得到鼓舞,熟练的,加以奖励,且按最有效的方法,利用自然赋与的特殊才力,则劳动分配方法,将最有效、最经济。同时,一般生产额的增加,将普施福利于全文明世界,在共同利害关系上,把世界结成一体。葡萄酒所以生产在法兰西葡萄牙,谷物所以生产在美利坚波兰,金物及其他制造品所以生产在英国,要不外遵守这个原则。

大体说来,同国的利润率,往往相等。即令略有差异,亦只因资本用途,或则安定,或则不安定,或则适意,或则不适意。异国的利润率,却往往不等。投资约克州,利润若是格外高,资本迅将由伦敦撤回,而转投于约克州,结局,利润必趋于均等。但若英吉利人口增殖,资本增加,土地生产力减退,以致工资腾贵,利润下落,那就令荷兰西班牙俄罗斯的利润较高,英吉利所有的资本,所有的人口,不必就会向那里流去。

设葡萄牙闭关自守，不和他国通商，不能由酿这葡萄酒而换得他国的罗纱金器，她必须把一部分资本劳动，由酿酒业撤回，以制造罗纱和金器。当然，这样制造的，质量都不免较差。

葡萄酒产在葡萄牙，罗纱产在英国，二物交换比例如何，不取决于各自生产所必要的劳动量。这，显然和国内交换的情形不同。

按照英国的情况，生产罗纱，须有 100 人劳动 1 年，试酿葡萄酒，也许要 120 人劳动 1 年，由是，英国察知她的利益，是输出罗纱，输入葡萄酒。

葡萄牙酿造葡萄酒，只需 80 人劳动 1 年，生产罗纱，却要 90 人劳动 1 年，因之，葡萄牙的利益，就在输出葡萄酒，换入罗纱。葡萄牙制造罗纱所必要的劳动量虽较小于英国，但仍不免有这种交换发生。在这情形下，葡萄牙仍愿投资生产葡萄酒，而从英国输入罗纱。替葡萄牙计算，与其移一部分资本制造罗纱，尚不如悉数投下，以生产葡萄酒。

因之，英吉利须以 100 人劳动生产物，换葡萄牙 80 人劳动生产物。这样的交换，在同国，当然不会发生。100 英国人的劳动，不能与 80 英国人劳动交换，但 100 英国人的劳动生产物，却可交换 80 葡萄牙人，60 俄罗斯人，或 120 印度人的劳动生产物。因为，在同国，资本可随意转移，以企图较大利益，在诸国间，资本不易由一国移至他国。①

在这情形下，葡萄酒与罗纱，若都在葡萄牙制造，把英吉利制造罗纱的资本劳动，移到葡萄牙去，那当然顶好，不仅有利于英吉利的

---

① 机械上熟练上占优势，制造货物仅需较小量劳动之国，若又有较沃之土地，栽种谷物所需之劳动量亦较小，则为其国之利害关系计尚无宁输出本国制造品，而输入邻国谷物。譬如，有甲乙二人，均能制鞋与帽。甲制鞋制帽的手艺，都高似乙，但制帽仅胜乙 1/5 或 20%，制鞋则胜乙 1/3 或 33%。那么，甲专制鞋，乙专制帽，不于双方有利么？

资本家，且有利于二国消费者。这时，像约克州与伦敦两地交换一样，左右商品相对价值的，即生产商品所必要的劳动量。资本若能自由流入最有利的地方，利润当然不能有差等。商品的真实价格，减去运输所必要的追加劳动量，亦不能有差异。

但据经验所示，资本家不能直接监督自己的资本，往往会发生幻想的或实际的不安现象。人类多不愿轻离祖国，破除固有习惯，到外国去，信赖异样的政府法律。故资本移动，每多阻碍。这种不愿的感情，使大多数有产者，不愿贪图较大利润而投资国外，情愿在本国领受较低的利润率。

金银为一般流通媒介物，赖商业竞争，这两种金属，得以极恰当的比例，散布在世界各国，使国际贸易，无异于无货币时代的纯粹物物交换。

罗纱在葡萄牙，若不能卖得较多量的金，就不会由英吉利输入葡萄牙；葡萄酒在英吉利，若不能卖得更多量的金，亦不会由葡萄牙输入英吉利。贸易若是纯粹的物物交换，要继续，必要条件，是——英国以一定量劳动制造罗纱，比较以一定量劳动栽种葡萄，反能获得更多葡萄酒；葡萄牙以一定量劳动栽种葡萄，比较以这一定量劳动制造罗纱，反能获得更多罗纱。现今，假设英吉利发明了酿造葡萄酒的新方法，本国酿造，较输入为宜。她那时，一定会撤回一部分国外贸易的资本，改投在本国的用途上。昔时以输出为目的的罗纱，当停止生产，资本将改投在葡萄酒酿造业上，以供国人之用。同时，这两种商品的货币价格，将如此决定：英吉利葡萄酒将跌价，罗纱价格不变；葡萄牙的葡萄酒与罗纱，价格都不变。英吉利的罗纱，暂时仍可续向葡萄牙输出。那里罗纱的价格，依然较高于英吉利。但这时用以交换罗纱的，是货币，不是葡萄酒。如是，这种贸易，有使英吉利货币累积，葡萄牙货币减少的趋势。因之，罗纱相对价值，不免受其影响，使罗纱输出，毫无利益而停止。英国发明的改良酿造法，若甚重要，则二国替换业务，当于二国有利：即二国消费的葡萄酒，全由英国酿造，二国消费的罗纱，全由葡萄牙制造。但二国替换业务，有一必要条件：即，贵金属之新分配，使罗纱价格在英吉利提高，在葡萄牙低落。现今，英吉利酿造法的改良，既使英国葡萄酒的相对价格缩减了（即自然价格低落），同时，货币累积于英国，又使英国罗纱相对价格提高。

假设英吉利酿造方法未曾改良以前，英吉利葡萄酒价格每桶 50 镑，一定量罗纱价格为 45 镑；他方面，葡萄牙葡萄酒价格每桶 45 镑，一定量罗纱价格为 50 镑，故葡萄牙输出葡萄酒，可获利润 5 镑，英吉利输出罗纱，亦可得利润 5 镑。

改良后，英吉利葡萄酒跌价至 45 镑，罗纱原价不变。商业上各种交易，假设都是独立的。商人若能以 45 镑在英吉利购买罗纱，而以普通利润在葡萄牙售卖，他就会继续由英国输出罗纱。他的业务，是购买英国罗纱，而以葡萄牙货币买汇票一张，作为购买罗纱的手段。货币如何变动，于他毫无关系。他汇清了他的欠款。他的交易是否有利，固然要看买汇票的条件，但买汇票的条件，他知道很清楚。影响汇票市价或汇兑率的一切原因，对于他，无所容心。

假设市场情形，复宜于由葡萄牙贩葡萄酒至英国，葡萄酒输出者，将有汇票出卖。如是，汇票由葡萄酒输出者出卖，而由罗纱输入者购买。货币不待向国外移动，各国输出者，已可各自获得商品的代价。他们虽不曾直接交易，但在葡萄牙，罗纱输入者应支出的货币，早已付给葡萄酒输出者；在英吉利，罗纱输出者应收入的价值，早已从葡萄酒输入者手中取得。

葡萄酒虽因价格关系，不能输往英国，罗纱输入者却仍须购买汇票。汇票卖者，知市场上无回还汇票，汇票价格必提高。他知道，卖汇票所得的金银，实际上终须输往英国，偿清旧账。因此，汇票价格，不得不加一个运输费，此外，还须有普通适当的利润。

汇钱到英国的汇水，如果恰好抵消输入罗纱的利润，这种营业，当然不能继续。若汇水为2%，换言之，要偿还英国欠款100镑，在葡萄牙，须付102镑，同时，45镑的罗纱，在葡萄牙可售50镑，购买汇票输入罗纱的营业，犹可继续。结局，货币向外流，至葡萄牙货币减少，英吉利货币累积，使罗纱价格，不利输入之时为止。

但货币在一国减少，在另一国增加，影响不仅及于特种商品。一切货物的价格，都会蒙受影响。葡萄酒与罗纱，在英国将同时腾贵，在葡萄牙会同时跌落。先前，罗纱在英国价格为45镑，在葡萄牙为50镑；现今，在葡萄牙也许会降至49镑或48镑，在英吉利也许会提到46镑或47镑。这样，付汇水后，利润未免太少了，有谁愿输入罗纱呢？

货币怎样分配于各国呢？一言以蔽之，维系有利的物物交换。英国为本国利益，宁愿输出罗纱，以交换葡萄酒。她，与其同时制造罗纱和葡萄酒，无宁只制造罗纱。她虽只制造罗纱，但由此获得的罗纱和葡萄酒，都会更多。葡萄牙为本国利益计，宁愿输出葡萄酒，以交换罗纱。若英吉利生产罗纱，或葡萄牙生产葡萄酒的困难加大，又若英吉利生产葡萄酒或葡萄牙生产罗纱的便利加大，贸易会立即停止。

即令葡萄牙情状不变，单是英吉利感觉了自酿葡萄酒的利益，二国间的物物交换情形，亦不能不变化。不仅葡萄牙不再输出葡萄酒；罗纱的输入，亦将因贵金属分配比例改变，而生阻碍。

这时，为二国计，也许不如自酿葡萄酒且自造罗纱。但由此，将发生极奇妙的结果。在英国，葡萄酒虽将低廉，罗纱却将腾贵，罗纱消费者，势须支给较高的代价。同时，在葡萄牙，两种货物的消费者，都能以低廉价格，购买自己的需要品。改进国的物价提高；未改进国，憩停了一种有利的国外贸易，物价低落。

对于葡萄牙，这不过是一种外表上的利益。实际上，葡萄牙出产的葡萄酒与罗纱，合计起来，已经更少了。英国生产额，却将增加。这两国的货币价值，也多少有些变动。在英国，货币价值将跌落，在葡萄牙，却将提高。用货币计算，葡萄牙的总收入将减少，英吉利的总收入将增加。

因之，一国制造业上的改良，往往会改变世界各国贵金属的分配比例。改良国商品量将增加，一般物价将提高。

为使问题简明，我假定，两国之间，只有葡萄酒与罗纱的贸易。实际上，在输出输入的贸易表上，当然有各式各样的物品。货币由一国抽出，在另一国累积，将影响一切商品价格，鼓励各种商品（货币除外）输出。因而，意想中，这两国货币价值虽将变动，实际上，或不致实有。

除了技术上机械上的改良，还有种种原因，可不绝影响于贸易的自然程序，而扰乱货币的平衡现象与相对价值。输出或输入的奖励金，商品的新赋税，有时可直接妨害自然的物物交换，有时间接妨害。为了使价格适宜于贸易的自然程序，有输出货币输入货币的必要。并且，发生这种结果的地方，又不仅是这种原因发生的所在。全贸易世界，都不免受多少影响。

这种事实，说明了各国货币价值，因何会各不相同。国产的容积大价值小的商品，为什么在制造业发达国，会比较昂贵？这现象，亦可由这种事实说明。若二国人口相等，农业知识相等，耕地丰度相等，耕地面积相等，则制造输出品，技术较精，机械较优之国之原生产物价格，一定更高。两国资本利润的差异，虽不甚显著，两国劳动者的真实报酬，虽可以相等，但一国因技术较精，机械较优，货币输入以交换其国生产物者甚多，故以货币计算，这国的工资和原生产物价格，都不免比较昂贵。

二国制造业，若各有特长，贵金属即不能有显著的流出流入现象。若某国有特殊便利，货币流入，即不可免。

为便于论证起见，本书前部，假定货币价值不变。现今，我们所要说明的，是货币价值，不仅可在全商业世界，发生一般的变动，且可在特殊国内，发生局部的变动。货币价值的高低，取决于课税的多寡，制造技艺的精粗，气候及自然物产的宜否，以及许多其他原因。实际上，两国货币价值，常常不能一致。

货币价值，虽不能避免这样不断的变动，各国都能出产的商品价格，虽亦不免悬殊，但货币流出流入现象，无影响利润率的可能性。流通媒介物增加了，资本未必增加。与乙国比较，设甲国农业家须多支付 20%的地租工资，资本价值，亦在名义上，更多 20%，那么，原生产物虽售价较高 20%，利润率却是一样。

利润取决于工资，那是不待重说的。不过这所指的，不是名义工资，是真实工资；不是每年付给劳动者的货币额，是获取这额货币所必要的劳动量。所以，即令甲国劳动者每周得工资 10 先令，乙国劳动者每周得工资 12 先令，他们实际得的，也许恰好相等。工资对地租的比例，对全生产物的比例，也许是两国相等。

古代，工业制造尚甚幼稚，各国生产物，大都类似，最适用，而具有大容积。各国货币价值，大都取决于贵金属矿山的远近。后因社会技术改进，各国各有专长的制造。贵金属矿山的远近，虽仍为决定货币价值者所不可忽视，但主要的定素，已经是制造业的专长。

仅生产谷物家畜粗布的国家如波兰，必须输出这些商品，在产金国或有金国，换取金币。从远道运输像谷物那样大容积的货品，既须大宗费用，从远道运输金币，又需大宗费用，故与英吉利比较，波兰金的交换价值，自然较大。

因土地丰沃，劳动者较熟练，器具较优良，英吉利生产谷物的便利，殆远甚于波兰。但二国金价的差异，依然存在。换言之，二国谷物价格，仍不能相等。

波兰若能改良制造业，生产某种容积小、价值大，且为一般需要的商品，或得天独厚，能有人所要而为他国所无的自然物品，她就能由这种商品的输出，以取得追加量的金。这将影响于谷物家畜粗布的价格。贵金属矿山远隔之不便，得与大价值商品输出之便，互相抵消，或尚有赢余。如是，波兰的货币价值，或当较低于英国。反之，如果英国有较精巧的技艺，较精良的机械，英国金价即将比较低廉，谷物家畜粗布的价格，即将比较高昂。所以，除了矿山远近不等的事实，我们又寻到了一个英国金价比较低廉的理由。

我相信，支配各国货币相对价值的，只有这两个原因。课税可妨害货币的均衡，但课税所以有此影响，即因一国熟练上勤勉上气候上的优利，将因课税而丧失。

货币价值低，谷物（或与货币比较的他种物品）价值高，本属两事，但一般人早已混为一谈。谷物每布奚由 5 先令腾至 10 先令时，原因可以是货币价值下落，亦可以是谷物价值提高。我们讲过，要供养渐次增殖的人口，不得不渐次仰给于品质较劣的土地。因之，谷物相对价值，便腾贵起来。货币价值若未变，谷物定能换得较多量的货币，换言之，谷物价格腾贵了。此外，还有一个原因，能使谷物价格腾贵，即制造业机械的改良。一国制造业，既然有了特殊便利，货币流入是当然结果。货币价值既低落，所可换得的谷物量，当然减少。但由谷物价值腾贵而引起的谷物价格腾贵，及由货币价值低落而引起的谷物价格腾贵，显然是两回事，极不相同。在这二场合，货币工资都将腾贵，但原因若为货币价值跌落，腾贵的，便不仅是工资与谷物，一切其他商品都会腾贵。制造家虽须支给追加的工资，但制造品价格亦会腾贵，以保持原利润率。但若谷物价格腾贵是生产困难的结果，利润必致下落。这时，制造家既须支给追加的工资，又不能提高制造品价格，以充赔补。

开矿方法的改进，使人能以较小量劳动，生产贵金属，使货币价值，发生一般的下落。因之，各国货币所能换得的商品都减少，不会这国较高于那国。但若某国专长制造，招致货币流入，这国货币价值，必将较低，这国谷物和劳动的价格，必将较高。

这种比较高的货币价值，不能表示在汇兑上。谷物和劳动的价格，甲国虽较高于乙国10％、20％，或30％，汇兑却可平价收受。在假设场合上，价格差异，是自然之理。货币既猛向制造业发达国流入，必致提高那里劳动和谷物的价格，但亦只靠了这样，汇兑市场始能以平价周转。有种人，提倡严格禁止货币出口。实行这种政策的国家，确能防止制造业发达国的劳动腾贵和谷物腾贵。因为，这种腾贵，只能在贵金属流入后（假定不用纸币）发生。但这种防止的行为，一定会使本国不利于汇兑。假设西班牙、法兰西、荷兰，是实行这种政策的国家。英吉利为制造业发达国。西班牙等国禁止货币流入英吉利的结果，会在对英吉利的汇兑市场上表现出来。这时，她们必须贴水5％、10％，或20％。

无论何时，货币流动若被迫停止，货币若被迫不能安定在适当水平线上，汇兑市场将时时变化，其结果正如滥发不兑现的纸币。（通用这种纸币的地方，当然限于发行纸币的地方，即令过剩，亦不能散布到外国去。流通标准破坏了，纸币过剩国，当然不利于汇兑。）贸易涌进，货币自然会向他国流动，若用强制手段法律手段，使货币抑留国中，其结果等于滥发纸币。在汇兑市场上，非吃亏不可。

各国货币额，即令恰如其分，由商品推算的货币价值，仍不免有多少差异。这种5％、10％、20％的差异，幸不能妨碍平价的汇兑。英国100镑或值100镑的银，用来购得的汇票，在法兰西西班牙荷兰，仍可兑得100镑。

在论述国际汇兑与各国货币比较价值时，我们不必顾虑由商品推算的货币价值。确定汇兑率的，不是由谷物罗纱等物推算的货币比较价值，只是由乙国货币推算的甲国货币价值。

有一事可断定汇兑率，即以之比较于二国共有标准。一张英吉利的百镑汇票，和一张汉堡的百镑汇票，若能在法兰西或西班牙购得同量货品，英吉利与汉堡的汇兑，即当平价收受。英国130镑汇票，和汉堡100镑汇票，所能购得的法兰西或西班牙的货物，若恰好相等，在汇兑时，英国便须贴水30%。

英吉利100镑汇票，若在荷兰可兑101镑，在法兰西可兑102镑，在西班牙可兑105镑，那就是，通汇兑时，荷兰对英吉利须贴水1%，法兰西须贴水2%，西班牙须贴水5%。这种事实，表示这三国的货币量，已超在应有水平线之上。若设法减少这三国的货币而增加英国的，货币的比较价值，立可恢复平价的汇兑。

近十年来，汇兑市场的变动，使我们英国常须贴水20%或30%。有人说，我国货币削价了。对于他们，世人多有责备，说他们主张由商品推算的各国货币价值，不能互有差异。这种责备，是不对的。他们没有这样主张。他们只主张，由汉堡荷兰诸国的货币推算，我国130镑的价值，仅等于金块100镑，所以除了削价，这130镑，即不能留在英国。

对于这种评论，我想加以批评。以英国纯金币130镑运往汉堡，虽费5镑，我在汉堡，仍可有125镑。你在汉堡，仅给我100镑，来兑我130镑的英国汇票，我怎样同意呢。若英国金币质料不纯，品质毁坏，价减低，那自在例外。如果没有这种例外，无论如何，我亦不愿受100镑了事。若谓纸币130镑的价值，恰等于金币银币100镑，他们就应当说汇金币130镑，可在汉堡兑125镑，汇纸币130镑，只可在汉堡兑100镑。但他们又说纸币130镑的价值，恰好等于金币银币130镑呀。

其实，说130镑纸币价值，不等于130镑金币银币价值，还比较更有理由。但他们说，这是金币银币价值的变动，与纸币价值无干。他们以为，货币削价，只是货币价值在事实上已经低落，不是货币价值与法定标准的差违。他们说，100镑英国货币，原与汉堡100镑货币相等，可平价汇兑。一张 100 镑英国汇票或一张 100 镑汉堡汇票，原可在他国买得同量货物。100 镑汉堡货币，所能购得的物品，须支付 130 镑英国货币，只是此后的现象。所以，他们说，这时，非英国货币价值跌落，即汉堡货币价值腾贵。但是，他们这种主张的证据在哪里呢？那何从断定英国货币价值跌落，抑是汉堡货币价值腾贵呢？我们现今还没有这样的标准。这其实是一个不易证明的论辩，既不能决然肯定，亦无从断然否定。世界各国，早已惋惜自然界没有可资鉴别的确实标准，不得不拣选一种似乎较少变动的物品，来作媒介。

除了改变法律，除了有更准确的标准商品发现，我们对于这个已被采作标准的标准，是不能不遵守的。英吉利既定金为唯一标准，它在价值上是腾贵抑是低落，尽可不问。一个纯金镑的价值，若较小于标准金 5 dwts 3 grs（即 5 便尼威 3 格伦），就算作削价。

第八章

赋税论

一国生产物，有一部分须受政府处分。这一部分，叫作赋税。赋税的付纳，或出自一国资本，或出自一国收入。

我们说过，一国资本，可因耐久程度之大小，分成流动资本，与固定资本。但资本耐久程度的大小，无可究诘，二者间不易划清界限。一国消费的食物，每年至少须再生产一次，劳动者穿着的衣服，大概可延用到二年以上，他们的房屋家具，大概可经用 10 年 20 年不坏。

一国常年的生产，若超过常年的消费，资本便算增加，反之，常年的消费，若超过常年的生产，资本便算减少。因之，增加生产或减少不生产的消费，都是增加资本的方法。

政府增加赋税增加消费的结果，若能在人民方面增加生产，缩减消费，这种赋税，就将出自收入。国家资本，可不致减少。若不能在人民方面增加生产，缩减消费，赋税必须出自资本。换言之，为生产而消费的基金，不免受害。①

按照比例于一国资本的减少，生产额亦必减少。人民方面政府方面，如果同样继续不生产的消费，常年再生产又不绝锐减，则国家方面人民方面的资源，都将以加速度而趋于枯竭，以致酿成穷困灾殃。

---

① 我们须知一国生产物，全都会被人消费。但由谁消费呢？由再生产者吗，由不再生产者吗？其中有极大区别。说节省收入以增加资本，意即谓：从不生产者手中，节省收入，以供生产劳动者消费。若说资本可不消费而增加，那是极大谬误。劳动价格的腾贵，若高至不能加雇劳动的地步，即令资本增加，追加资本，亦依然会归作不生产的消费。

最近30年间，英国政府之支出虽甚浩繁，但人民生产事业的增加，足补偿之而有余。国民资本不独没有受损，且已大增。目下人民的常年收入，在历史上，不愧首屈一指。

看人口的增加，农业的扩张，海运业制造业的发达，船港的建筑，运河的开凿，其他许多大事业的举办，都可证明英国资本与常年生产额，日有增加。

没有赋税负担，资本增加，当然更大。凡属赋税，都有减杀蓄积力的倾向。赋税非加在资本上，即须加在收入上。如果资本受蚕食，工业基金，亦必按比例减少。但生产工业的范围如何，又取决于工业基金的数量。把赋税加在收入上，结果非减少蓄积，即当在纳税人必需品奢侈品中，相当减少不生产的消费。有些赋税，特易发生这种结果。但是，要看出赋税的害处，与其在对象上着眼，无宁在总结果上观察。

以资本为对象的赋税，不必是资本税，以收入为对象的赋税，不必是收入税。设我收入每年1000镑，纳税100镑。假若我甘于消费900镑，这就是收入税；若我仍须消费1000镑，就应该称它作资本税。

设收入所从出的资本价值为1万镑，1%抽税，税额当为100镑。纳税后，若我甘于消费900镑，我的资本，亦就不受影响。

人类都想保持自身的生活地位，维持他既得的财富。这种欲望，使各种加在资本上收入上的赋税，结局都出自收入。因之，人民的资本与收入，若不能按照赋税比例或政府经费比例而增加，他们常年享乐的手段，必致减少。政府的赋税政策，必须借此，以鼓励人民这种倾向，切不可使赋税，终须出自资本。若出自资本，势必损害维持劳动的基金，而减少国家将来的生产。

遗嘱税、遗产税，在英国，今尚无人注意。设有1000镑遗产，必须纳税100镑，承继人将认遗产为900镑，绝对不会在支出方面，发生节省 100 镑税的动机。结果必致减少国家资本。如果他实际得了 1000 镑遗产，他就一定想在酒费车马费婢仆费上，节省 100 镑来纳税。他或将减少支出或不增加支出，以赔补这个数目。国家资本，遂不受损害。

亚当·斯密说："遗产税，结果须由承继者负担；买卖土地的赋税，将完全落在卖者身上。卖者出售土地，往往因有急需，土地价格多少，原非所问。买者却没有购买土地的必要，价格不合算，他就可以不买。在他心中，赋税多少，地价多少，有通盘筹划。赋税额愈大，他所愿出的价格就愈小，所以，这种赋税，常由急需者支付，这实在是残酷的压迫的。""印花税、借契登记税，既全然由借方拿出，实际亦由借方支出。诉讼税的负担，自然由诉讼者承当。争讼物价值，必因而减少。争得此物的费用愈多，争得后，纯价值必愈少。征收财产转移的赋税，既可减少那种财产的资本价值，常常至于减少一国雇用劳动的基金。牺牲人民资本，使不能雇用生产劳动者，却增加国家收入，以供养不生产劳动者，很不经济。"

但这不是反对财产转移税的唯一理由，财产转移税，又使国民资本的分配方法不利于社会。实行这种赋税的地方，财产转移，甚为不便。因而，各种资本，不能由善用者，利用以增进一国生产事业。萨伊说："一个人为什么愿意卖掉他的土地，因为他有别种企图。他想把他的基金，投在更有利的用途上。别人为什么又愿买土地？因为他原来的投资方法，未免太少利益。他设想，那尽有改良的余地。这种替换，可增加双方当事者的收入，因而增加总收入。妨碍这种替换的过重负担，定会妨碍总收入的增加。"不过，这种赋税征收容易，有人说，这不能不算是一种利益。

第九章

原生产物税

最劣土地的使用，不须支付地租，投下最终部分的资本，亦不须支付地租。耕作这种土地，使用这种资本以生产谷物的费用，支配谷物价格。这个原理，我已说明了。根据这个原理，我们知道生产费的增加，一定会提高价格，生产费的减少，一定会减低价格。劣地耕作的必要，加投资本于既耕土地情愿受微薄报酬的必要，势将提高原生产物的交换价值。机械的发明，使耕作者可用较少量生产费，获得等量生产物，故原生产物交换价值又非减低不可。加在耕者身上的赋税，无论是土地税、什一税，或农作物税，既可增加生产费，故将提高原生产物价格。

原生产物价格腾贵，若尚不足抵偿耕者所须付纳的税额，利润必降至普通标准以下，他会抛弃原业。于是，供给减少，需要迫切，谷物价格又不得不提高。投在这方面的资本利润，再与他种业务相等。

提高价格，是他们纳税，同时保持普通利润的唯一方法。他们既无须支纳地租，所以，不能把赋税转嫁地主。如果不提高价格，他就须减低自己的利润。别种职业既有厚利，为什么他定要从事出息甚小的农业？所以，结局，他一定会提高原生产物价格，使与税额相抵。

由是，原生产物税非出自地主，亦非出自农业家。价格的提高，使消费者有负担赋税的必要。

我们应当记着，以等量劳动资本投在同品质或异品质的土地上，收获物往往有一个差额。这个差额，须扫数归作地租。我们又应当牢记，货币地租与谷物地租，非依同一比例变动。

原生产物税、什一税、土地税，虽可影响谷物地租，但不能影响货币地租。

假设有三级耕地，投下同量资本：第一级地得谷物 180 卡德；第二级地得谷物 170 卡德；第三级地得谷物 160 卡德。第一级地的地租，为第一级地收获与第三级地收获之差，即 20 卡德；第二级地的地租，为第二级地收获与第三级地收获之差，即 10 卡德。第三级地不纳地租。

假令谷物价格每卡德 4 镑，则第一级地的货币地租为 80 镑，第二级地的地租为 40 镑。

设谷物每卡德须纳税 8 先令，谷物价格将为 4 镑 8 先令。地主若照旧征收谷物地租，第一级地所纳地租当为 88 镑，第二级地当为 44 镑。但事实上，地主不能照旧征收谷物地租。第一级地的赋税负担，将较重于第二级地，第二级地又较重于第三级地。谷物出产量愈大，负担愈重。左右价格的，既然是第三级地生产谷物的困难，若谷物价格不提至 4 镑 8 先令，投在第三级地上的资本利润，会低在普通利润率之下。

这三级土地的生产额税额，可列表如下：

△第一级地

生产额 180 卡德，每卡德 4 镑 8 先令，共 792 镑

减税额 16.3 卡德的价格，或每卡德 8 先令，共 72 镑

谷物纯收益为 163.7 卡德，货币纯收益为 720 镑

△第二级地

生产额 170 卡德，每卡德 4 镑 8 先令，共 748 镑

减税额 15.4 卡德的价值或每卡德 8 先令，共减 68 镑

谷物纯收益为 154.6 卡德，货币纯收益为 680 镑

△第三级地

生产额 160 卡德，每卡德 4 镑 8 先令，共 704 镑

减税额 14.5 卡德的价值或每卡德 8 先令，共减 64 镑

谷物纯收益为 145.5 卡德，货币纯收益为 640 镑

第一级地的货币地租，继续为 80 镑，即 640 镑与 720 镑之差；第二级地的货币地租，继续为 40 镑，即 640 镑与 680 镑之差。但第一级地的谷物地租，会由 20 卡德减至 18.2 卡德，即 145.5 与 163.7 之差；第二级地的谷物地租，会由 10 卡德减至 9.1 卡德，即 145.5 与 154.6 之差。

谷物税，须全由谷物消费者负担。比较他种商品，谷物价格须按税额提高。又因原生产物税为构成制造品的必要成分，所以，除非有别种互相抵消的原因在，制造品价值，亦须按原生产物成分的多寡而腾贵。所以，实际上，这是间接税。价值的提高，恰与赋税成比例。

原生产物税和劳动者必需品税，还能引出一个结果，即提高工资。依照人口增加的原理，最低工资，决不能长此超过维持劳动者生活所必要的限度。这个阶级，决不能担负多量的赋税。如果他们买 1 卡德小麦须加付 8 先令，买其他必需品，又须加付若干，那除了提高工资，他们就将不能维持自身，更不能维持种族。工资增加，乃无可避免。但工资愈增加，利润必愈低落，所以，政府征收的谷物税，一部分直接由谷物消费者付出，一部分须间接由雇主负担。我们知道，增加劳动需要，加大生产工人必需品的困难，都会提高工资，影响利润。谷物税，会发生同样的结果。

谷物税，对于消费者的影响是平均的，对于利润的影响，却是局部的。地主与国债所有者，完全受不到影响。他们，一则继续领受同样多的货币地租，一则继续领受同样多的货币利息。因之，原生产物税的作用，可列举如下：

第一，将提高原生产物价格。提高之度与赋税之额相等。这种赋税，将由各个消费者负担；他们负担的数量，与各自的消费量成比例。

第二，将提高工资，减低利润。

由是，对于原生产物税，可引出四个反对论调：

第一，因将提高工资削减利润，可影响农业家商人制造家的收入。地主、国债所有者，及其他享有固定收入者，可避免这种赋税。所以，它是不平等的。

第二，谷物价格提高后，须经长期间，工资才会提高。这期间，劳动者的困苦，将不可名状。

第三，提高工资削减利润，是蓄积的障碍。其作用有如天然土地的贫瘠。

第四，原生产物价格既提高，则一切由原生产物构成的制造品，都将随而腾贵。所以，在一般市场上，我们将不能与外国制造家以同等的条件竞争。

关于第一种反对论，可以这样答覆：赋税作用不平，当依法使之平，即直接征收地租与公债利息的赋税。这样办，并不须讨人烦厌，探索个人私事，致违反自由国民的习惯感情，给征税吏以过大权力，同时，却可得到收入税的好处。

关于第二种反对论，可以这样答覆：工资追随原生产物价格腾落而腾落，其追随之速度，因情形不同，极不一致。在某一场合，谷物涨价，可毫无影响于工资；在另一场合，工资增加，反在谷物涨价之前。即令受有影响，亦快慢不一。

说必需品价格支配劳动价格的人，往往不经充分考虑，贸然承认工资腾落追随必需品价格腾落之速度甚小。但一考事实，即知食物价格的提高，可由于极不相同的原因，亦可生出极不相同的结果。食物价格提高的原因有四：

一、供给不足；

二、需要渐次增加，使生产费增加；

三、货币价值下落；

四、必需品税。

对于这四种原因，研究家多不曾分剖清楚。我且一一分析。

凶年每招致食物价格腾贵。这时候，除了提高食物价格，即无法调剂消费与供给。谷物购买者若是一样富有，价格无论提到什么程度，结果亦没有两样。但事实上，价格向上提，终有一日，较不富裕者，无法可想，只得舍通常消费量之一部。因为只有减少消费，才可使需要不超过供给。在这情况下，误用救贫法，强就食物价格以调剂货币工资之政策，是最不合理的。这种政策，不仅无实益于劳动者，结局，且将使谷物价格更贵。劳动者仍非按食物供给限度以限制消费不可。不应当的干涉，若尽废除，一任自然，则凶岁供给不足，工资是不会增加的。即令增加，亦只是名义上的增加；事实上，谷物市场上的竞争，益加剧烈了，结局，仍不过增加谷物生产者谷物贩卖者的利润。实际支配劳动工资的，是必需品的供求比例和劳动的供求比例。货币只是表示工资的媒介物。所以，凶年除非增加谷物输入或采用代用物品，劳动者即无避免困苦的可能性。法律亦不能救济。

谷物若因需要增加而价格腾贵，则在腾贵之前，工资每已增加。国民资力不加大，需要无从增进。资本的蓄积，自然会增加雇主间的竞争，因而提高劳动价格。劳动者追加的工资，不必直接消费在食物上，先将用以求取他种快乐。但改进了的生活，诱致他婚配。原用以求取他种快乐的手段，自然会改变用途，来维持家属的饮食需要。谷物价格，遂因需要增加，社会上购买谷物的资力增进，而提高了。于是，在农业资本尚未充足以前，农业家利润，会提高在普通标准以上。此后，谷物将恢复原价呢？抑将保持高价呢？那须看供给追加量谷物的土地的品质。若与最后耕地的丰度同，不须增加劳动费，价格当然会降到原状。昔因劳动需要增加以致工资腾贵，今又将因工资腾贵而奖励结婚，结果是劳动供给增加。劳动供给增加了，谷价若又降至原状，工资就亦恢复原状。设追加量谷物，是出自比较劣等的土地，高价格即可长此继续，工资亦将永续超在旧标准以上。价格昂贵，供给丰饶，非不可同时发生。但有时，价格继续提高的原因，不是数量不足,是生产费增加。这种现象,在人口增殖受到刺激而超过必要限度的时候,常会发生。即令劳动需要亦增加,但这时,人口繁殖的速度较大,维持劳动基金增加的速度较小。在这情况下,将发生反动。——即在供求比例恢复原状以前,工资将继续低在自然水平线以下。总之,在这情况下,工资增加,实先于谷物腾贵。劳动者实在受不到什么困苦。

贵金属的流入,银行特权的滥用,结果都可使货币价值低落。但这结果,是提高食物价格的原因,不是影响食物产量的原因。劳动者的供给,劳动者的需要,都不受其影响。资本既不增加,亦不减少。劳动者可以分享多少必需品呢,那须比较劳动的供求状况和必需品的供求状况,始能决定。货币只是表现数量的媒介。劳动和必需品的数量,既无变更,劳动的真实报酬,自然不会增减。即令货币工资提高了,劳动者所得而分享的必需品,亦必依旧。如果有谁反对这种意见,须说明为什么在商品量未曾增加,劳动量亦未曾增加的时候,货币数量的增加,不能以同一程度,提高劳动价格和谷物价格?我们讲过,要决定市场上帽和鞋的相对价值,须比较帽的供求状况和鞋的供求状况。货币只是表现价值的媒介。如果鞋价加倍了,帽价亦加倍,二者相对价值必依旧。同样,谷物必需品的价格若都加倍了,劳动价格亦会加倍。既然没有原因改变必需品的供求比例和劳动的供求比例,它们为什么不应当保持原有的相对价值呢?

货币价值下落,原生产物纳税,虽都是提高物价的原因,但不必会影响原生产物的数量。能购买且愿消费原生产物的人数,不必会生变化。在一国资本无规则增加的时候,工资提高了,谷价却依然,或仅略有腾贵;在一国资本减少的时候,工资跌落了,谷价亦依然,或仅略有跌落。这种现象,且可持续甚久。此中理由,甚易明了。劳动是一种不能随意增减的商品。假设市场上需要帽而帽缺乏,帽价当然会增加。但这结果,只能存在于短期间。帽业资本,马上会增加,只要一年，帽的数量就会激增。它的市场价格，决不能长期超在自然价格之上。但就劳动说，情形就不同了。资本增加，是一年内可以办到的事；劳动者人数的增加，却非一二年所可办到。资本减退，是一年内可以发生的现象，劳动者人数的减少，却不易马上发生。因此，维持劳动的基金，可迅速增加起来或减少下去；劳动者人数的增减却甚缓慢。要使劳动价格与谷物必需品价格再相调剂，非经长期间不可。货币价值跌落或谷物纳税的结果，劳动供给不必过剩，需要不必缩减。所以在这场合，真实工资，未必跌落。

谷物税，只能提高谷物的货币价格，不必减少谷物的数量。与劳动供给相对而言，劳动需要不必减少。如是，劳动者应得部分，为什么会减少呢？谷物税，若真能减少劳动者应得之股份，换言之，劳动者的货币工资，若不能按照谷价提高的比例提高，谷物供给不将超过需要，而致于减价吗？因之，劳动者应得之股份，不将恢复原状吗？在这情况下，资本诚将从农业撤回。谷物价格既不按税额的比例提高，农业家利润，会低在普通标准之下。投在这方面的资本，当然会改作别用。总之，我认为，在原生产物价格已经提高，工资尚未增加之间，劳动者决不因原生产物税而受压迫的负担。这种赋税，虽将影响维持劳动的基金，以致减少劳动需要，不能不算是一种弊害，但这种弊害，有什么赋税能够避免呢？

关于第三种反对论，我亦可以答覆。我讲过了，蓄积之事，可在生产方面实行，亦可在支出方面实行，可由利润率提高而得，亦可由消费品减价而得。消费品价格不变，然若利润由 1000 镑增至 1200 镑，蓄积资本力，亦就加大了。但加大之程度，不如物价由 1000 镑减至 800 镑而利润不变之场合。

赋税额既然是必须征收的，所以我们的问题，只是赋税从何而出。出自个人利润的减低呢，抑出自消费品价格的提高？

一切赋税，都有一方面的弊害。非影响利润或他种收入来源，即将影响支出。设负担平均，不抑制再生产，那加在什么方面，无庸过问。与他种赋税比较，生产税、利润税，都更觉妥当。一切收入既然都须纳税，社会上一切阶级，当然没有谁能够避免赋税。他们须各自按资捐纳。

加在支出上的赋税，守财奴可以避免。他收入每年1万镑，说不定，他支出仅300镑。利润税却无论直接加在利润上或间接加在生产物或土地上，他都无法避免。他纳税的方法有二：一为放弃一部分生产物或一部分生产物价值；一为必需品价格提高，使蓄积程度减低。因之，收入价值或将依旧，他所能支配的劳动，所能支配的原料，却将减少。

设一国闭关自守，不与邻国通商，赋税当然无法转嫁他国。国内生产物的一部分，须用以供应国家。我觉得，倘非以不平等比例加在蓄积阶级身上，它出自利润，出自农产物，抑出自制造品，其实没有多大关系。假令我的收入每年1000镑，课税100镑。这100镑，究将直接由收入项下支付，抑将间接由农产物制造品涨价而支付，委实无关轻重。我是一国的国民，对于国家经费，理应负担一份，假设是100镑吧，征税时，最应注意之点，是实纳之额，不更多于100镑，亦不更少于100镑。要办到这样，最靠得住的方法，当然是征收工资税利润税原生产物税。

还剩下第四个反对论，说原生产物价格提高了，一切由原生产物构成的制造品价格，亦必随之提高，所以在一般市场上，本国不能在对等条件上，与外国制造家竞争。

我的答覆是：贵金属不流入，谷物及一切国产商品的价格，均不能提高。以同量货币周转同量商品，价格低了不行，高了亦不行。贵金属非由昂贵商品购得。金之需要加大，换金所须付出的商品，不是较少，是较多。发行纸币，无济于事，因纸币价值，取决于金，非金价取决于纸币。金价若不能低落，加入的纸币，必不能按照额面价值流通。我们既承认金价受支配于换金所须付给的商品量，所以金价不能跌落，似乎事极明了。金廉则商品贵，金贵则商品廉。外人既无廉价卖金的理由，金的流入，自不可能。金不流入，金量不能增加，金价不能跌落，一般价格不能提高。[①]

原生产物税的结果，也许会提高原生产物及一切由原生产物构成的制造品价格，但提高的程度，不必依照课税比例。同时，许多不由原生产物构成的商品（如金属制造品、土制品），却会低减下来。所以，货币无须增加，已可周转自如。

课税虽可提高国产诸物的价格，幸不致妨害输出，即或有之，亦仅限于短期间。物价独在国内提高，暂期间，输出诚将无利可言。但这种影响，限于一国，不能普及各国。其结果，与货币价值变动之结果同。假定这一国就是英吉利吧。输入品的价格既未提高，她虽不能卖，却仍能买。在这情况下，只有输出货币，换入外国商品。但这种贸易，不能长此继续。一国货币决不能涸竭。货币输出，到了相当限度，余额便当腾贵。商品输出，遂复有利可图。货币腾贵了，我们自然不能输出货币以交换外国商品。反之，前此因原生产物纳税而涨价的制造品，复以货币外溢，价格低落而输出。

或谓，货币价值腾贵了，外货国货，将同样受到影响。外货输入，既毫无利益，故不得不停止。设有某种商品，在外国值 100 镑，国内值 120 镑，输入当然有利；若国内因货币价值腾贵，亦只能售得 100 镑，输入当然会停顿。但幸而，这是不会有的现象。我们所以输入某种商品，就因我们发现了，在外国，那种商品是比较低廉。输入时，我们会比较那种商品国内的价格和国外的价格。一国所以愿输出帽子，输入罗纱，即因国内制帽以换外国罗纱，所得罗纱，会比较多。帽

---

① 物价腾贵的原因，若仅由于赋税，那在流通中，是否需要较多货币，或许尚是疑问。我的信念是不。

和罗纱，若同在国内制造，原生产物腾贵，帽的生产费和罗纱的生产费，当然会同时增加。它们的价格，当然会同样提高。原生产物的腾贵，使帽价由每顶 30 先令提至 33 先令，或增加 10%，罗纱亦会由同一原因，由每码 20 先令提至 22 先令。如是，帽 1 顶，依然值得罗纱 1.5 码。它们的自然关系，始终未被破坏。但就我们的例说，其中有一种商品（比方说是罗纱吧）由外国输入。它在货币价值跌落时，不会腾贵；在货币价值腾贵时，亦不会跌落。它始终是 20 先令 1 码。国内制造的帽价，却将由 30 先令腾至 33 先令。后来，货币价值腾贵，再由 33 先令降至 30 先令。所以，在帽价 33 先令时，帽和罗纱的自然关系破坏；在帽价 30 先令时，始行恢复。

为使问题简明，我假定原生产物价值的腾贵，将以同一比例影响于一切国产货物。我假定，如果一种商品价格提高了 10%，一切商品价格都会提高 10%。但实际上，构成商品的成分（原生产物及劳动），极不相等。有些商品，系由金属造成，原生产物价格无论怎样提高，亦不能有所影响。由此可知，原生产物税对于各种商品价值的作用，本来极不一致。这种作用的发生，可以鼓励特种商品的输出，亦可阻碍特种商品的输出。其弊害无异他种商品税，势将破坏商品间的自然关系。1 顶帽的自然价格，将不复为罗纱 1.5 码。因之，国外贸易的趋向，或将为之一变。这一切弊害，对于输出品输入品的价值，或无多大影响，但世界资本的分配方法，将为之扰乱，使不能尽善尽美。要得到最妥善的分配法，只有打破一切人为的束缚，让各种货物自由出入，而安定于自然价格。

大多数国产商品价格的腾贵，暂时或可妨碍商品输出。有少数商品的输出，也许会永受限制。但这种现象，无实际影响于外国贸易。我们在外国市场竞争上的地位，不致受到怎样不利的影响。

第十章

地租税

地租税，仅能影响地租。赋税全额，均将加在地主身上，不能转嫁于任何消费者。最劣土地收获对其他各级土地收获之差额，既无从改变，地租即无由增加。设现耕土地，有第一第二第三各级。投下同量劳动，第一级地出小麦 180 卡德，第二级地出 170 卡德，第三级地出 160 卡德。第三级地不纳地租，故不纳地租税。第二级地租不能超过 10 卡德，第一级地租不得超过 20 卡德。又，这种赋税，不能提高原生产物价格。耕作第三级地者既无须纳租，亦无须纳税，故出产物价格，无由提高。最下级地既不纳租不纳税，故不能阻碍新地的耕作。设取第四级地耕作，收获 150 卡德，不纳地租，亦不纳地租税。但第三级地因之，却须纳租 10 卡德了，并须开始纳税。

但今日所谓地租税，却不免妨害耕作。这种赋税，须加在地主资本的利润上。我说过，地租二字，通常指农业家付给地主的全部价值，但严格说来，可称为地租的，只是这全部价值的一部。建筑物、固着物，及其他由地主支出的费用，只是农场资本的一部。地主未先设备，租地人便须自备。我们讲过，付给地主的地租，是使用土地的代价，亦只是使用土地的代价。除了这种代价，付给地主的数额，虽名义上称作地租，实际却是使用建筑物等等的报酬，只是地主资本的利润。现今所谓地租税，既不分别什么是使用土地的代价，什么是使用地主资本的代价，一律课以赋税，便不免有一部分落在利润上。因之，倘非提高原生产物价格，这种赋税，便不免妨碍耕作事业。所耕土地即令无须支纳地租，但使用了地主的建筑物等等，终不免要在地租名义上，付一种报酬给地主。原生产物售价，在补偿一切通常的支出以外，若不能补偿这种赋税的支出，那块土地，便不能有建筑物，实际，亦不能有人耕作。原生产物售价，非提高不可。因之，这一部分赋税，既不加在地主身上，亦不加在农业家身上，那将加在原生产物消费者身上。

征收地租税时，地主当然能够分辨什么是使用土地的代价，什么是使用地主资本的代价。后一部分，可称为房屋建筑物的租金。土地若系新耕，租地人会自己置办这些，不消地主费神。这种建筑物，可由地主投资置备，亦可由租地人向地主借资置备，而以按期计息或定期收回为条件。地主收入的各种报酬，自有不同性质，无待分析。真正的地租税，自然由地主负担。名义上的地租税，实际是征收地主资本的利润税。在进步国，这种赋税终当落在原生产物消费者身上。地租税若不分辨什么是真正的地租，什么是固着物建筑物的租金，所抽赋税，便有一部分，终当由消费者负担，不归地主支付。投在建筑物上的资本，必须供出通常的利润。但在最后耕地的场合，如果租地人不负担这种种费用，这样投下的资本，即无提供普通利润的可能；若由租地人负担，不能转嫁于消费者，租地人的资本，又不能获得普通利润。

第十一章

什 一 税

什一税的对象，是土地总生产物。所以，像原生产物税一样，将完全加在消费者身上。但与地租税不同。地租税不能影响无租土地，故不能改变原生产物价格。什一税却能。什一税不问土地品质；它所问的，只是收获量。它按照土地收获量而抽税 1/10，一律均等。

假设最下级土地（即支配谷物价格的无租土地）的收获，在小麦每卡德 4 镑时，恰足保持农业家资本的普通利润；征收什一税后，谷价就须提至 4 镑 8 先令。耕者每收获 1 卡德，既须以 8 先令纳于教会，若不能在价格上增加 8 先令，利润就会降在普通标准以下。这样，他会放弃原业。

什一税是一种可变的货币税，原生产物税是一种固定的货币税。这是它们的唯一区别。在社会静止状态下，生产谷物的便利，无所增减，这两种赋税的效果亦相等。在这状态下，谷物价格不变，赋税亦不变。在社会退步或农业发达时，原生产物价格将相对低落，所以，什一税，便当较轻于永续不变的货币税（如原生产物税）。反之，在社会进步或农业衰退时，无显著改良，谷价必相对提高，什一税便当较重于永续不变的货币税。在前一场合，谷价由 4 镑减至 3 镑，什一税必由 8 先令减至 6 先令；在后一场合，谷价由 4 镑腾至 5 镑，什一税必由 8 先令腾至 10 先令。

什一税不能，任何货币税都不能影响货币地租，但大有影响于谷物地租。货币税对谷物地租的影响，我们讲过了。什一税是一种货币税，它的结果怎样，用不着再解释。设有第一第二第三数级土地，第一级地收获 180 卡德，第二级地收获 170 卡德，第三级地收获 160

卡德。第一级地租20卡德,第二级地租10卡德。这种比例,不能保持于征收什一税之后。收获既然抽去了1/10,余额当为162卡德、153卡德、144卡德。由是,第一级地租须减为18卡德,第二级地租须减为9卡德。但谷物价格,亦会由4镑腾到4镑8先令10 $\frac{2}{3}$便士。因之,货币地租可依然不变。第一级地仍为80镑,第二级地仍为40镑[①]。

反对什一税的,说什一税没有不变的确定性,说它将因谷物生产困难的增加而加大价值。谷价4镑,课税8先令;谷价5镑,课税10先令;谷价6镑,课税12先令。这时,不仅什一税价值增加了,征收总额亦加大了。仅耕作第一级地,仅征收180卡德1/10;兼耕第二级地,须兼收350卡德(180加170)1/10;兼耕第三级地,且兼收510卡德(180加170加160)1/10。收获由100万卡德增至200万卡德,税额自然会由10万卡德增至20万卡德。且不只如此。生产第200万卡德谷物所必要的劳动既然加大,原生产物相对价值,亦必提高。与昔前100万卡德比较,现今200万卡德,就数量说虽仅加倍,就价值说却已3倍。

设教会由别一方法征收同额价值,唯税额增加,仍按照比例于耕作困难的加大,结果当然无异什一税。说什一税是征收土地税,故特易阻碍耕作事业,那完全是错误的假设。加在土地上,或不加在土地上,无关紧要,只要税额增加,按照比例于耕作困难的加大,教会所得部分的纯收获,必继续加大无疑。我们知道,社会进步,纯收获对总收获而言,常是减少,但社会若不退步,赋税来源,又总归是纯收获。所以,随总收获加大,却又落在纯收获上的赋税,一定苛重难堪。什

---

① 以18卡德乘4镑8先令10 $\frac{2}{3}$便士,等于80镑;以9卡德乘4镑8先令10 $\frac{2}{3}$便士,等于40镑。

一税征收土地总收获 1/10，不是征收纯收获 1/10。财富增进了，什一税与总收获的比例虽依旧，与纯收获之比例，却将继续加大。

什一税不能束缚外国谷物的输入，仅加在国产谷物上，故类似于输入奖金，结果必减少土地需要，而予地主以损害。这时，欲救济地主，最公平的方法，是以同等赋税加在输入的谷物上。国家经费的来源，由这方面增加了，别种必要的赋税，便可减少。不过，如果一种赋税只是增加教会基金，那吗，即令生产总额增加了，分配给诸生产阶级的生产物部分，亦必减少。

假设毛织物贸易一任自由，国产毛织物，或许会比输入的毛织物低廉。设仅征收国内制造家赋税，输入者免征，舶来品就会比国货低廉了，投在毛织制造业上的资本，会因亏损而移作别用。输入毛织物若须同样纳税，国内即可重兴制造。最初，因国货低廉，大家都买国产毛织物；次因舶来品低廉，将买外国毛织物；最后又因国货舶来品同样纳税，国货低廉，大家再愿购买国产毛织物。在最后场合，消费者支出的价格最高，但追加的支出，会全部归于国家。在第二场合，购买者的支出，既较高于第一场合，追加的支出，又不为本国所得。国产货物价格提高的原因是生产困难；生产困难的原因，是赋税夺去了我们最便利的生产手段。

第十二章

土 地 税

土地税的征收，若与地租为比例，随地租增减而增减，事实上，便是地租税。这种赋税，既不加在无租土地上，亦不加在仅谋利润的无租的资本上。它不能影响原生产物价格，将全部落在地主身上。总之，无论从哪一点说，这都是地租税。若土地税的征收，加在一切耕地上，那纵令适度，亦可成为原生产物价格提高的原因，而成为生产物税。假设第三级地是最后耕作的土地。它虽不纳地租，但在此场合，却须纳土地税。纳税后，生产物价格不提高以为补偿，耕者就不能得到普通利润，资本亦不会投在这种用途上。已经投在这种用途上的资本，且将改作他用——这种改业的要求，至谷价提高，农业利润恢复普通标准之时为止。地主既不征收这级土地的地租，这种赋税，当然不能转嫁到地主身上。再者，土地税的征收，有时按照比例于土地的品质和收获的多寡。在这点上，土地税与什一税，没有什么出入。有时又不问土地品质，对一切现耕土地，加以固定额的赋税。

最后那种土地税，最不平等，与亚当·斯密赋税四原则之一相反。哪四原则呢？

一、各人须在可能范围内，按照各自的资力纳税，维持政府；

二、各人负担的税额须确定，不得随意增加；

三、征收的方法和时间，须予纳税者以最大便利；

四、一切赋税的征收，须设法使民之所出，等于国之所入。

不问土地品质的差别，凡属耕地，一律平等征收，势将按照比例于最劣土地耕者所纳之税额，而提高谷物价格。以同额资本，经营品质不齐的土地，所获原生产物量，必各不相等。假设把一定量资本投在某种土地上，收谷物 1000 卡德，课税 100 镑，每卡德即须腾贵 2 先令以补偿农业家纳税之损失。以同额资本投较优土地，可生产 2000 卡德，每卡德腾贵 2 先令，共可增加 200 镑。土地税既不分土地优劣，同样课税，优地纳 100 镑，劣地亦纳 100 镑，优地耕者，便可从中取利 100 镑了。因之，谷物消费者不仅要供应国家急需，在租期中，每年尚须以 100 镑供给优地耕者，租期满后，地租增加，又须以 100 镑供给地主。所以，这样征收的土地税，显与亚当·斯密的第四原则抵触。由此取之于民的，必较多于国库的实收。法国大革命前的 Taille 有类于此。它所征收的，仅是平民土地的赋税，但依课税比例提高的，却是一般原生产物价格。因之，有土地而无须纳税者，便因地租增加而得实利。原生产物税和什一税，没有这种缺点。有了这两种赋税，原生产物价格虽不免提高，但其征收，会分别土地的品质，按照比例于土地的实收额，非按照比例于生产力最小的土地收获。

亚当·斯密不知道，各国资本有许多是投在无租土地上，所以提倡一种特异的地租学说。从这种学说，他以为，一切土地税，不问形式何若，概须由地主支付。在名义上，赋税虽由租地人垫付，实际上，终须由地主支付。他说："原生产物税，实际是地租税，虽由农业家垫付，终须由地主拿出。农业家既会垫付一部分生产物价值，他定会逐年精密计算，在支付地租时，扣减相当的数额。教会什一税每年若干，农业家亦会预算好的。"诚然，协定地租时，农业家会计算各种可能的支出。教会什一税和原生产物税，若不能由提高农产物相对价值而补偿，他自然会要求减扣地租。但我们的问题正是：实际上，他将减扣地租呢，抑将提高原生产物价格？根据上述理由，我以为，大概是提高生产物价格。亚当·斯密的见解，不能算正确。

关于这问题，斯密博士的见解既然这样，他又根据这种见解，说："什一税以及这一类的土地税，外观上虽甚平等，实则甚不平等。情形不同，一定部分生产物，可相当于极不相等的地租。"我曾竭力说明，这类赋税，并不会以不平等负担，加在地主和农业家身上。他们都可从原生产物腾贵而得补偿。他们只以原生产物消费者的资格，负担这一类赋税，负担之轻重，则按照比例于各自的消费量。劳动者既须消费原生产物，这类赋税亦不免一部分落在他们身上。但劳动者资力不足，不能付纳，不得不转嫁于他人。因工资可影响利润率，故地主可无转嫁之虞。落在劳动者身上的赋税部分，须由资本家单独负担，地主无所影响。

对于什一税、土地税、原生产物税，我们虽这样看待，但不能根据这点，便说它们不能妨碍耕作。一般人需要的商品，既可因而提高交换价值，故称之为耕作妨碍，亦无不可。但这是一切赋税的通病，非这一类赋税特有。

国家既不能不有度支，课税之弊，自无从避免。每种新税，都是生产事业的负担，势必抬高生产物的自然价格。一国劳动，有一部分，原由纳税人处分者，今因课税，须听国家支配，不能再用在生产用途上了。这一部分，未尝不可增加起来，使剩余生产物，不足鼓励蓄积，以增加国家资本。幸而，一切自由国的赋税程度，尚不致逐年减少国家资本。不能长此忍受的赋税，就使忍受下去，亦必因生产物之输纳过甚，致生穷困饥荒人口减少的现象。

亚当·斯密说："英国各区土地税，既按照不变标准，妥为制度。创制时，即令平等一律，但经时既久，亦必因耕作人事不齐，以致极不平等。威廉玛利登位四年，曾制定土地纳税的评价标准，然已极不平等。这种赋税，与上述第一原则抵触了。于其他三原则，颇为适合。第一，这是十分确定的；第二，地租的付纳与土地税的付纳同时，于纳税者甚为便利；第三，真正纳税者虽为地主，但常由租地人垫出，后由地租扣回。"

土地税若不能由租地人转嫁地主，但转嫁于消费者，那吗，假令当初平等，以后决不会不平等。生产物价格，既已按照课税比例提高,便不会因赋税而再生变动。若课税标准原已极不平等,所抵触的,当然不是第一原则,是第四原则。这种税取之于民,将更多于国之所得。纳税阶级的负担,仍一律平等。萨伊似乎错认了英国土地税的性质与效果,他说:"英国农业上的繁荣,许多人归功于这种固定不变的评价标准。这大有功于农业,毫无疑义。设令政府对小商人说:'你以小量资本经营小商业,你所直接供纳的,并不多呀。借钱吧,积蓄资本吧,扩张营业吧,你的利润将因此加大,你的赋税却不会因此增加啊。你的子孙,将承续你的利润,增加你的利润。纳税的评价是不变的,你子孙所须负担的公共经费,不会更大啊。'

无疑,这将给制造家商业家以大鼓励,但这算得公平么?工商业的进步,不能由别种代价取得么?英国工商业的发达,就未承受这种偏颇的恩惠呀。英国工商业的发达,却又怎样?设地主每年由勤勉节省熟练,可增收入 5000 法郎,国家征收追加收入的 1/5,其余那 4000 法郎的增加,不已可鼓励他进一步的努力么?"

萨伊假定"地主每年由勤勉节省熟练,可增收入 5000 法郎",但事实上,地主除了自耕土地,即无由表现他的勤勉节省与熟练;若自行经营,他就以资本家农业家的(非地主的)资格来增加收入了。不加投资本,单凭一己的特异才能,决不能这样增加农场生产物。如果他加投资本,收入虽加大了,资本与收入的比例,却不会不同于别个农业家了。

照萨伊所主张,农业家的追加收入,须以 1/5 归国家。这种赋税的影响,既仅及于农业家利润,不能及于他种业务,那便是农业家的局部赋税了。土地既无论贫沃,须同样纳税,最贫瘠土地因不纳地租,所纳赋税,自无从转嫁于地主而减扣地租;事实上,利润的局部赋税,又不能由纳税营业者负担。纳税营业者非停止营业,即须设法弥补。但不纳地租的农业家,又只有一法弥补自己,即提高原生产物价格。所以,萨伊提倡的那种赋税,仍将落在消费者身上,非由地主负担，亦非由农业家负担。

他所提倡的赋税增加法，若按照比例于土地总收获的追加，就无异什一税了，亦可转嫁到消费者方面。所以，这种赋税，无论是加在总收获方面，抑是纯收获方面，都将成为消费税。它对于地主农业家的影响，与原生产物税相同。

若土地全不纳税，而由其他方法征收同一金额，农业至少可照常发达。土地税决无鼓励农业的可能。适度的赋税，虽不大妨碍生产，终不能奖励生产。英国政府的宣言，非如萨伊君所想像。农业阶级及其后继者所应供纳的未来赋税，英国政府未曾允许豁免。英国政府未来的必要经费，没有专从别个阶级征收的意思。她仅说："由这种方法，我们不会加重土地的负担。但若国家有旦夕之急需，我仍有绝对权力，叫你完尽你名下的义务。"

关于现物税(即征收一定部分的收获如什一税)，萨伊说："这种课税方法，表面上看，是很公平的，但其实最不公平。生产者垫付之事实，全然不曾顾到。其征收按照总收入比例，不问纯收入如何。设有二耕者，一在中等土地种植谷物，每年生产费平均 8000 法郎，以收获出卖，得 12000 法郎，纯收入就是 4000 法郎。一则经营牧场或森林，收获亦为 12000 法郎，但生产费仅 2000 法郎，每年平均纯收入为 10000 法郎。

设法律规定，一切土地收获，不问种类如何，均各征收实物1/12。于是，栽种谷物者，按法须纳 1000 法郎价值的谷物，栽培森林干草者，按法须纳 1000 法郎价值的家畜或木材。这将发生什么呢？前者在纯收入 4000 法郎中，须取去 1/4；后者在纯收入 10000 法郎中，仅征收 1/10。收入，是偿还原资本后剩余的纯利润。商人收入，等于他一年经售所得的金额么？那当然不是。在他售得的全额中，减去他预先投下的数目，方才是他的收入。收入税，只应加在这个剩余额上。"

萨伊君的谬误，发因于下面这种假定。他假定：两个农场，偿还原资本后，一方生产物价值，必较大于他方；二耕者的收入，即按照这个差额而彼此不等。森林地主和租地人合计的纯收入，虽可较大于谷物地主及租地人合计的纯收入，但较大的原因，是地租不等，非利润率不等。萨伊君忽略了耕者纳租，极不均等，而同一业务，又不能不有同一的利润率。生产物价值对资本的比例若不相等，不等的，应当是地租，非利润。如果别人投下8000法郎资本，仅获4000法郎纯利润，我投下2000法郎资本，却能得10000法郎纯利润，我真不知道为了什么理由。萨伊君若曾详细研究地租的性质，曾精密考察这种赋税将如何影响于各种原生产物价格，亦当翻然觉悟，说它不是不平等的赋税吧。生产阶级消费阶级，须同样付纳。

第十三章

金　税

课税或生产困难的结果，一定会提高商品价格。市场价格与自然价格要再互相一致，其间究须经若干时间，当视商品的性质及其数量缩减的难易而定。若课税品的数量不能增减，譬如，假设农业家制帽家的资本，不能改作他用，他们的利润，即将因课税而低在普通水平线以下。谷物和帽的需要若不增加，它们的市场价格，决无与追加自然价值一致的希望。即令虚张声势，扬言将要改业，亦吓不到人家。商品价格，自不能由生产额缩减的恐吓而提高。幸而，事实上，一切商品的数量，都可缩减，资本都可由利益较小的用途，改到利益较大的用途，迟速不等罢了。特种商品的供给，既较易减少而无碍于生产者，课税后或其他困难发生后，商品价格的提高，必甚迅速。谷物是人人日常不可少的。赋税不大妨碍谷物的需要。所以，即令资本迁移不易，供给亦不致长期过剩。依此理由，谷物价格，便将因课税而迅速提高。农业家负担的赋税，立可转嫁于消费者。

设金出自本国，须纳税。那么，除了减少金的数量，即不能提高金的相对价值。若金为唯一的货币材料，情形更会如此。金的相对价值，若不依课税比例提高，最劣金矿的开掘，即不能提供普通利润率。如是，生产力最小的无租的矿山，将无法继续开采。金的数量、货币的数量，即将一年减似一年，至金价按税率提高为止。在过渡期中，用钱的虽无损失，有钱的却不免因课税而受损。设有一国，每1000 卡德小麦，须纳税 100 卡德，且继续依此比例征收，农业家现今900 卡德所能换得的商品，必等于先前 1000 卡德所能换得的数量。但就金而言，情形却与此不同。设有一国，1000 镑货币，须抽税 100

镑，且继续依这比例征收，那吗，现今 900 镑所能购买之物，也许不会更多于先前 900 镑所能购买的数量。金税，将落在货币所有者身上，且继续落在他身上，至金产量按生产费追加比例而减少之时为止。

因货币需要无限，当货币用的金属，特别更有这种情形。对货币的需要，全由货币价值决定，但其价值，又取决于其数量。如果金的价值加倍了，流通中，金的数量尽可减半；如果价值减半了，数量便非加倍不可。谷物市价，可因课税或其他生产困难而腾贵 1/10，但这于谷物消费量，究竟有无影响，很难定说。人人消费的谷物，都有定量，若购买手段尚存，是不会减少的。但货币需要，却恰与货币价值成比例。一个人所能消费的谷物量，决不能倍于普通必要量，但卖买等量货物所须应用的货币，说不定，须加倍，三倍，以至无数倍。

但这种论法，只适用于特种社会。只用贵金属作货币，尚无信用券的社会，才有这种情形。贵金属的市场价值，终当取决于生产之比较难易。因其耐久，数量难于缩减，其市场价值已难于骤变，更因其用若货币，益不易骤变。以交易为目标的金的数量，若仅为 10000 翁斯，每年在制造上，须费 2000 翁斯，则欲维持常年供给，也许一年要涨价 1/4 或 25%。但因其用若货币，我们所使用的金量为 10 万翁斯，所以，不到 10 年，价值或不致增加 1/4。若金仅为通货中极小部分，则因纸币数量可以迅减，虽以金为本位，纸币价值，仍必立随金涨价而涨。

设金为甲国独产，乙丙各国，都用金作货币。若甲国课金以重税，请问，对于这种赋税，各国所负担的程度怎样呢？答：只看它在工业上用器上，究要用去多少的金。用作货币那一部分金，虽可提供巨额赋税，但其支付，非出于任何人之手。这是货币特有的性质。一切数量有限且不能依竞争而激增的商品，其价值都受支配于购买者的嗜好、时尚和资力。但货币这种物品，世界上没有一个国家有增加它的欲望和必要。用 2000 万镑通货，决不较有利于用 1000 万镑通货。

葡萄酒和丝业,即令已被一国独占,其价值仍可跌落。人民的嗜好,也许会转向白兰地和罗纱。金若全部用在制造上,结果或亦如是。但它是一般交换媒介物,已成了必要,不由你选择。你卖了货物,少不了要接受它。因之,它的价值低落,在外国贸易上你必须接受的货币量无论怎样多,你都愿受;价值提高,无论怎样少,你亦愿受。即令纸币可为替代,但由此,你不能减少货币的数量,支配货币量的,是本位货币的价值。只有提高商品价格,才能禁止商品由低价国输往高价国,但要提高商品价格,又只有从外国输入金属货币,或在国内增发纸币。设西班牙王独占金矿,金又为唯一货币,那吗,西班牙若课金以重税,当然会大增金的自然价值。欧洲的金的市场价格,既终受支配于西领美洲的金的自然价格,因之,欧洲要获得一定量金,已须以较大量货物运往美洲去。但金价的增加,既然只能按照产额减少的比例,产额减少,又为生产费增加的结果,故知美洲此时,已不能产出同额的金。美洲输出金全额所能交换的货物,不会增加。欧洲换金虽输出了较多货物,美洲换金却不能多得货物。试问,这于西班牙及其殖民地,究有何种利益呢?利益在——如果金的产额减少,用以产金的资本亦减少,因之,美洲可投下较少资本而输入同量欧产货物。由开矿业撤回的资本,可经营他种职业。由这职业而获得的产物,便是西班牙征收金税的利益。这种利益的巨大与确定,非独占他种商品者所可比拟。但欧洲各国,亦不会受损;他们的货物额依旧,他们的享乐品亦依旧,惟因货币价值高,故较小量货币,已足周转货物。

设有一日,因课税故,由矿山获得之金额,仅等于现额 1/10。此 1/10 的价值,亦必与现产全额之价值相等。西班牙王,当然不是独占贵金属矿山者。现今假设他是。纸币的代用,将减少欧洲对于金的需要,亦将减少西班牙王独占矿山的利益。一切商品的自然价格与市场价格,所以能够趋于一致,就因为它的供给,可以随意增减。

在或种情状下，金、房屋、劳动，以及许多其他物品，虽不易增减供给，但其他商品如鞋帽罗纱谷物，年年消费，年年再生产，在必要时，其数量可随意增减，故其供给，可立随生产费增加比例而缩减。

我们讲过，原生产物税，终当由消费者负担——除非维持劳动的基金减少了，因而工资跌落，人口减少，谷物需要减少。对于地租，它是没有影响的。金的价值，若因金税而提高，势必减少金的需要，结果，投在这方面的资本，便将撤回。西班牙虽可由金税得利，不继续开采的矿山的所有主，却将失去地租。这是个人的损失，不是国家的。地租原非富的创造，只是富的转移。被撤回的资本，可用以生产他物，这一切物，既可由西班牙王及续开矿山者获得，别个矿山所有者所损失的地租，亦将由他们获得。

设有一、二、三诸级品质的矿山，他们各自开采所得，为 100 镑、80 镑、70 镑。因此，第一级矿山的地租为 30 镑，第二级矿山的地租为 10 镑。假设，不论品质如何，只要是开矿山，一年便须课税 70 镑。结果，第一级矿山的开采，或可有利。地租当然会全部消灭。未课税前，第一级矿山每年须在全生产额中，以 30 镑付地租，余额 70 镑，才与第三级矿山的产额相等。这个余额，为资本家所必须保留之部分。所保留之部分，即令较小于这额，其价值亦必须与这额的价值相等。非如是，资本家的普通利润，不能继续。所以，课税后，余下 30 镑的价值，必须与昔前 70 镑的价值相等。现今 100 镑的价值，便等于前 233 镑。非如是，第一级矿山亦将无法继续开掘。独占商品的市场价格，虽可超过自然价格，而以此超过额，作为地租，但若较低于自然价格，资本就不会投在这方面。因之，西班牙投在矿山上的劳动资本，虽仅等于昔时 1/3，所得金额，比于昔时，却可换得同样多或几乎同样多的货品。由矿山撤回的那 2/3 的资本，投在其他生产事业上，可使西班牙富裕起来。假若金 100 镑现在的价值等于昔时 350 镑的价值，那西班牙王所得 70 镑的价值，便与昔时 175 镑相等了。于是，国王赋税，有一大部分的来源是资本分配的得法，只一小部分由人民负担。

西班牙的计算书，可如下式：

原来的生产额

金 250 镑，价值（假定） 罗纱 10000 码

现在的生产额

停止开矿的那两个资本家，可产出一个价值，

等于昔日 140 镑所得而交换者，即 罗纱 5600 码

开掘第一级矿山的资本家，有金 30 镑，价值

增加之比为 1∶2.5，故现值 罗纱 3000 码

国王由课税得金 70 镑，价值

增加之比为 1∶2.5，故现值 罗纱 7000 码

合计 罗纱 15600 码

西班牙王征收 7000 码罗纱，人民不过负担 1400 码，其余 5600 码，是撤回资本产出的纯利润。

税额之多寡，若按比例于生产额之大小，生产额可不致骤减。假定各矿山，以产额 1/2、1/4，或 1/3 作为税收，矿山主人莫不愿产额之丰饶，能一如旧时。产额既不减，不过以一部分转付国王，金的价值就不会提高。结果，金税将由殖民地人民负担，什么利益都没有。亚当・斯密说原生产物税将影响地租，这种赋税才真会影响地租呢？它将完全落在矿山地租上。进一步，这种赋税，不仅会吸收地租的全额；开矿资本的普通利润，亦将被剥夺。开矿业资本，非撤回不可。更进一步，优良矿山地租，亦将被吸收；投在优良矿山上的资本，亦不得不撤回。由是，生产额继续减少，价值继续腾贵，结果，正如我们所述，一部分赋税须由西班牙殖民地人民负担，另一部分则因交换媒介力加大，而为新生产物的创造。

金税有两种，一种以流通中金的实际数量为对象，一种以矿山年

产额为对象。那都有缩减金量而增加金价的趋势。但要提高金价，须先缩减金量，故在金量未曾减少以前，金税会暂时落在货币所有者身上。结局，则因地租减少，有一部分赋税，须由矿山所有者负担。还有一部分，则由购金求乐者负担。

第十四章

家屋税

金之外，尚有他种商品不能迅减。价格提高，如果会减少这类商品的需要，这类商品税，便当由所有者负担。

家屋税即属于这一类。税金虽由居住者拿出，但常因租金减扣而由屋主负担。原生产物年年消费，年年再生产，其他许多货物亦如是。其供求比例既易复归平准，故其价格不能继续超在自然价格之上。表面上，家屋税虽可由追加租金而由租屋者负担，但以其趋势，终为不减少供给，不增加租金而减少家屋的需要。故租金终须减低。一部分赋税，终须由屋主负担。

亚当·斯密说："房租可分成二部：一部分，很可称为建筑物租金，另一部分即普通所谓地皮地租。建筑物租金是资本投在建筑物上的利息或利润。要使房屋建筑者的利润，等于别个职业家，第一，租金须与(有极稳当的担保品)贷借母本的利息相当；第二，因房屋时须修理，一定年限内收入的租金，须足够收回投下了的资本。与货币利息比较，若建筑业利润更大得多，投在他种业务上的资本，定会移转这方面来，使其利润归至适当程度。反之，若更小得多，则原投在建筑业上的资本，又定然会移到他种业务上去，使其利润上腾。在房租全额中，除了合理的利润，所余部分，当然作为地皮地租。地皮所有者与房屋所有者若为两人，所余部分，大抵是要付给前者。远离城市之地，房屋基地甚多，供人充分选择，故地皮地租有限，至多与耕地的地租相等。邻近大城市的村野，地皮地租已较高，若交通便利，景物美丽，就会更高。大都市的地皮地租，总最昂贵。有些地方，因商务关系、社会关系、时尚关系，房屋需要甚大，故地皮地租亦最高。"房租税，或出自居住者，或出自地皮的地主，或出自房屋所有者。一般说，说这种赋税的全部须由居住者付纳，亦未始不可。

社会若不退步，家屋税又若适度，房屋居住者当然不甘居住陋室。在税额过重，或有其他原因可减少房屋需要时，住户定会请求减少房租以补偿一部分家屋税。屋主收入，遂致缩减。但这部分缩减的租金，将以何种比例分配于地皮所有者和房屋建筑者呢？那不易说定。当初，大概二者都不免受影响。但房屋终不免圮毁。建屋者若不能取得普通利润，再建房屋，即不可能。所以，建筑物租金，不久就可复原。建筑者既然只能在建筑物未圮毁前领受租金，所以，虽在极不利情况下，他亦不能长久负担这种赋税。

如是，家屋税终须由居住者与地皮所有者付纳了。但他们二者的负担，又成什么比例呢？亚当·斯密说："这极不易确定。大概情形不同，担负比例亦极不相同。因情形不同，房屋税对于房屋居住者和地皮所有者的影响，可极不均等。"①

亚当·斯密以为地皮地租最宜于课税。他说："大概说，地皮地租，普通土地的地租，都是地主不劳而获的收入。由这种收入抽纳一部分以裕国家度支，对于任何实业，都没有妨碍。实施这种税则之后，一国年生产物，国民全体的经济状况，都可不致变化。因之，地皮地租和普通地租，实在是课税最适当的对象。"亚当·斯密所说的，自能得到大众的首肯。但仅征收社会上某特殊阶级的收入，却嫌不很公平。对于国家的负担，各个人都应按照各自的资力而平均分配。这是亚当·斯密赋税四原则之一。得房租者，每须经多年辛苦，始能以赢利购置房屋土地。课房屋土地以不平等的赋税，当然违反保障财产的神圣法律。使土地不能随意移转且不能使用有利的印花税，已良可惋惜。若因见土地价格可缩减以补偿纳税的危险，因见土地卖买有赌博性质，可以投机，便说土地最宜于课税，那吗，有土地的，就应该是博徒，不应该是诚实善用土地的人了。

---

① 第五卷第二章。

第十五章

利 润 税

酒税须饮酒者支付，车马税须坐车乘马者支付。普通所谓奢侈品税，由奢侈品消费者负担。负担之程度，则与各人消费量成比例。必需品税不然。必需品税虽可影响必需品消费者，但不与各人消费量成比例。其比例往往较高。制造家自己和家属，须消费一定量谷物，是大家知道的。但他纳的谷物税，不仅与其消费量成比例。他资本的利润率，将因而改变，致影响他的收入。一切可以提高工资的原因，亦可减低利润。劳动者必需品税既可提高工资，故亦可减低利润。

帽税将提高帽价，鞋税将提高鞋价。否则，赋税须由制造家负担了。他的利润，就将落在普通水平线下了。他必抛弃原业。对利润的局部税，必致提高课税品价格。比方，利润税若仅及于帽业，除了提高帽价，帽业即无法维持普通利润，势必舍旧业，另图发展。

同样，农业家利润税，将提高农产物价格；毛织业利润税，将提高毛织物价格。设按照利润的比例，征收一切职业的赋税，各种商品的价格，都将提高。但若充作货币的金属出自本国，采矿业亦须同样输纳利润税，一切货物的价格，即可不致提高，各人须按照各自的收入，在同一比例上输纳赋税，一切都没有变化。

设货币不课税，得保持原有价值，一切其他商品价值却因课税而提高了。制帽业者、农业者、毛织业者，既以同额资本获取同额利润，故亦输纳同额赋税。若税额为 100 镑，帽罗纱谷物，将各涨价 100 镑。涨价后，制帽业者若获利不只 1000 镑，而为 1100 镑，纳税 100 镑后，他便可保留 1000 镑归自己消受。但依同一原因，罗纱、谷物，一切其他商品，都将涨价。他现今以 1000 镑购物，比昔前 910 镑购物，所得决不较多。如是，他就由缩减支出的方法，以供纳国家的急需了。他将节省一部分生产物，以供纳于政府。假设剩下的 1000 镑，不是用掉，是加在资本上，他仍会发觉，现今 1000 镑的蓄积，并不较多于昔时 910 镑。工资腾贵了，原料费机械费又增加了。

设货币亦须纳税，或有他种原因使货币价值变动，则一切商品价格，可依旧不变。制造家农业家的利润仍为 1000 镑，以 100 镑纳税，所余仅 900 镑。这时，不问他们怎样使用这个金额（或投在生产事业，或投在不生产事业），他们所能支配的生产物量，总会减少。政府的收得，恰等于他们的损失。在货币价值不变的场合，纳税者现今 1000 镑所可换得的物品，等于昔时 910 镑；在货币价值变动的场合，他所可换入的物品，仅等于昔时 900 镑。商品价格虽未变动，他的用款只有 900 镑了。这种差别的由来，在于税额之差。在前一场合，赋税仅为 1/11；在后一场合，却为 1/10。这二场合的货币价值已不相等呀。

货币无税亦无价值变动的场合，一切商品价格虽将腾贵，腾贵比例，却不必一律；纳税后比于纳税前，商品的相对价值未必一致。我曾讨论固定资本与流动资本的分割，耐久资本与不耐久资本的分割，将影响于商品价格。我们说明了，制造家甲乙二人，投下同额资本，可获取同额利润，但因资本再生产之速度不等，甲 10000 镑资本，以 2000 镑作流动资本，8000 镑投在机械和房屋上，作为固定资本，乙 10000 镑资本，则以 8000 镑作流动资本，2000 镑作固定资本，甲乙售货所得的金额，极不相等。甲得 4000 镑，乙须得 10000 镑。但他们投下的资本量既然相等，利润亦必相等，假设利润率 20%吧，共有利润 2000 镑。设利润税为 10%，甲乙各须输纳 200 镑。他们如果不愿利润低减，计惟提高价格。乙值 10000 镑的货物，须改售 10200 镑；甲值 4000 镑的货物，须改售 4200 镑。未征税前，乙货价值与甲货价值比，为 2.5 倍；既税后，仅 2.42 倍。前者价格，因课税仅增加 2%；后者价格，却已增加 5%。因之，在货币价值不变的场合，收入税势必改变诸商品的相对价值与相对价格。即令课税对象非利润而为商品本身，结果亦复如此。商品税若按照比例于资本价值，商品价格即将不问原价值，而为同一数额的追加。因之，商品相对价值和相对价格，都生变化。一种货物由 10000 镑腾至 11000 镑，他种货物则由 2000 镑增至 3000 镑。彼此今昔的比例，极不相同。在这情况下，货币价值的腾贵，决不能以同一比例，影响各种商品价格。因为，原因虽一，但一种货物将由 10200 镑落至 10000 镑，即落 2%弱；另一种货物却将由 4200 镑落至 4000 镑，即落 4%强。彼此价格若不依这个比例跌落，利润就不会相等；要使利润相等，则在前者价格 10000 镑时，后者价格当为 4000 镑，在前者价格 10200 镑时，后者价格当为 4200 镑。

这种事实的考察，使我们了解一个重要原理，这是前人所未知道的。有税国若货币因输入而充斥，因输出而缺乏，则其价值变动对于各种商品价格的影响，极不一律。有的，伸缩至 5%、6%，以至 12%，有的却不过伸缩 3%、4%至多 7%。无税国因货币丰缺而生的货币价值变动，对于各种商品价格，却将发生同样的影响。如果肉价提高了 20%，面包、啤酒、鞋、劳动，和各种其他商品，都会提高价格 20%。这样，利润率始可一致。但其中，若有一种商品课税，情形就不会这样。商品价格若一律按照货币价值跌落的比例而腾贵，各业利润即不能相等。课税品的利润，将超在普通水平线之上。于是，在各业利润尚未恢复平衡之前，资本不免转移。但要使各业利润平衡，又计惟改变它们的相对价格。

在英伦银行停止兑换期间，货币价值变动对于各种商品价格的影响，是彼此不同的。这种现象，不正可由这个原则说明吗？但这种话，和一般见解，是不相同的。一般人以为：当时货币削价，是因为纸币太多；当时物价腾贵，不因为货币价值变动；因为，物价腾贵若发因于货币价值跌落，则一切物价，当以同一比例腾贵，而事实是，物价变动的比例极不相等。但是，我们不是讲过吗？有税国货币价值的变动，不能以同一比例影响一切物价。

除了农业，如果一切其他业务，都不免征收利润税，那么，除了农产物，一切商品亦不免腾贵。农业家的谷物收入如昔，谷物售得的货币亦如昔，但他消费的（谷物以外的）一切必需品，既须以较高价格购买，所以，对于他，这就是一种支出税。这时，即令货币价值变动，他亦无法避免这种负担。货币价值的变动，虽可使课税品价格依旧，但无税品价格又会降落。因之，农业家虽能以同一价格购买必需物品，但须以较低价格售卖所有货物。他所有的货币，就更少了。

地主处境，与农业家同。若货币价值不变，一切物价高涨，则比于昔时，他所能收得的谷物地租货币地租均依旧不变；若货币价值变，一切物价不变，他所能收得的谷物地租虽依旧，货币地租却将减少。因之，无论物价高涨与否，他的收入，都有间接税，无直接税。

假定农业家利润亦实行课税，则其处境当与其他营业家相同。原生产物价格若不提高，纳税后，他的收入必减少，但同时，购买各种必需品所须支出的价格又增加了。

地主的处境，却不能这样。他购买制造品的价格虽则腾贵了，但这种追加的支出，可因租地人担负利润税，而从中取得补偿。假设各种商品都因货币价值腾贵得以原价出售，他的货币收入，自可恢复原状。农业家的利润税，非按照比例于土地的总收获，乃按照比例于其纯收获（所谓纯收获，即在土地全收获中，减去地租工资及其他费用）。设有三个农业家，甲耕第一级地，乙耕第二级地，丙耕第三级地。若投资额相等，则无论各自收获多少，他们各自的利润，必正相等。他们的税金，亦必一样。假定第一级土地的总收获为 180 卡德，第二级土地的总收获为 170 卡德，第三级土地的总收获为 160 卡德，各须纳税 10 卡德，故课税后，甲乙丙收获的差额，依旧；因为，第一级地减为 170 卡德，第二级地减为 160 卡德，第三级地减为 150 卡德。第一级地收获与第三级地收获之差额，仍为 20 卡德；第二级地收获与第三级地收获之差额，仍为 10 卡德。课税后，设谷物等商品的价格不变，谷物地租不变，货币地租亦不变。设谷物等商品，竟因课税而腾贵，则谷物地租虽不变，货币地租必依同一比例增加。在谷物价格每卡德 4 镑时，第一级地的地租当为 80 镑，第二级地租当为 40 镑。谷物价格腾贵 5%，或腾至每卡德 4 镑 4 先令，货币地租亦必提高 5%。20 卡德所值已为 84 镑，10 卡德所值，已为 42 镑。所以，在这一切场上，地主都不受农业家利润税的影响。利润税既不改变谷物地租，货币地租又将随谷物价格而俱变。就这层说，利润税确不同于原生产物税或什一税。这两种税，必改变谷物地租，但往往无影响于货币地租。我们讲过，若土地税不问土地丰度，对一切现耕土地，加以同额赋税，则将予优地地主以利益，而发生极不平等的作用。同时，谷物价格，又将按照比例于最贫瘠土地所须负担的税额而腾贵。耕作优地者，将由此获得追加的价格。租期未满前，优地耕作者虽可从中取利，但租期满后，地租增加，得利益的，就是地主。对农业家利润的平等税，亦有这样的影响。若货币价值不变，地主的货币地租，定会提高。农业家利润有税，其他一切业务的利润都同样有税；谷物价格腾贵，一切商品的价格必同样腾贵。所以，地租增加的利益，恰恰抵消了物价追加的损失。若货币价值腾贵，纳利润税后，一切货物将降至原价，地租亦当恢复原状。地主收得同样多的货币地租，亦以同样高的价格购买各种消费品，所以，无论情形怎样，他都可不受利润税的影响。[①]

---

① 赋税若仅及于农业家利润，一切其他资本家的利润都无税，则于地主大有利益。实际上，这种赋税，将由原生产物消费者负担，受利的，是国家和地主。

这情形,真是特别。抽农业家的利润税,不会增加农业家的负担,不抽农业家的利润税,亦不能减轻农业家的负担。但在租地人须纳利润税时,地主却有断然的利益。因为,只有在这个条件下,地主可继续不纳赋税。

假设一切商品均依利润税比例而提高价格,那即令公债利息无税,公债所有者亦将受影响。但若货币价值变动,诸商品价格得恢复原状,则公债所有者所可获得的货币利息依旧,购买商品所须支出的价格亦依旧。故利润税于他无干。

我们讲过,若课税仅及于某一制造家利润,他就会提高他货物的价格,期与其他制造家同样获利;若课税仅及于某二制造家利润,那两种商品的价格都会提高。如果大家承认这是事实,那么,假设本国供给货币材料的矿山可继续无税吧,那自然,一切制造家若都须输纳利润税,一切制造品价格亦就都会提高。但若货币或货币标准是由海外输入,一切物价,即不致腾贵。因为,物价要腾贵,必先有追加量的货币。① 如第五章所称,本国商品若甚昂贵,即无由换得追加量的货币。幸而,商品腾贵,决不能持之久远。商品价格太贵了,外国贸易必生变化。外货将乘机输入,国内昂贵物品却不能输出。因之,在一定期间,我们虽没有售卖,却将继续购买,结果,货币金块输出,至一切商品相对价格将近恢复原状之时为止。所以,据我看,说一国调剂有方的利润税,可使国货价格外货价格,恢复未税前原状,那真一

① 试进一步加以考察。若物价腾贵原因是赋税,不是生产困难,同量货物的流通,要不要较多货币呢?那还是一个疑问。假定 10 万卡德谷物,在某时某地,每卡德 4 镑出售吧。设当时因每卡德须直接纳税 8 先令,谷价腾至 4 镑 8 先令。我想,这时谷价虽增加了,但要流通这量谷物,并不需要更多货币。假设在每卡德 4 镑时,我购买谷物 11 卡德,后因课税,不得不减少消费,仅购 10 卡德。如是,我一样是支付 44 镑,实无需较多货币。实际,社会民众减少了 1/11 的消费量,而转给政府消费了。购买谷物所必要的每卡德追加 8 先令的货币,虽由农业家转给政府了,但政府又会把它用出来购买谷物。因之,实际上,这无异是一种现物税。我们并不需要追加的货币,即令追加,亦极有限,无注意必要。

点不错。

原生产物税、什一税、工资税、劳动者必需品税，均可提高工资减低利润。其影响虽有程度上的差别，没有性质上的差别。

机械发明，因可实际改进国内制造业，常有提高货币相对价值的倾向，因而鼓励货币输入；反之，一切赋税，因可妨碍制造家农业家，常有减低货币相对价值的倾向，因而鼓励货币输出。

第十六章

工资税

工资税，一定会提高工资，从而减低利润率。我们讲过，必需品税亦会提高必需品价格，因而提高工资。但必需品税会提高必需品价格，工资税却不。这是它们的唯一区别。所以，负担工资税的，是雇主。国债所有者、地主、一切其他阶级，都用不着负担。工资税全然是利润税。必需品税，却一部分是利润税，他一部分须由富有消费者输纳。工资税的最后结果，则同于直接利润税。

亚当·斯密说："第一卷，我已竭力说明下等工人阶级的工资，常受支配于两个条件，即劳动需要与食品平均价格。劳动需要或增或减，或无增减。劳动者的生计状态，须受这种需要决定。劳动需要，决定在什么程度，劳动者的生计状态，应当丰厚，在什么程度，应当贫苦，在什么程度，应当中平。此外，必须付给工人使能继续日常生活的货币量，又受支配于食品平均价格。劳动需要不变，食品平均价格又不变，直接工资税的结果，就是增加工资，追加额则略高于税额。"

关于斯密博士这种见解，布哈南君提出了两种反对意见。第一，他否认货币工资须受支配于食品价格；第二，他否认工资税，一定会提高劳动价格。关于第一点，布哈南君的论据[①]，如下："如上所述，构成劳动工资的，不是货币，乃是由货币购得的食品及其他必需品；在共同蓄积物中，劳动者应得部分，须按照食品及其他必需品的供给。若食品丰饶低廉，劳动者应得部分必较大；若食物稀少昂贵，劳动者应得部分必较小。他的工资，常常等于他应得的部分，不能更

① 第59页。

多。斯密博士以及许多其他作家,都说劳动的货币价格,须受支配于食品的货币价格,食品价格提高,工资必按比例提高。其实,劳动价格与食品价格,并无何等必要关系。劳动价格,乃受支配于劳动的供求比例。此外,我们又知道,食品腾贵,只是食品不足的表示,这时,因要使消费减少,食品腾贵,是自然之理。食品供给量减少了,消费人数却依旧,结果当然是每个人应得的部分缩小。劳动者的处境,自不能例外。因要平均分配这种负担,使劳动者消费缩减,食品价格方才腾贵。工资若随食品价格腾贵而腾贵,则在更稀少的共同蓄积物中,劳动者仍能支配同样大的数量。这样,自然就未免违反它自身的目的——起初,它腾贵食品价格以减少消费,此后,它又提高工资,使工人消费额依旧。"

布哈南君这种议论,在我看,似乎是真伪的混合。食品腾贵的原因,不过有时是供给不足,而布哈南君认为一定是供给不足。食品腾贵,本有许多原因,布哈南君却认为只有一个。在供给不足的场合,分配于同人数间的数量既已减少,每人所得部分,当然亦减少。这时,因要平均分担困难,缩减工人消费额,才提高价格。布哈南君说由供给不足而生的食品腾贵,有减少消费,减少消费者购买力的必要,无提高工人货币工资的理由——关于这点,我们当然让步。但我们不能因见供给不足是食品腾贵的一个原因,便像布哈南君,断言在供给丰富时,价格决无腾贵的可能——请注意,这所谓腾贵,不仅与货币相对而言,且与一切其他商品相对而言。

商品的自然价格,支配商品的市场价格,又受支配于商品生产的难易。但出产额的多寡,不必受支配于生产难易。现今耕作的土地,比较三世纪前耕作的土地,更差得多罢,生产更困难得多吧,但谁不相信今日出产额,远过于昔时呢?价格腾贵与供给增加,不仅可以相容,且常相伴而生。譬如,因课税或生产困难的原故,食品腾贵了,数量并未减少。这时,劳动的货币工资,便非腾贵不可。因为,正如布哈南君所云:“构成劳动工资的,不是货币,是由货币购得的食品及其他必需品。在共同蓄积物中,劳动者应得部分,须按照食品及其他必需品的供给。”

关于第二点——工资税会不会提高工资——布哈南君说:“劳动者领受了正当报酬,怎样能够因为付纳赋税,再向雇主要求呢?按诸人事,我们实在没有方法证明这个结论。劳动者既已领受工资,工资即归他保存,在可能范围内,无论他后来遭受了怎样的诛求,亦只有自认晦气。雇主既已支付正当工资,没有义务,再给什么补助。”布哈南君曾引录马尔萨斯《人口论》中一段名言,并极力称赞,但在我看,这段话,正好是他的反驳的反驳。其言如下:“未受干涉,遵循自然标准的工资,是一个顶重要的政治晴雨表。它可以表示食物的供求关系,又可表示消费量和消费人数的关系;就一般说(偶然事例除外),这个晴雨表,可明白表示社会需要多少人口。我讲过,要维持现有的人口数目,无论每次结婚必须生育多少儿女,劳动价格将在什么程度维持现有的人口数目,总应视维持劳动的实在基金如何而定。基金静止不变,就刚好足够;基金增进,就有多;基金减退,就不足。现今,我们不让工资增减自由,以为劳动价格,可随意由法庭判决。这真是再蠢没有。食品价格的提高,已表示谷物需要超过供给,现今,却为了要保持工人的原来生活状况,把劳动价格提高,那就无异使谷物需要再增加,然后大惊,说食物价格,还在腾贵。比如因看见晴雨表的水银,已升到快要大风雨的地点,偏用非常压力,要使它停在天晴的地点,然后大惊,说仍将大雨。我们这样的行为,不太傻了吗。”

“劳动价格,可明白表示社会需要多少人口。”维持劳动基金的现状,使劳动价格,恰足维持社会所需要的人口数目。若果真如此,倘若昔时工人所领受的工资,已不多不少,恰足供养必要人口,课税后,劳动工资就会不够了。劳动者养家的基金,将因课税而减退。这时,劳动需要既未减退,要劳动供给自如,又只有提高劳动价格,故劳动非涨价不可。

帽子麦芽,常因课税而涨价,这是大家易见的。它们所以涨价,因非涨价,即无从供给必要的数量。劳动亦然。劳动既须纳税,劳动价格必提高。因为,非提高劳动价格,必要人口即无法维持。布哈南君曾说:"倘若他的工资,真缩减至仅足维持生活的程度,他的工资就不能再有缩减。再缩减,他就不能维持他的族类了。"照他这种说法,他的主张,不正和我们相同吗?设想一国情况,不仅要使最下级劳动者族类得以维持,且要他们繁殖,他们的工资,就非受这个原则支配不可。倘若他们的工资,须抽去一部分赋税,以致所余,仅足维持他自身的生活,他们怎样能够按照必要程度而繁殖呢?

课税品若需要已减,供给却不能减,那价格当然不能按照课税比例腾贵。金属货币如果一般通用,其价值当然不能长期间因课税而按比例提高。因在价格腾贵时,供给不能急切减少,需要却是能够的。劳动工资,亦极受影响于这个原因。维持劳动的基金增减了,劳动人数不能急速随而增减。况在假设场合,劳动需要,尚未必减少,即令减少,亦不必与赋税成比例。布哈南君忘记了,在赋税名义上征收的财源,仍将以政府名义,用作维持劳动者的手段。这种劳动者,虽然是不生产的,但终当称为劳动者。倘有工资税而工资不涨,大家就会争雇劳动了。在这场合,资本家既无须担任赋税,他们雇用劳动的基金,即可依然存在,不变。同时,收取工资税的政府,却有更多雇用劳动的基金了。政府与人民,成了竞争者。他们竞争的最后结果,必然是劳动价格提高。被雇人数一如旧时,工资却增加了。

工资税的负担若是加在资本家身上,资本家雇用劳动的基金,便会减少。但同时,政府雇用劳动的基金却将增加。一增一减,程度恰好相等。所以,工资不致提高。对劳动的需要既依旧,资本家和政府的竞争亦没有了。政府抽得的赋税,若用以补助国外劳动者,如兵士水手等,而输往外国,那既不用作维持本国劳动的手段,劳动需要,自会减少，工资虽有税，仍不能提高。但能引出这种结果的，不限于工资税。消费品税、利润税、其他各种税，都能引出这种结果，都可减少国内被雇的劳动。又设想工资税竟无代价付给雇主，雇主雇用劳动的货币基金，即可从而增加，商品和劳动的数量，却不能从而增加。所以在这场合，雇主间的竞争，必致加甚。结果，这种税于雇主于工人，都不是损失。雇主须支付追加的劳动价格，劳动者又以工资税名义，把这个追加的劳动价格付给政府，最后由政府归还劳动的雇主。但我们不应忘记，赋税大都是浪费掉的，这种产物的取得，大都会牺牲人民幸福，减少资本，阻碍资本的蓄积。减少资本，又必致减少维持劳动的实在基金，从而减少劳动的实在需要。一般赋税既足损害国家的实在资本，减少劳动的实在需要，故不按税额提高工资，也许是工资税的结果，但不是必然的结果，亦不是特有的结果。

如上所述，亚当·斯密已充分承认工资税的结果，是提高工资，提高的程度，且至少须与税额相等。他又承认，最后（就令不是立即）负担工资税的，必然是雇主。关于这层，我们十分同意。但工资税以后究有何种影响呢？关于这一点，我们的见解，就根本不同了。

亚当·斯密说："直接工资税，虽可直接由劳动者付纳，但严格的说，且不能说是他垫付。税后，劳动需要和食物平均价格，若如同税前，就更可如是说。在这场合，赋税是由雇主垫付，惟雇主所垫付的，且较多于赋税。最后支付者为谁，却因情形不同而不同。譬如，工业劳动的工资若因课税而增加了，即须由制造家垫付，但制造家有权，且势须在他货物价格上，补偿这个负担，此外，还须取些利润。又譬如，农业劳动的工资若因课税而增加了，即须由农业家垫付。农业家所雇用的劳动者数既不曾减少，故非加投资本不可。因要收回这种追加资本与其普通利润，农业家所须保留的生产物部分，所须保留的生产物价值，都须较大，因之，付给地主的地租，便减少了。在这场合，追加的工资和农业家垫付工资应得的利润，终须由地主支付，与地租税消费品税比较，直接工资税还更能缩减地租，提高制造品价格。"[①]这段话，断言农业支付的追加工资，终须转嫁于地主，而减少地租。由制造家支付的追加工资，终须转嫁于消费者而提高制造品价格。

设有一社会，内有地主、制造家、农业家、劳动者。劳动者所纳赋税，有人允代补偿。但由谁补偿呢？不加在地主身上的那一部分，将由谁支付呢？制造家一定不支付。照亚当·斯密所说，他们的商品价格，既按工资追加比例增加了，则税后比于税前，他们的处境，还会更好。如果罗纱制造家、帽制造家、鞋制造家，各种制造家，均能按照10%的比例，提高他们商品的价格，以补偿自己的垫付；如果真如亚当·斯密所说："他们有权且势须在货物价格上补偿这个负担，此外还须取些利润。"他们所能支配的商品量，必无改于昔，他们不须支付任何赋税了。因为，在购买鞋帽时，罗纱制造家虽须支付追加价格，在售卖罗纱时，亦可领受追加价格。帽制造家鞋制造家的处境，亦是这样。一切制造品的购买，一样便利如昔。加之，谷物价格不涨(这是亚当·斯密的假定)，购买谷物的金额却增加了，所以他们不仅不受这种赋税之害，且受其益。

照亚当·斯密所说，劳动家与制造家既不支付这种赋税，农业家又将由地租减低而得补偿，地主就不仅要单独负担全部赋税，且须出钱，使制造家获得更多的利润了。但要做到这样，必须具备一个先决条件，即：国内一切制造品，都由地主消费。因为，加在全制造品上的追加价格，须略多于原加在工业劳动者身上的赋税。

但毛织业者、帽制造家，一切其他制造家，不免要互通有无；各种劳动者亦不免消费肥皂、罗纱、鞋子、蜡烛，及其他各种商品。所以，这种赋税，不能全部由地主负担。

---

① 第3卷第337页。

如亚当·斯密所述，在征收工资税时，制造品价格必提高。亚当·斯密这话如果正确，劳动者要全然不担负赋税，工资提高，就不仅须够补偿这种赋税。必要制造品既已腾贵，工资自不得不按比例提高，以补贴劳动者。必要制造品腾贵，可影响农业劳动，故照亚当·斯密理论推下去，又为降低地租的原因。制造品价格再提高，再可影响工资，一次影响，一次反应，由工资影响到制造品，由制造品影响到工资，这种互相的影响，可扩延无穷。支持亚当·斯密理论的论据，竟引出了一个这样滑稽的结论。这种理论的谬妄，就无待详辩了。

在社会进步生产困难加甚时，地租增加，必需品价格腾贵，固可在利润和工资上，引出许多影响；工资因课税而提高，亦可引出同样的影响。工人和雇主的享乐手段，会同样因工资税而削减。但能引出这种结果的赋税，又不仅是工资税。一切赋税，都可减少维持劳动的基金，故若数额相等，结果亦必相等。

亚当·斯密第一个错误，在于他假定农业家支付的赋税，全可由缩减地租而转嫁于地主。关于这点，我曾加以极详细的说明。我相信，我的说明，或能使读者满意。我以为，任何社会，都有一种不纳地租的土地，社会上的资本，有许多是投在不纳地租的土地上，支配原生产物价格的，又就是这种资本产出的结果，所以在这场合，地租实无从缩减；垫付工资税的农业家，决不能因减扣地租而得补偿，他要得到补偿，只有提高原生产物价格。

工资税若以不平等比例落在农业家身上，他自然会提高原生产物价格，使自身处境，不较劣于其他职业家。工资税若以平等比例落在各种职业家身上，农业家即不能由原生产物腾贵而得补偿。因为，农业家虽可借口于此而提高谷物价格，罗纱制造家亦可以此为借口，而提高罗纱价格，各个制造家都可借口提高各自制造品的价格。

各自制造品的价格，既均可借口提高以补偿各自的垫付，且可从中取一部分利润，谁将为纳税者呢？若如此，工资税殆无支付的可能。

我希望，我已经说明——能使工资提高的一切赋税，都将由缩减利润而支付。事实上，工资税就是利润税。

我曾叙述工资和利润的分配法则。这个原则，在我看，是很可靠的，若不问其直接结果，利润税和工资税，简直没有区别。征收利润税，或将改变维持劳动基金的增加率。非如是，工资将见过高，工资和维持劳动基金，会太不相称。征收工资税，使工资过低，工资和维持劳动基金，亦会太不相称。在前一场合，要恢复工资和利润的自然平衡，须减落货币工资；在后一场合，却须提高货币工资。工资税决不会落在地主身上，那非落在利润上不可。工资税决不使"制造家有权且势须在货品价格上补偿这个负担，此外还须有些利润"。事实上，他不能提高制造品价格。他所垫付的工资税，毫无补贴。[①]

工资税的结果，若如我所述，斯密博士的非难，就不应该了。关于这种赋税，他说："据说，这一类赋税，因可提高劳动价格，结局，把荷兰大部分制造业破坏了。在米伦尼、在艮诺亚、在莫德纳公国、在拔尔马、在蒲勒孙灵、在加斯台拉、在诸教会国，都曾有过这种赋税，不过较轻罢了。有一位法国著作家，曾提议以这种最有害的赋税，来代替一切其他赋税，自称为改良财政方案。这正如西色罗所说，'最不合理的事情，有时亦有几个哲学家主张'了。"别地方，他又说："必需品税，既可提高劳动价格，必致提高一切制造品价格，结局，会减少它们的销路和消费额。"这种非难，实则不应当。即令斯密博士的原理正确，工资税亦不应受这种指斥。姑认工资税提高制造品价格，为

① 关于这点，萨伊君的意见，似乎不能免俗。论及谷物，他说："它的价格，可影响一切其他商品的价格。农业家制造家商业家所雇用的工人既有定数，这些工人所消费的谷物又有定量。谷物价格腾贵了，他们就不得不按同一比例，提高他们生产物的价格。"——第1卷第255页。

实有之事,亦只是暂时的,决不能阻碍我们的国外贸易。如果有一种原因可提高少数制造品价格,这几种制造品的输出,当然不免受到障碍。但工资税的影响,是普及于一切制造品的,所以只是名义上的影响,既不能扰乱它们的相对价值,亦不缩减物物交换(一切贸易,无论国内国外,其实都是物物交换)的动机。

我讲过,若有某原因,可提高一切商品价格,其结果必类于货币价值跌落。货币价值跌落了,一切商品价格必腾贵,若货币价值跌落的影响,限于一国,则由货币价值跌落而生的商品腾贵,比较由一般课税而生的商品腾贵,将以同一方法,影响其国之国外贸易。所以,研究独一国货币价值跌落的结果,即是研究独一国商品腾贵的结果。亚当·斯密亦很知道这二场合的类似,曾始终一致,说禁止货币输出,使货币价值跌落,于西班牙工业和国外贸易,非常有害。他说:"但若银价跌落,是特殊国情或特殊政治制度的结果,且仅发生于一国,则其事极可注意。这种现象,实际上,不能使任何人更富。却将使一切人更贫。独一国一切商品的腾贵现象,必多少摧残本国各种工业,使外国比较本国,能以较少量的银,供给各种货品,使本国不仅在外国市场上,而且在本国市场上贴本售卖。"①

一国用强制手腕,使银量过多,致银价低落,将引出一种损失,我想,亦只有一种损失。关于这损失,亚当·斯密的解释甚好。倘若金银贸易自由,"则运往国外之金银,决不能无所报酬,换言之,一定会换回某种价值相等的货物。那种货物既不能纯粹是奢侈品,亦不能纯粹是游惰者的消费品(所谓游惰者,是只消费不生产。他们的实际财富与收入,不由金银过分输出而增加,他们的消费,亦不因金银过分输出而增加)换回来的,也许大部分是,至少有一部分是雇用工人维持工人的物品如原料工具食物。工人虽亦消费,但能再生产他消

① 第2卷第278页。

费掉的价值，此外，还有利润。如是，社会死资本的一部，将变成活资本，来推动较大量的工业劳动”。

在贵金属贸易不自由的地方，由赋税及贵金属流入而生的商品腾贵现象，使社会上一部分死资本，不能变成活资本，使大部分工业劳动，无受雇可能。但这是弊害的全部。这种弊害，在金银输出自由的地方，不致发生。

两国要行平价的兑换，就都须有足够的货币量流通。若贵金属贸易完全自由，货币输出不另抽税，国际间即能平价兑换。在贵金属贸易完全自由且一般通用的场合，货币运输，虽需费用，两国间的兑换，仍可离平价不远，至多，不过差这个运输费。这原理，我相信，已无驳斥余地。若一国通用不能兑现的且不受固定本位货币调节的纸币，这国的兑换，便当按照现有货币量超过应有货币额（一般贸易所应有的货币额）的程度，而与平价相差。但请注意，这所说的，尚有附带条件，即在这国，货币须贸易自由，用作货币或货币本位的，是贵金属。

假设按照商业的一般活动，英格兰应有 1000 万重量有定质料有定的纯金镑，发行 1000 万纸币，可毫无影响于兑换。若滥发纸币，使流通中有 1100 万镑纸币，在国际兑换上，英国便须贴水 9%；若有 1200 万，便须贴水 16%；若有 2000 万，便须贴水 50%。但我们又须知道，要发生这个结果，不一定要滥发纸币。贸易如果自由，用作货币或货币本位的，如果是重量有定质料有定的纯粹贵金属，流通的货币量，自能有定。但若有某种原因，使我们流通中的货币量过多，则由这原因，结果必与滥发纸币同。假设因削剪货币故，每镑内含之金银量，已不按法定比例，则比较不削剪的地方，这里非有更多金镑流通不可。若每镑均铰去 1/10，流通中应有的货币量，就不是 1000 万，应该是 1100 万；若铰去 2/10，流通中应有的货币量，就是 1200 万；若铰去一半，2000 万亦不觉过多了。因之，本应有 1000 万货币的，现今有 2000 万了。英国各种商品，不免要提高一倍；在兑换上，英国不免要补水 50%。但这情形，不致妨碍国外贸易，亦不致妨碍任何商品的制造。英格兰罗纱每匹，虽由 20 镑涨至 40 镑，但仍可自由输出。外国购买者，可在汇兑上取得 50%的补贴。他以 20 镑购得的汇票，可还清 40 镑英国债务。同样，值 20 镑的本国商品输往英国，虽可售得 40 镑，但他所得，实际仍为 20 镑。在英国买得的 40 镑汇票，在本国只能兑换 20 镑。总之，英国一般商业活动，若只需 1000 万镑，那无论是什么原因使货币量增至 2000 万，结果都是这样。所以，禁止贵金属输出而使货币量增加的荒谬法律，即令实行，亦不致妨碍英国制造业。汇兑将从此不能平价收授。英国商品须以高价出售，外国商品亦然。商品价格的腾落，无干于外国输出者输入者。输出者虽以高价售卖自己的商品，但在汇兑上，须补贴英国人；输入者虽以高价购买英国的商品，但在汇兑上，又可得英国人的补贴。禁止金银出口，使本国货币过多的法律，只能引出一个不利结果：即，有一部分资本，将不能投在生产事业上，致成为不生产的。货币形式上的资本，不能生产任何利润，只有换成原料机械和食品，才有提供收入的可能，才有增加一国财富和富源的可能。因此，我希望，像我上文所述，已足证明，因课税而生的贵金属价格低贱，或一般商品价格腾贵之情事，决无不利于国家。一部分贵金属，必因而输往外国，结果，贵金属价格再提高，一般商品再跌落。即令不输出一部分贵金属，然因兑换不能平价之故，仍可抵消商品腾贵的结果。必需品税工资税，既不提高一般商品价格，我们从这个立场加以非难，已经是无的放矢；即令它们会提高一般商品价格，我们亦不能从这个立场，指出它们的害处。反对这两种赋税的理由，亦同样可用以反对其他各种赋税。

如上所述，地主实可免去工资税的负担了。但其间有一附带条件。如果他亲自雇用了劳动，如园丁仆役，就不免要受影响。

说“奢侈品税，不会提高非课税品价格”，当然不错；说“必需品税因将提高工资，必致提高一切制造品价格”，却未免失当。说“奢侈品税的最后支付者，即是课税品的消费者，它将不分彼此，按消费额，加在劳动工资，资本利润，和土地地租上”，当然合理；说“必需品税，因可影响贫穷劳动者，所以，这种赋税，一部分将由地租缩减而终归地主支付；一部分将由制造品价格腾贵而终归富有消费者负担”，这话就未免不确。因为，影响于劳动贫民的必需品税，大部分终须由资本利润减少而支付，小部分则将由劳动者自己支付，因劳动需要，势必因而减少。但这不足为必需品税病。一切赋税，都不免有这趋势。

关于这一类赋税的结果，斯密博士的议论错了。由这种错误的意见，引出了一个结论，说：“中等上等阶级的人民，如果自觉了自己的利害，就应反对必需品税和工资税。”他的理由，是：“这两种赋税，最后，常以过重负担落在他们身上。加在地主身上的，尤重。[①] 他们每每以二重资格支付这种赋税，第一，以地主资格，减少地租；第二，以富有消费者资格，增加用度。德克尔爵士以为有几种赋税，对于某几种商品的价值，有时，竟重复累积至四五倍。这种议论，就必需品税而言，完全正确。譬如在皮革价格内，你不仅须付皮鞋上皮革的赋税，鞋匠手中的皮革税，你又须支纳一部分。雇工既须消费食盐、肥皂、蜡烛等物，这些商品又须纳税，所纳的，你亦须负担一部分。食盐制造家、肥皂制造家、蜡烛制造家，既须消费皮革；皮革纳的税，你又不得不支付一部分。”

亚当·斯密既不曾假定皮革制造家、食盐制造家、肥皂制造家、蜡烛制造家等，将因皮革食盐肥皂蜡烛等课税而得利；又不曾假定政府所得，更多于人民所纳，那吗，无论赋税落在谁身上，公众所纳的，亦决不会较大于国库所得呀！富裕消费者代贫穷消费者支付赋税，

---

① 这话不确。这种税，不大会影响地主和公债所有者。

虽为可能之事、实有之事，但他们所支付的，决不会较大于课税的总额。并且，说“赋税可重复累积至四五倍”，亦是不尽情理的话。

赋税制度，有时因有缺陷，不免使人民所出，超过国库所入。赋税方法不适当，即可影响物价，使人民所出，一部分归少数受惠阶级收得。这样的赋税，当然有害，应当反对。公平赋税的征收，须符合于亚当·斯密第一赋税原则，即，使人民所出，等于国库所入。萨伊说：“有提倡不征收赋税，充实国库的财政计划的，那除非有经商企业的性质，不然，政府所出，没有不出自人民或政府自身。我们不能点石成金，无中生有。无论方法如何，形态如何，我们取得价值，只有两个方法，非创造，即取诸他人。最好的财政计划，是消费少；最好的赋税制度，是数额小。”

亚当·斯密始终一贯，说劳动阶级无实际贡献国家经费的能力。我想，这是不错的。必需品税、工资税，须由贫民转嫁富人。但亚当·斯密因见这种现象，便说“有几种赋税，对于某几种商品的价格，有时竟重复累积至四五倍”，我却认为不当。

设每个富有消费者应负担 100 镑赋税。如果赋税是加在收入上，加在葡萄酒上，或加在某种奢侈品上，他就是直接支付这个额数。如果赋税加在必需品上，他虽只须直接负担 25 镑(因为他家里，仅须消费那么多的必需品)，但在购买他种商品时，已须加付价格。为补偿垫付赋税的工人或雇主，价格提高，使他所付纳的，仍为 100 镑。如是，倘若人民所纳，不更多于政府所需，则直接支付(支付奢侈品税)，于富有消费者何利？间接支付(支付必需品税和消费品的追加价格)，又于富有消费者何损呢？若人民所出，不更多于政府所入，富有消费者所出，亦仅为其应出之一份而已。若更多，亚当·斯密应指出谁人领受。他全部议论的根据，都错误了——商品价格，决不因必需品税工资税而腾贵。

本书曾引录萨伊氏的名贵原则。他的主张，似乎不能一致。次一页论赋税，他就说："若过甚，将引出极可悲悼的结果，他将剥夺纳税人一部分财富，而无补于国富。倘若我们知道各人的消费力有限，而限制各人消费的，又就是各人的收入，我们要了解这个道理，决不甚难。收入被剥夺了一部分，消费亦必按比例缩减一部分。因之，对商品，尤其是对课税品的需要减少。需要减少，生产亦必减少，因而，可抽税的商品亦减少。纳税人将失去一部分财富，生产者将失去一部分利润，国库将失去一部分收入。"

萨伊君举法国革命前的盐税作例。他说，这种盐税曾减少食盐生产额的一半。但是，食盐消费量减少了，用以生产食盐的资本，不亦会减少吗？食盐生产事业的利润虽减少，生产者尽可生产他物，以获取追加利润呀。倘若一种赋税仅仅落在收入上，不落在资本上，那无论怎样减少，结果亦非需要减少，仅为需要的性质改变。昔归纳税人消费的生产物，今因课税故，有一部分须归政府消费。不夸张，其弊亦已甚大。我的收入若每年为 1000 镑，纳税 100 镑，我个人所能需要的商品量虽仅等于昔时 9/10，其余 1/10，却将改由政府消费。若课税品为谷物，我个人对谷物的需要，且不必减少。我也许情愿多出 100 镑。若课税品为葡萄酒、家具，或其他奢侈品，我虽将减少需要，但投在此等生产事业上的资本，又将转投以制造政府需要之物。①

土哥特君减收鱼税一半。萨伊说他不曾减少鱼的生产额，鱼的消费额却加倍了。根据这种观察，萨伊说，渔人鱼贩的利润，必定加倍了，国家收入，又必定随利润增加而增加了；这既然是蓄积的鼓励，

---

① 萨伊说："课商品以赋税，将提高商品价格。商品价格每增加一次，有购买力的人数必减少一次，至少，亦必致减少消费者的消费额。"但这不是必然结果，若课税品为罗纱、为葡萄酒、为肥皂，结果或可如此。若说面包消费额，将因课税而减少，就不足信了。

必定增加了一国财源。[①]

我们应不应该这样改正赋税制度呢？在我们这样发问以前，请先问一问，这种改正，能否鼓励蓄积吧。渔人鱼贩的利润若因鱼消费额增加而增加一倍，原投在其他职业上的资本劳动，必转投到这种职业上来。但是，渔业的利润虽较大，其他职业却亦未尝无利可图。转业的结果，必须抛弃原业利润无疑。是故，国家蓄积力的增进，只能按照比例于新业利润对原业利润之差。

无论赋税加在收入上，抑是加在资本上，均足减少一国课税品的数额。若因须纳税 100 镑，我不再用 100 镑购买葡萄酒，那吗，在课税品表格上，便须撤去 100 镑价值的货品。国内个人的收入若为 1000 万镑，课税品价值，至少亦必等于 1000 万镑。倘因赋税之故，有 100 万镑，须移归政府消费，收入名义上虽仍为 1000 万镑，课税品价值，实际上，却只有 900 万镑了。无论如何，赋税的最后支付者，必因课税而缩减自己的享受。他们要增进自己的享受，只有蓄积新的收入。

赋税要平均加在各种的商品上，以同一比例影响各种商品的价格，使其相对价值不变，哪怕是永远不能。其间接影响，往往出乎立法者意料。我们知道，谷物税原生产物税，在货币出在本国的场合，必按各商品内含的原生产物成分，提高各商品价格，因而破坏诸商品间的自然关系。此外，还有一个间接结果，是提高工资，减低利润率。我们前面讲过，工资增加利润减少的结果，是减低一类商品的货币价格，因为这一类商品的生产，曾使用较大比例的固定资本。

商品课税，不利输出，这是大众知道的。故在输出时，每偿以回

---

① 这位作家，还有一段话是错误的。他说："若课棉以重税，以棉为原料的制造品，必致减少。制造棉花，若可使本国棉花的总价值，每年增加一万万法朗，那吗，若课税结果，竟使消费额减半，结果，必致每年夺去五千万法朗，归政府支配。"

税，输入时每课以入口税。[①] 这种回税与入口税，若能准确加在原商品及一切受间接影响的商品上，贵金属价值，即可不致变乱。课税后，一样能够自由输出商品。且因商品输入，无特殊便利可言，贵金属不致输出过甚。

在生产上，得自然助力或人为助力，而有特殊便利的商品，最宜于课税。就对外关系说，限制这类商品价格的，与其说是投下的劳动量，无宁说是购买者的癖好趣味和资力。譬如，英格兰因天然锡矿丰饶，棉业机械优良，所以在这国，支配锡制品棉制品价格的，虽是生产它们所必要的比较劳动量和比较资本量，我们的商人，虽因互相竞争，不能过于提高价格，但这商品的生产，既然如此便利，所以，即令在外国市场上大提高价格，亦可不致实际减少商品的消费额。何况，在国内竞争自由时，商品价格不易大提高呢！至若由出口税而提高的追加价格，自然要由外国消费者支付。这种出口税，自然要全部落在外国消费者身上。因之，本国政府经费的一部分，可出自外国。英国人民今日付纳的，而用以补助英国政府经费的茶税，若由中国在输出时征收，即可成为中国政府经费的补助。

奢侈品税，当然较优于必需品税。奢侈品税，大都出自收入，不致减少国家的生产资本。若葡萄酒价格因课税而大增，人民也许情愿不饮葡萄酒，不愿侵蚀生产的资本。奢侈品税的支付与价格的支付同时，纳税人也许不觉得自己纳了税。但奢侈品税亦有不利之点。第一，这种赋税，永远不能侵及资本，但有时，公众急需，资本亦不应推诿纳税的责任。第二，这种赋税，甚至有时不能侵及收入，故无定额。譬如，一个专心贮蓄的人，不吃葡萄酒，即可不纳葡萄酒税。因之，国家收入虽未减少，但要由赋税方法征收他一文，亦不可得。

幸而，习惯已成，决非一朝一夕所可改易。要改易，非吃苦不可。

---

① 回税、入口税，即出口退税、进口关税。——编者注

所以,无论赋税重到怎样,消费惯了的东西,终须继续消费。但这种痛苦,是有限的。据日常经验所示,税额名义上的增加,亦往往会减少收获。一瓶葡萄酒的价格,涨至 3 先令,甲或许依旧消费同量的葡萄酒,但若涨至 4 先令,他或许会不情愿。乙愿出 4 先令,但也许不愿出 5 先令。其他奢侈品税,亦可如此说。许多人愿支付 5 镑赋税来养马寻乐,但不愿 10 镑 20 镑。他不是不能多付,他是不愿多付。每人心中都有一个标准,来评判享乐品的价值。惟各人心中标准之不同,有如人之性。有一个国家的财政地位,因施行错误国债政策,实行错误课税方法,而陷于困难,外表上看,却似乎困难的原因,是奢侈品税的征收。其时,有一位大臣,既试行各种奢侈品税,征收富家各种娱乐品税,忽然想到,要征收直接税如收入税与财产税。他完全忘记了萨伊氏的金言:“最好的财政计划是用费少;最好的赋税制度是数额小。”

第十七章

对原生产物以外诸商品的赋税

谷物税，会提高谷物价格；对任何其他商品的赋税，亦会提高那商品的价格。其理相同。商品价格提高之额，若不等于税额，课税后，生产者即将无法获取原利润。结果是转移资本，改营他业。

若货币价值不变，任何商品（无论是必需品抑是奢侈品）的赋税，都会按照税额，提高它的价格。[①] 工人必需制造品的赋税，在利润上和国外贸易上的结果，同于谷物税（因谷物不过比较更为重要，比较更为工人所需）。但奢侈品税，除了提高奢侈品价格，即无其他影响。这样的赋税，须全部落在消费者身上，既不增加工资，亦不减少利润。

一国度支，是从生产工业课税，而以大部分维持不生产的工人。国家经费节省一分，纳税人收入（即令不是资本）即增加一分。倘战争一年，须借款2000万，一国的生产资本，即须减少2000万。每年偿付国债利息，虽须征税百万，但这百万，不过由纳税人移至国债所

① 萨伊说："一个制造家，不能把自纳的商品税，全部转嫁于消费者，因价格提高，将减少消费额。"真是这样吗？消费额减少时，供给额不亦会立即减少吗？制造家的利润，既已低在普通水平线下，他为什么要始终经营这种职业呢？萨伊在这里，似已忘记他自己的原则，即"决定价格的，是生产费；商品价格，不能长久跌在这个价格之下。若果跌在这个价格之下，生产不是停止，就是减少"。（第2卷第26页）

"在这场合，一部分，赋税落在消费者身上，因商品价格提高了；一部分落在生产者身上，因课税后，他的收入必减少。但是，购买者多付价格，生产者少得利润，正是国库的利得。像火药一样，一方面在枪弹上发动，使枪弹射出，又一方面在枪身上发动，使枪身反冲。"（第2卷第333页）

有者。真正的费用是2000万,不是逐年支付的利息。[①] 付利息,不足使一国贫穷,不付利息,不足使一国富裕。政府若立时以赋税名义征收2000万,不发行公债,这国每年固然不必为清付利息而抽取100万,但收付的性质,不因而改变。个人虽可不必每年支付100镑,但须一次缴清2000镑。他所缴付的款项,或竟不出自一己的基金。他也许宁愿向人借2000镑,每年付以利息100镑。在这场合,收付是甲乙二人的私事;在前一场合,甲须付乙利息,政府为之保障。在甲乙二人私相授受的时候,用不着政府登记。甲是否履行契约,是否每年支付利息,政府尽可不问。一般说,国家当然希望这种契约的履行,但就国富的立场讲话,国家所要问的,却仅仅是——甲乙二人,谁最善利用这100镑。但关于这问题,国家既无权决定,亦无能决定。甲浪费,乙以之投在生产事业上,是可能的情形;乙浪费,甲以之投在生产事业上,亦是可能的。仅就财富的立足点说,付与不付,本无分别;但就正义诚信的立足点说,国家就非干涉不可。法庭不得不强制甲履行契约。国家保障的债务,亦如是。就正义诚信的立场说话,国债利息,须继续支付,因之,曾为公共幸福而垫付资本的人,得享正当权利。

我们不能断言政治正义的牺牲,能否换得政治上的利益。我们亦不敢断言,支付国债利息者,比较收受国债利息者,能否把国债利息的价值,投在更有利的用途上。取消国债的结果,一个人的收入,

---

① "麦伦说,国债只是右手欠左手的债,不致损害身体。这是真的,一国财富,决不因支付国债利息而减少。利息的价值,不过由纳税人移归国债所有者。消费这种价值的,蓄积这种价值的,无论是国债所有者抑是纳税人,社会无过问必要。但是借贷的母本呢?——到什么地方去了?那已化为乌有了。随借款而起的消费,已经把这种资本消灭,使它永远不能有所收入了。所以在这社会内,被剥夺的,不是支付的利息,只是被破坏的资本的收入。借给政府的资本,若由出借者投在生产事业上,定可提供一种收入。这种收入,乃得自实在的生产,非得之于别个公民的钱袋。"(见萨伊第2卷第357页)这段话,完全合乎科学的真精神。

由 1000 镑增至 1500 镑，别个人的收入，却由 1500 镑，减至 1000 镑。这两个人的收入，现今等于 2500 镑，从前亦等于 2500 镑。倘若国家只以抽税为目的，那无论在何场合，课税的资本额收入额，必依旧无疑。一国不因支付国债利息而困穷，亦不因这种支付的免除而得救。增加国家资本的方法，只是收入的储存和支出的节省。但收入不能由取消国债而增加，支出不能由取消国债而减少。一国穷困的原因，是政府和人民滥费，是政府和人民负债。因之，一切促进公共经济私人经济的办法，都可救济公众的穷困。有人以为，把国家的困难负担，从社会某阶级肩上，移到别阶级肩上，即可除去国家困难。这真是错误幻想。对于国家困难，各阶级都应负一部分责任。

据上所述，借债当然不是筹办国家非常经费的最好办法。它蒙蔽我们，使我们不知节省，不知道自身的实在境遇。假设每年战费为 4000 万镑。为筹一年战费故，每人每年应纳税 100 镑。在这场合，他会竭力在收入方面节省 100 镑。但在借债的场合，他每年仅须支付这 100 镑的利息，每年只须支付 5 镑。他以为，他能在支出方面，随随便便，省下这 5 镑，自己还是一样富有。这一国的人民，因有这样的思想行为，结局，仅知节省 4000 万镑母本的利息或 200 万镑。如是，他所损失的，不仅是 4000 万镑投在生产事业上的利润，而且是 3800 万(即其节省额与支出额之差)。所以，在国家有非常用度时，让各人借各人的债，以贡纳各人应纳的赋税吧。战争停止，赋税亦停止；价格的自然状态，可立随而恢复。战时，甲既向乙借款，战后，甲就在自己的基金内，抽出一部分付乙，作为利息。但这于国家，无所干涉。

负债累累的国家，必致陷入不自然的地位。赋税的增积和劳动价格的提高，除了引起纳税的困难以外，虽不致，我相信不致，陷本国于怎样特别不利的状态，但纳税人没有一个不愿把纳税负担，从自己肩上移开，转嫁于他人。于是，有一种不可避免的引诱，教他迁往外国，以避免这种负担。这于国家，实在是一个困难。陷在这种困难中的国家，最好牺牲一部分财产，先把债务偿清。对个人，对国家，这都是贤明的办法。设某甲有 10000 镑，每年可收 500 镑。若在这 500 镑中，每年须纳税 100 镑，以支付国债利息，那他所有的，其实只是 8000 镑。每年支付 100 镑，比于一次牺牲 2000 镑，在他看，实在没有差别。说到这里，你会问，大家都出售一部分财产，哪里去找顾主呢？答覆是很明白的，国债所有者正要找投资的地方，他有钱，愿借给地主制造家，愿购买他们正待出让的财产。这种计划，常为人所推赞，惜未被人采纳。不过，无论怎样，和平时节，我们终当不断努力偿清战时债务。我希望，躲避目下穷困的心思，不会使我们忘记这个远大的目标。

减债基金若不生于岁入超过岁出，即不能达到减少债务的目的。很抱歉的，我国减债基金，徒有其名，因我国岁入，不超过岁出。我们应该用经济方法，使名义的减债基金，变为实在有效的减债基金。在未来战争爆发时，我国债务若尚不能减少，结果非战争全部费用，须由逐年赋税抵还，即在战争完后（即令非在战争期中），陷于国民破产的地位。这并非说我们已不能再加赋税。大国的资力，难于限量。但在永续课税形式上，个人愿意付纳的价格，却确有个限度。逾此限度，他就不愿住在祖国了。[①]

商品的独占价格，是消费者愿出的最高价格，商品有独占价格的先决条件，是数量无法增加，售卖者方面无竞争，竞争只发生于购买者方面。一个时期的独占价格，比较于别个时期，可极不相等，因购

---

① “就一般说，信用是好事。赖此，资本可从不生产者转归生产者，可离开仅有利于资本家的用途，如投资于国债，转投在工业家手上，而成为生产的。它使一切资本有用，没有歇闲的。”（萨伊《经济学》第 4 版第 2 卷第 462 页）这是萨伊的错误。公债所有者的资本，决不能转而为生产的。——这，其实不能称作资本。出售公债券者虽可换得生产资本，购买公债券者，却将投资于不生产事业。

买者方面的竞争情形,须受支配于他们的资力嗜好。特殊葡萄酒,因产量有限,特殊艺术品,因珍贵稀少,故有异样价格。交换这种产物,究须以若干普通劳动的生产物呢?那须看社会的贫富雅俗,和这种产物的产额。交换比例,可极多样。独占商品的交换价格,原不受支配于其生产费。

原生产物不能独占。大麦小麦的市场价格,均受支配于其生产费。这情形,无异于制造品(原生产物和制造品的唯一区别,是:支配谷物价格的,是投在农业上那部分无租的资本,投在制造业上的各资本部分,都不须纳地租,各部分的结果一样,所以都是价格的定素)。它们都可由加投资本于土地,而获得追加量的供给,故不能有独占价格。不仅购买者一方有竞争,售卖者方面亦有。但珍贵葡萄酒的生产,珍贵艺术品的生产,却不适用这个规则,它们的数量不能增加。限制它们的价格的,是购买者资力的大小和意愿的强弱。生产那种葡萄的土地,有限得很;他种土地,又不能与之竞争,故其地租可超出一般限度。

一国谷物和原生产物,虽可暂时在独占价格上出售;但它们要保持独占价格,其先决条件,当为土地已不容再加资本,虽再加,亦必毫无利益。收获已到无可再加的地步。这时,一切土地,一切投在土地内的资本,将各视报酬多寡,而提供数额不等的地租。这时,加在农业家身上的一切赋税,均将转嫁于地主,而落在地租上。这不能转嫁于消费者,因为,如我所假设,谷物价格已达最高限度,不能再加。但农业家又不愿利润较低于他人,所以,如果不能减扣地租,他就会停止耕作。

布哈南君因见谷物原生产物可供地租,便说它们有独占价格。他假定,一切可生地租的商品,必有独占价格。因此,他以为一切原生产物税,均将落在地主身上,不落在消费者身上。他说:“谷物价格,常须提供地租,不受支配于生产费。追加的生产费,应出自地租。

生产费的增减，结果不是价格的腾落，只是地租的腾落。由是观之，农仆税、耕马税、农具税，都可说是土地税。租期内，这种负担虽落在农业家身上，契约更新，即须落在地主身上。同样，使农业家减省费用的农具改良（例如打谷机刈禾机的改良），使产物较易上市的一切设施（例如良好道路运河桥梁），虽都可减少谷物的原费，但不能减低谷物的市场价格。总之，由这种改良而节省下来的东西，将作为地租部分，归于地主。"

这是很明白的，如果我承认布哈南君立论的根据——谷物价格，常须提供地租——亦当承认他的结论。那真会如他所说，农业家课纳的赋税，将落在地租上，不落在消费者身上；一切农业改良，都会提高地租。但事实决不如此。我曾说明，在一国土地未曾完全加入耕作，耕作方法尚未发达至最高程度以前，定有一部分投入土地的资本，不提供地租。这部分资本所生的结果，只分成利润与工资。支配谷物价格的，亦就是这部分资本的结果，不提供地租的谷物价格，当然要受生产费增加的影响；这种追加费用的支付，决不能出自地租。故生产费增加的结果，是价格提高，不是地租减少。[①]

亚当·斯密和布哈南君，虽承认原生产物税土地税什一税，均须落在地租上，非落在原生产物消费者身上，但他们都承认麦芽税将由啤酒消费者负担，不落在地租上。关于这点，亚当·斯密的议论，不期与我暗合，我不禁要请读者注意他的话：

"麦田与他种土地比较，若丰度相等，工事相等，则地租与利润，亦必大略相等。麦田的地租利润若较小，必有一部分麦田改种他物；若较大，则原种他物的土地，将移种大麦。如果某种土地生产物的普通价格，已然是所谓独占价格，则对这生产物的赋税，定会减少这土

---

① "制造家将按照需要，增加产额，以致价格跌落。但土地生产物不能这样增加；为防止消费超过供给，价格提高，乃为必要。"（布哈南第 4 卷第 40 页）但是，土地生产物的需要增加了，其供给真不会增加吗？布哈南君真能这样主张吗？

地的地租利润。珍贵葡萄园的产物——因不够应付实在需要，其价格常超在自然比例以上——若有纳税义务，其地租利润[①]，必致减少。葡萄酒价格，既已达最高度，故非减少数量，即不能提高。但减少数量，将引出更不利的结果，因为这种土地改种他物，一定不能产出同等的价值。于是，赋税负担，均将落在地租和利润上；实在说，是落在地租上。”——“但大麦的普通价格，决不能成为独占价格，麦田的地租利润(与丰度相等工事相等的他种土地比较)，决不能超在自然比例以上。加在麦芽啤酒麦酒上的赋税，决不会减低麦价，决不会缩减麦田的地租利润，对于酿酒家，麦芽价格的腾贵，常按照比例于麦芽税。这种赋税，以及啤酒税麦酒税，常有提高价格或减低货物品质的趋势，所以，这一类赋税，终须由消费者负担，而不由生产者支付。”关于这段话，布哈南君说：“麦芽税，不能减低麦价。出售麦芽所得，必须等于售麦(未泡芽的)所得。否则，市场上麦芽必致供不应求。要使供应于求，麦芽价格必须按课税额提高。但大麦价格为独占价格，与砂糖价格同。它须提供地租，它的市场价格，与原费无关。”

据布哈南君所见，麦芽税似将提高麦芽价格，但大麦(未泡芽的)税，却不会提高大麦价格；并且，负担麦芽税的，是消费者，担负大麦税的却是地主(因地租将缩减)。照布哈南君所述，大麦价格是独占价格，已达最高度；但由大麦做成的麦芽价格，却不是独占价格，故能按税额提高。至若麦芽税的结果面包税的结果究有怎样不同，布哈南君的意见，却未免自相矛盾。关于面包税，他说：“面包税的最后支付，不出自价格提高，而出自地租减少。”[②]但事实是，麦芽税会提高

① 我以为，最好把“利润”二字除去。照原文，亚当·斯密必须假定珍贵葡萄园租借者的利润，是超在一般利润率以上，或假定他们支纳的赋税，能转嫁于地主或消费者。都不行，那教他们怎样纳税呢？

② 第3卷第355页。

麦芽价格，面包税亦会提高面包价格。

萨伊君有一段议论如下。他立论的根据，与布哈南君相同。“无论赋税如何，一块土地出产的葡萄酒量或谷物量，总差不多一样。即令赋税取去土地纯收获（或地租）之半或3/4，但你如果愿意，还可为了其余半数或1/4的纯收获而耕作土地。地租不过减少一些。此中理由，非不可想像。在假设场合，从土地获得的生产量不变，送往市场的生产量不变，需求这种生产物的动机亦不变。

“所供给的生产物量与所需求的生产物量，既不因征税或加税而发生变化，这种生产物的价格必无变动。若价格不变，怎样叫消费者支付赋税呢？

“供给资本劳动的农业家，将与地主共同负担这种赋税吗？——当然不！课税的事情，未曾减少召租的田数，亦未曾增加农业家的人数。在这场合，供给需要，均未变动，农田的地租，当然亦不变动。食盐制造家（他只能以赋税一部分转嫁消费者）和地主（他全然不能把赋税转嫁他人）的例，证明了一切赋税终由消费者付纳说的错误。”①

如果“赋税取去土地纯收获之半或3/4”，生产物价格又不提高，那么，支付极轻地租而耕作劣地的农业家，如何能够获得普通利润呢？即令全免地租，他们所得利润，亦不及他种职业。所以，如果价格不能提高，他决不会继续耕作。赋税如果落在农业家身上，则愿租借田地者，势必减少；如果落在地主身上，又有许多土地，因无地租可得而不愿出租，并且，不纳地租的谷物生产者，又靠什么基金来支付赋税呢？所以，结局，这种赋税非落在消费者身上不可。像萨伊下文描写的那种土地，如何能以生产物之半或3/4，付作赋税呢？请读萨伊君的原文吧。

---

①　第2卷第338页。

“在苏格兰，我们见有一种瘠地，它们只能由所有主耕作。美国中部，有广大的肥地，其收入尚不足维持地主。那种土地虽在耕作，但耕作者必为地主。换言之，地租利润合起来，才够养活他自己。那若租给农业家耕作，决不能提供地租，故于地主毫无利益。这事实，证明了这样的土地，只能提供资本的和必要劳力的利润。”①

① 萨伊第2卷第127页。

第十八章

济贫税

原生产物税及农业家利润税，须落在原生产物消费者身上；因为，倘不能提高价格来补贴，他就不能获取普通利润，将移资本改营他业。这时，他不能由地租缩减而转嫁赋税于地主；因为，不纳地租的农业家与良田耕者比较，同样不能避免这种赋税。但同样影响于工业利润农业利润的赋税，则既不能影响制造品价格，亦不能影响原生产物价格。直接支付这种赋税的，是生产者，最后支付这种赋税的，亦是生产者。地租税，只落在地主身上，不能转嫁于他人。

济贫税，分得了这各种性质，在不同情况下，落在原生产物及制造品的消费者身上、资本的利润上和土地的地租上。这种赋税，若以特殊重量落在农业家利润上，即可影响原生产物价格。这种赋税，若同样影响于工业利润和农业利润，即可称为一般利润税，不能改变原生产物和制造品的价格。若赋税特别落在农业家身上，农业家又不能提高原生产物价格以补贴自己，那就会成为地租税，由地主支付。要知济贫税在特定期间内的作用，必先断定那期间济贫税对于农业家利润和制造家利润的影响是否相等，从而断定农业家能否提高原生产物价格。

据称，济贫税征自农业家，且按照比例于地租。因之，支付地租极少或全不支付地租的农业家，亦仅支付极微少的济贫税或全不付纳。倘情形真是这样，农业家支付的济贫税，便须全部落在消费者身上，不能转嫁于消费者。[1] 但我相信，实在情形，殊不类此。事实上，济贫税的多少，非按照比例于农业家实际支付的地租，乃按照比例于土地年产价值。至若年产价值所从出的资本，是属于地主抑属于租地人，却又在所不问。

设有农业家二人，在同一教区内，各租土地一块，品质不同。一最丰饶，每年 50 英亩，应付地租 100 镑；一最贫瘠，每年 1000 英亩，亦应付 100 镑地租。在这场合，如果甲乙二人都不改良土地，他们所纳济贫税额，自然相等；但是，倘若瘠地农业家，因见租期甚长，拟以施肥排水筑篱等方法，改良土地，使土地生产力增加，那他所须付纳的济贫税，就非按照比例于实际付纳的地租，而将按照比例于土地年产价值。济贫税多少不问，但不会由地主支付，却是定然的。租地人，事前，一定计算好了；生产物价格，若不足补偿一切费用，与追加济贫税额，他就不会着手改良土地。他既然着手改良，一定因为他能够提高谷物价格。所以，推论下来，在这场合，是消费者付纳济贫税。

如果改良土地的，是地主自己，地租即可由 100 镑增至 500 镑。但问题的性质，决不因而改变。负担济贫税的，依然是消费者。因为，地主所以愿改良土地，就因为他知道有追加地租（普通所谓地租）补贴。但要在地租名义上取得补贴，除了提高谷物价格或其他原生产物价格，即无他法。如果一切工业资本，同一切改良土地的资本，须在同一比例上纳济贫税，济贫税的对象，便是一切生产者的资本，非单独加在农业家资本或地主资本的利润上了。如此，济贫税既不能转嫁于原生产物消费者，亦不能转嫁于地主。农业家利润、制造家利润，将同时感受这种赋税的影响；农业家、制造家，都不能借这个理

---

① 原文如此。1962 年版《政治经济学及赋税原理》将这句话译为“农业阶级所支付的济贫税就会全部落在地主身上，而不能转嫁到农产品消费者身上”。——编者注

由，来提高商品价格。使资本转移的，不是利润的绝对跌落，只是利润的相对跌落。使资本从一用途撤回，而转投在他种用途上的，是利润之差。

我们必须承认，现今，落在农业家身上的济贫税，比较落在制造家身上的部分，事实上是更大得多；农业家所担负的，又将按照比例于他们实际的生产额；制造家所担负的，却仅按照比例于建筑物（工作所在）价值，不问其机械、劳动与资本，因此，农业家必须按照这个差额，提高他们生产物的价格，否则，他将宁愿撤回农业上的资本，改作他用。反之，设制造家负担的济贫税较重于农业家，制造家就可借同一理由，按照差额，提高他们制造品的价格。我们知道，在农业繁盛社会内，济贫税每以特别重量落在土地上。如是，支付济贫税的，一部分是投资家，因利润减少；一部分是原生产物消费者，因价格提高。在这状况下，这种赋税，有时竟有利于地主，不仅无害。瘠地耕者所纳的相对赋税额（所谓相对，是与收获量相对），若竟较多于肥地耕者，一般谷物价格的腾贵，将不仅足够补贴肥地耕者的赋税负担，而且有余。这种余利，在租期未满以前，虽由肥地耕者享受，但租期满后，即须移归地主。济贫税在进步社会的影响，便是这样。但在静止社会退步社会内，因资本不能从土地撤回；多抽一分济贫税以救济贫民，则在租期未满以前，农业家的负担就加重一分；租期满后，农业家虽可推脱负担，仍不过把负担移归地主。如果农业家投下的资本，在再订租约时，尚未消灭，那吗，即令利润降在普通水平线下，他也须按照土地新价值（由改良而得的新价值）纳税。投在土地上的资本，常与土地结合，不能移去。如果能够移去，土地年产价值减少了，济贫税当然亦会按比例减低。但同时，产额减少了，价格或将提高。如是，赋税即可转嫁于消费者，不必减少地租。但事实上，投在土地内的资本，决不能移去，至少有一部分不能，所以，按照这部分的比例，在租期内，须由农业家支付济贫税，租期满后，则由地主支付。如果济贫税竟以特殊重量落在制造家身上(实际当然不是如此),制造品价格,会立时提高,因为他们的资本易于改作他用。他们的利润,没有低在普通水平线以下的理由。[①]

① 本书前部,曾指示地租及地主资本报酬的差别,但未充分说明由投资方法不同而生出的差别。用以改良土地增进土地生产力的资本,有一部分一经投下,即无移去可能,故严格说来,这种资本的报酬,亦可称为地租而受地租法则的支配。无论支出这种资本的,是地主抑是租地人,在投资前,都一定预计好了将来的报酬,不致较少于一般资本利润。但有些资本的有效期间甚短,不能永久增加土地的生产力。譬如建筑物,以及常有消耗的改良。它们须常常修补,不能永续提高实际的地租。

第十九章

论贸易通路的突变

大工业国资本改业，暂时不免发生灾厄。一国对农产物的需要，不受影响于时尚癖好，故不易变动。要保持生命，食品是必需的；一切国家，一切时代，都需要食品。但工业情形，却不同了。对特殊制造品的需要，不仅受支配于购买者的欲望，且受支配于其嗜好。特殊商品的制造业，可因征收新税而破坏。战事影响，运输费保险费增加，亦可妨碍商品输出，使不能与外货竞争。在这情况下，这特殊商品的制造家，势须改业。在改业期中，他们不能避免损失与困难。

事变发生地，当然要受影响，商品输往之国，亦不免受其困难。一国无输出，即不能有输入；无输入，即不能有输出。若有某种障碍，使一国永不能照常输入外国货物，亦必致阻碍该国，使不能照常输出。该国生产物的总价值，虽不致有多少变动(因投下的资本相等)，但不能像先前那样丰饶而低廉。由资本用途的改变，确将引出不少困难。譬如，昔投 10000 镑，制造输出的棉织物，而每年输入丝袜 3000 双，值 2000 镑。今因国外贸易中断，不得不从棉业把资本撤回，用以制造丝袜。若资本全不损坏，我们生产的丝袜价值，或仍为 2000 镑。但我们所有的丝袜数量，却将减少。昔为 3000 双，今不过 2500 双罢了。资本由棉业移至袜业，虽不致大损国民所有的价值，但可减少国民每年的产额。[①]

长期和平后的战争或长期战争后的和平，常致贸易于颇为困难的地位。它会改变资本的用途。资本适应新环境而投下，定然有许多固定资本会被浪费，会被破坏，劳动者往往失业。这种困难期间的长短，取决于投资者厌恶改业心的强弱。但各通商国的互相嫉视、互相限制、互相禁止，亦可延长困难的期间。

由贸易通路突变而生的困难，往往被认为国富减退社会退步的结果。要判别这二件事，原也不易。

这种困难，若发生在战争完毕和平开始的时候，维持劳动基金，或将不受实害，但会离去平常的通路。只须暂时忍耐痛苦，不久，国家即可再进于繁荣。我们须记着，社会的退步状况，是反乎自然的。个人的进步，虽由少而壮，老而死；国民的进步，决非如此。发达到了极点的国家，虽不能再进，但维持人口现状财富现状，却为社会的自然趋势。

富强国家，大部分资本是投在机械上。比较起来，贫弱国家少固定资本，多流动资本，那里大部分工作，是由人力担任。流动资本的撤回，较易于固定资本。为某种目的而树立的机械，一经树立，常不能改作他用。劳动者的衣食物，居住地，却可用以维持各种劳动者。劳动者的职业改了，可用同样的衣食物和居住地。所以，比较起来，富国更难免资本改业的困厄。但富国不能因为这种现象，慨叹时运不齐。富商人的大船飘在海上，时有危险可能；贫穷人的茅屋，却一

---

① “商业给我们一种增加价值的能力，使我们从出产地点，移运商品至消费地点。这个追加价值，等于出产地价格对消费地价格的差。”——萨伊第2卷第458页。——真的。但这个追加价格，是从何得来呢？得自生产费的增加呀。那既需运输费，又须提供商人投资的利润。所以，这种商品价值增加的理由，即是一切其他商品价值提高的理由。在消费者购买以前，它会在生产上运输上，费去追加的劳动。所以，这不能算是通商的利益。由更精细的分析，我们知道了，通商的唯一利益，是使我们能够取得更有效用(不是更有价值)的东西。

点危险不会有的。

遇到这种意外的事变，就连农业，亦不能幸免，不过程度较浅而已。有扰乱商业的战争，谷物往往不能从适宜国（生产费较少）输往不适宜国。在这情况下，非常量的资本，行将移往农业。本国消费品，不再仰赖于外国。迄战争停止，输入的障碍除去了，国内农民有了竞争者，又不得不在不利条件下，牺牲大部分资本，离开农业。这时，在一定年限内，对外国输入的谷物，实行一种逐减的税额，使国内农民有逐渐撤回资本的余裕，是国家应该实行的上策。[①] 这样办，国家资本的分配方法，固然不必最有利，但暂时的入口税，可使一个阶级得利。这个阶级，在食品输入停止后，既曾努力于食物的供给，他们原已预料到，一旦输入恢复，他们马上会失败。这种失败的预料，使他们营业，不仅要获得普通利润，还希望一种补贴。因之，谷物价格的提高，遂不仅等于追加的生产费，且须加入保险费。这当然不是好现象。如果国家让他们有撤回资本的余裕，这种预料，或者不致发生。所以，准许廉价谷物输入，固可增进国富，但暂时课输入谷物以赋税，亦未尝无益。

昔论地租，吾人已知谷物供给的增加，谷物价格的跌落，使资本从更贫瘠的土地撤回；较优的这暂不纳地租的土地，成为支配谷物自

① 《大英百科全书》附录终卷，有一篇文章《谷物条例与贸易》，其中有下述那段话，甚可称许。——“将来，我们要归回原状，且让我们有个期间，从最劣土地，撤回农业资本，改投在较有利的用途罢。这样，逐减的关税率，当可采用。现今外国输入谷物的价格，为每卡德 80 先令，试行逐减关税率后，每卡德价格，即可每年减少 4 先令或 5 先令，直到每卡德 50 先令时，商港即可完全开放，限制制度即可完全废除。这种快意事一经发生，矫正自然之事，遂无必要。我国资本家企业家，可转向于最擅长的工业——这所谓最擅长，是就自然状况国民性格和政治制度说。波兰的谷物，卡洛林纳的原棉，将与伯明罕的制造品，格拉斯哥的棉纱交换。使国家永昌的真商业精神，不相容于黑暗的独占政策。地球上各国，有如国内各省，应当有不受束缚的自由贸易。这样，既有利于世界，亦有利于国家。”这篇文章，甚有精采，全都值得注意。作者对此问题，极有研究。

然价格的标准。假设在谷价每卡德 4 镑时,六等地可耕作有利,在谷价每卡德 3 镑 10 先令时,五等地可耕作有利;在谷价每卡德 3 镑时,四等地可耕作有利。若因谷物供给丰饶,价格减至 3 镑 10 先令,那投在六等地上的资本,势须撤回,因为,假设不撤回来,即不能取得普通利润。这种撤回的资本,可用以制造他物输出,因之,昔由六等地生产的谷物量,得由制造品交换而得。这种用途,一定较有利于资本家。他由制造他物而换得的谷物量,若不能较多于耕种无租土地的收获量,谷物价格即不能低在 4 镑以下。

或谓,资本是不能从土地撤回的。譬如施肥排水筑篱等费用。这种话,亦有几分道理。但投在牛羊干草车具等物上的资本,却是可以撤回的。不问谷物跌价,始终把资本投在土地上呢,抑是因见谷物跌价,把它改投在他种用途上呢?这是一个费斟酌的问题。

设全部资本不能转移,①农业家势须继续栽种谷物,售价无论如何,谷物供给量亦不变化。在这情况下,出产额的减少,决非他们的利益。因为,非如此运用资本,他一点报酬亦不可得。谷物亦不会输入,因为据我们假设,外国谷物不能在 3 镑 10 先令以下的价格出售,本国谷物栽种者,却与其全无所得,无宁削价。所以,耕作此等土地的农业家个人,虽不免因价格低廉而受损,国家却绝无损失。所有的出产量不变,惟原生产物谷物的价格较低而已。我们知道,构成一国资本的,是一国的商品,若商品量不变,再生产的进行,即无虑减损。

---

① 固着土地上的资本,租期满后,当归于地主,不属于租地人。故再出租,地主所能领受的资本报酬,亦将成为地租。但是,一定量资本投在国内土地所能获得的谷物量,若较少于这一定量资本投在国外贸易上所能购得的外国谷物,则地租无从发生。若社会仍需谷物输入,以一定量资本购买外国谷物只可得 1000 卡德,以这一定量资本投在国内土地上,却能获得 1100 卡德,这 100 卡德,便当成为地租。若投在国外贸易上能够购得 1200 卡德,即将因不能提供普通利润,无人愿耕土地。但不能提供普通利润的投资,不能称为不利。我们应该记着,投资的目的,是增加生产。生产额加大了,即令价值减少一半,或全然丧失,亦不是社会的损失。这种价值的丧失,用不着叹息。增加生产是目的,增加价值是手段。

但因谷物跌价，第五等地，已只能提供普通资本利润，故不付地租。因之，较优土地的地租，行将跌落；工资亦跌落，利润却提高。

谷物价格虽跌落，但因资本不能从土地撤回，对谷物的需要又不增加，国内产额依旧，输入必不可能。生产物的分配比例虽将变化，从而使某阶级受益，他阶级受损，但若总生产额不变，国富必依然。

谷物价格的相对跌落，且能引起一个有利结果——实际生产物的分配，既在利润名义下，多分一些给生产阶级，又在地租名义下，少分一些给不生产阶级，所以，维持劳动的基金，每因而增加。

所以，即令资本不能从土地撤回，我们的结论，依然正确。但若投在土地上的资本，是大部分能够撤回；撤回的原因，亦定然为资本家利益。改营他业，必于资本家个人，于社会，两皆有利。他情愿放弃那部分不能撤回的资本，就因为把撤回的那部分资本改业，且能获得更大的价值，更多的原生产物。他这时的处境，宜以某制造家的处境为例。某制造家，曾投资建立工厂机械，后因新有发明，机械改良了，他所制造的商品价值亦大降落。这时，舍旧机械价值而建立更完美的机械呢，抑继续运用旧机械，甘于落后呢？这其实是一个费人划算的问题。在这情势下，有谁劝他不要采用新机械，说旧机械价值，将从而减少消灭呢？但劝我们禁止谷物输入的人，便拿这样的话作根据。他们说，投在土地内不能撤回的那部分农业资本，将从而毁坏消灭。他们不知道，一切通商的目的，都在增加生产额。生产额的增加，虽将引起局部的损失，却可增进一般的幸福。他们，如果要贯彻他们自己的主张，只有禁止一切农业上工业上的改良，防止一切机械的发明。因为，这种种改良发明，虽可增加生产额，增进一般幸福，但必致减少消灭农业家制造家一部分现实资本的价值。①

① 痛责限制谷物输入政策的论文，当推托伦斯的《国外谷物贸易论》。他的根据，在我看，已无辩驳余地，亦无人辩驳。

农业，尤其是商业国的农业，对于强烈刺激性的运动，特易发生反动。在战争妨碍物输出的时候，谷物价格的提高，将吸引资本投往土地，因投在土地上的资本，可获大利润。这种情形，亦许可以增加原生产物的供给，使供给超过需要。在这场合，谷物将因过多而跌价。在平均需要和平均供给尚未恢复平衡状态以前，农业困难，可想而知。

第二十章

价值与富之不同性质

亚当·斯密说:“一个人是贫是富,就看他能在什么程度上,享受人生的必需品方便品和娱乐品。”

价值,根本与富不同。价值不定于丰饶,但基于生产的难易。100 万人在制造业上劳动,常常生出同一价值,但生产的富,不必相等。设有二社会。机械发明,熟练加进,分工改良,新市场发现,为甲社会所有,而为乙社会所无。则甲社会 100 万人所能产出的富(即所能产出的必需品方便品和娱乐品),与乙社会 100 万人所能产出者比较,且将较大数倍,但所产价值,终必相等。商品价值的涨跌,与生产难易为比例,换言之,与生产上投下的劳动量成比例。假设以一定量资本,一定人数的劳动,可产袜 1000 双,后因机械发明,以同一人数的劳动,可产袜 2000 双或袜 1000 双加帽 500 顶。这 2000 双袜的价值,或 1000 双袜加 500 顶帽的价值,决不更多于未采用机械前 1000 双袜的价值,亦不更少。它们是同量劳动的生产物。由同量劳动而生产的物品,无论数量方面,因机械改良关系而生若何差异,但价值方面,决不许有差等。不过,商品总额的价值,仍不免减少。因为,未改良前已经制成但至今尚未消费掉的那部分商品,不免要受影响。那部分商品的价值,必致减少,其售价,当与改良后制成的商品相等。这社会的商品量虽是增加了,富虽是增加了,享乐品虽是增加了,价值却减少了。不断增加生产的便利,虽可不断增加国富,且不断增加未来的生产力,但亦会不断减少先已产出的商品的价值。一般经济学家,因误认富之增加为价值之增加,因未认清什么是价值的标准尺度,真不知发出了多少错误。有人认货币为价值标准,在他们看来,一国贫富,乃按照比例于一国商品所能换得的货币量。有些人虽认货币为物物交换的最便当的手段，非测量高品价值的适当的尺度，但又认价值的真实尺度为谷物[①]。所以在他们看来，一国贫富，又按照比例于一国商品所能换得的谷物量[②]。还有人，以为一国贫富，按照比例于一国商品所能换得的劳动量。这类主张，其实都是错误的。金、谷物、劳动，若可称为价值的标准尺度，因何铁与炭不可呢？罗纱、肥皂、蜡烛，其他劳动者必需品，又因何不可呢？总之，如果自身价值常常变动的商品，亦配用作价值的标准尺度，那天下之大，商品之多，将无物不可称为标准尺度了。谷物相对价值，可因自身生产难易不等而发生10％、20％，甚至30％的变动。这时，为什么我们说是他物变动，不是谷价变动呢？价值永久不变的商品，其生产常须牺牲同量劳动和劳苦。什么是这种商品，我们不知道；我们且假设其有，来作玄想的辩论，指出前人采用的一切标准，都绝对不适用罢。退一步说，前人所采用的标准，即令是价值的适当尺度，亦依然不是富的标准，因富的多寡，非定于价值的大小。一个人是贫是富，看他所能支配的必需品奢侈品是多是寡。一定量必需品奢侈品，对于货币，对于谷物，对于劳动的交换价值，虽有涨落，但对于所有者的效用，却始终没有增减。就因混同了价值的观念和富的观念，竟有人认商品量的减少（换言之，人生必需品方便品娱乐品减少），为国富的增加。如果价值是富的尺度，这看法，当然正确，因商品缺少，价值必提高。但是，如果亚当·斯密的定义不错，如果构成国富的，是必需品和享乐品，则其数量减少，决非国富增加。

占有珍奇物品，能换得较多必需品享乐品的，即可称为富人。但

---

① 亚当·斯密说："商品和劳动的真实价格，不同于其名义价格。这种区分，不仅是玄想，而且实用。"我对于他这句话，表示同意。但劳动和商品的真实价格，非定于亚当·斯密所谓真实尺度（以货物估计的价格），亦非定于亚当·斯密所谓名义尺度（以金银估计的价格）。工资若能购得较多量的生产物，劳动价格，才算实际提高了。

② 萨伊第1卷第108页，说今日银价，无异路易十四时代。"因同量银，可购同量谷物。"

个人富所从出的公共蓄积物,须减去这个人取去的数量。特殊个人占取愈多,别人所得,必按比例愈少。

洛豆尔德伯爵说,设水料缺乏,且为某人专有,这个人的富是增加了;国富既然是个人富的总和,所以,国富亦是增加了。这种说话,很不正确。为换取水料之故,农业家既须售去一部分谷物,鞋制造家既须售去一部分鞋,各个人既各须售去一部分所有物,这些人的富,就减少了。他们的丧失,即是换取水料时售去的商品额。他们损失的东西,将为有水者取得。全社会的水料和商品,数量是依旧不变,不同的,不过是分配法。但这场合,与其说是水料缺乏,无宁说是水料独占。如果水料真是缺乏,个人富减少,国富亦必减少。他们所能享受的水料,必因而减少一部分。因之,农业家用以交换必需品享乐品的谷物,固将减少;一切人的必要享受,亦不得不裁减一部。这不仅是富的分配法不同,而且是国富的实际减少。

两国所有的必需品享乐品,数量若恰好相等,他们的富亦必相等,但富的价值如何,却须看生产的比较难易。采用改良的机械,若可不增加劳动而增加袜量一倍,则交换罗纱所应付出的袜量,亦必增加一倍。毛织工业若亦有同样改良,袜和罗纱的交换比例,即可依然不变,但二者价值,均已跌落;以之交换帽,交换金,交换一切其他商品,我们必须付出加倍的数量。如果一切商品的生产都同样改良了,它们一切的交换比例,即可依然不变。所以,一国年产商品额加倍,富亦加倍,价值却无增加。

亚当·斯密的富的界说,虽甚确当,但他后来的解说,却与界说相反,他先前说:“一个人是富是贫,就看他能在什么程度上,享受人生的必需品方便品和娱乐品。”后来又说:“一个人是富是贫,就看他能购买多少劳动。”这两种说法,根本不同。后一说错了。理由是——譬如矿山生产力增加了,则因生产便易,金银价值跌落;制造丝绒所必要的劳动量减少一半,丝绒价值亦必减少一半。于是,购买这类商品的甲，可多买金银的杯盘，乙可多买丝绒。这时，甲乙都占有更多货物，他们是更富了。但甲乙所能雇用的劳动量，不能增加。金银丝绒的交换价值既已减低，他购买一日劳动所须付出的金银丝绒，亦必按比例增加。从这点看，要测定一个人的富，标准就不应该是他所能购买的劳动量了。

根据上面讲的，我们知道增加国富的方法有二。一、以较大部分的收入，维持生产的劳动；这不仅可增加商品的总量，且可增加商品总量的价值。二、不增加劳动量，而增加同量劳动的生产力；这仅能增加商品的总量，不能增加商品总量的价值。

由第一方法，一国既可进于富裕，又可增加价值。这是节用致富，减少奢侈品享乐品的支出，贮蓄之，用以再生产。

由第二方法，一国可不减少奢侈品享乐品的支出，不须雇用追加的生产劳动，已能生产追加的物品。财富加了，价值却不。

这二法，以第二法为优。实行第一法，须节减享乐；实行第二法，却可不必。资本是国富的一部分，其目的在于未来的生产。所以增加国富的方法，即是增加资本的方法。要增加资本，有两种方法，一为改良技艺和机械，一以较大部分的收入，投在再生产事业上。追加的资本，无论出自何种方法，都有助于未来财富的生产。因财富多寡，只看出产品多寡，无关于生产的难易。一定数量的衣食物，定能维持一定的人数，至若，生产此量衣食物的，究为 100 人劳动抑为 200 人劳动，全然没有顾问的必要。但就价值说，200 人劳动的生产物，必倍于 100 人劳动的生产物。

萨伊氏《经济学》第四版，虽曾订正一次，但关于富和价值，他的定义，仍不免错误。他认二者异名同义。他以为，一个人的富与其所有价值之增减成比例，又与其所能支配之商品量成比例。他说："倘若收入的生产物量加大了，收入的价值亦加大。"萨伊的意见，有些我很赞同，亦有些我不能赞同。他说生产罗纱的困难加倍，罗纱所能换得的其他商品亦加倍,因之,罗纱价值亦必加倍——关于这点,我完全同意。但在诸商品生产已较便易,罗纱生产状况依旧的场合,罗纱能换得更多他种商品,萨伊仍谓为罗纱价值增加,我却不敢赞同。在这场合,他应当说罗纱价值不变,是其他商品价值减少了。萨伊有时说,因生产更便易了,以同一手段生产谷物,所得可二倍于前,昔为 1 包,今为 2 包,故现今 1 包的价值,仅等于昔日 0.5 包;他有时又说,毛织业者昔时以罗纱 1 匹,仅能换得 1 包谷物,现今却能换得 2 包,故毛织业者现今所得价值,已倍于昔日。萨伊这两种说法,正是自相矛盾。如果现今 2 包谷物的价值,仅等于昔日 1 包,很显明的,毛织业者所得价值必依旧,一点不曾更多。他所获得的富,所取得的效用,所有的使用价值,虽已加倍,但他所得价值,却依然不变。萨伊视价值、富、效用三者为异名同义,确是错了。我不能因为萨伊著作中,有许多地方,和我不谋而合,有许多议论,正好说明价值和富的根本区别,便不问他著作中那许多和我反对的意见。他著作中,常常有互相矛盾的意见,我现今把它抄在下面。萨伊君若愿俯察陋见,未来订正版本,把自己的见解申说一番,或能一扫同人所感之迷惑。

1.在交换二生产物时,我们交换的,其实,只是生产它们的劳役。——504 页[①]

2.生产费是物价真正昂贵的唯一原因。昂贵物品的生产费,一定很大。——497 页

3.构成一物生产费的,是生产时消费掉的各种生产劳役的价值。——505 页

4.决定商品需要的,是效用;但限制其需要程度的,是生产费。若其效用,不提高其价值,使与生产费等,则其所值,不及其所费。生产劳役,将改用以生产价值较大之物。生产基金所有者——支配劳

---

① 此处引用著作参见附录,下同。——编者注

动资本土地的人——常常比较生产费和生产物价值，并比较各种商品的相对价值。生产费是投在生产过程上的生产劳役；生产劳役的价值，即是出产品的价值。所以，倘若一任自然，商品的价值，生产劳役的价值，生产费的价值，是同样的。

5.收入的生产物量增加了，便是价值增加了。增加的方法如何，可不必问。

6.价格是价值的尺度，价值是效用的尺度。——2 卷 4 页

7.自由的交换，指示这时这地社会状况下的商品的价值。这种价值，是人加在交换品上的。——466 页

8.生产就是创造价值。这将给物品以效用，或增加物品的效用，且因而确立它的需要。这是物品有价值的第一原因。——2 卷 487 页

9.构成生产物的，是效用。交换价值，只是这种效用的尺度，只是生产的尺度。——490 页

10.一国人民要发觉一种生产物的效用，只有参照所付价格，来评定它。——502 页

11.这价格，是效用的尺度，是欲望满足力的尺度。为购买这种效用而付出的价格，改购他物若更能令他满足，他就不情愿消费这种效用了。——506 页

12.一个人由售卖生产物，而直接换得的他种商品，无疑是一个价值。——2 卷 4 页

若生产费为物价腾贵的唯一原因（见第 2），那除了商品生产费增加，商品价值如何会腾贵呢（见第 5）？只因为它能够换得更多低廉商品吗？我以 1 码罗纱交换 1 磅铁，以 2000 码罗纱交换 1 磅金，那能不能说金的效用，2000 倍于铁呢？当然不能。这情形，不过证明金的生产费，2000 倍于铁（见第 4）。这两种金属的生产费若是相等，我所须支给的价格，亦必相等。如果效用是价值的尺度，我们买铁所应支付的价格，许会更多。支配商品价值的，是生产者（他们常

常比较生产费和生产物价格,见第 4)的竞争。我给 1 先令换 1 个面包,给 21 先令换 1 个几尼,但决不能因此,便说几尼的效用较大,面包的效用较小。

萨伊的价值学说,有时和我一样(见第 4)。但他所谓生产劳役,包括土地、资本与劳动三者。在我,仅包括资本与劳动。土地全然除外。在这点,我们意见的分歧点,出发于我们地租学说的不同。我常认地租为局部独占的结果,实际上,决不支配价格,反之,它乃受支配于价格。即令地主放弃地租,亦不能减低土地生产物的价格,因为世界上,无论何时,都有一部分土地的生产物,只足支付资本利润,不付地租,亦不能付地租。

总之,商品丰饶低廉,诚有利于一切消费阶级。但萨伊说,与甲商品对换所须付出的乙商品量,可估计甲商品的价值。关于这点,我却认为不当。我的意见,和著名作家德·托拉西相同。他说:"测定一物,即以此物比较同物被采纳作单位标准的一定量。测定一物的长度、重量、价值,即要发现此物含有若干米达,若干格兰,若干法郎,总之,含有若干同名称的单位。"法郎不能测定与法郎不同之物。法郎与可由法郎测定之物,必能还原作共同尺度。我们知道,它们都是劳动的结果。所以,劳动是共同尺度;用劳动作尺度,即可估计它们的真实价值和相对价值。德·托拉西的主张,亦似乎是这样。[①] 他说:"我们原始的富,只是我们肉体上精神上的才力。这种才力的运用,——即劳动——是我们本有的唯一的富源。所谓财富,无论是必要品享乐品,都由劳动而生。这一切东西,只代表生产它们的劳动。如果它们有价值,甚而有两种不同的价值,都当归因于创造它们的劳动。"

---

① 《观念学要论》第 4 卷第 99 页。德·托拉西这本书,曾发挥一种有力的经济理论。但不幸,一个这样有权威的作者,竟赞成萨伊氏的"价值"、"富"、"效用"那三个名辞的定义。

萨伊批评亚当·斯密的著作，说他犯了一个错误，因“他承认，只人类劳动有生产价值的能力。更正确的分析，使我们知道价值是劳动、自然、资本三者联合运用的结果。他因不懂得这个原理，故不知机械将如何影响于富的生产”。

与亚当·斯密意见相左的萨伊(第四章)，以为价值可得诸自然，如太阳、空气、气压等等。这种种东西，固然有时代替人类劳动，有时与人类劳动合一。[①] 但一细心考察，即知自然动因，虽可大增商品的使用价值，但不能增加商品的交换价值。由机械的助力，由自然哲学上的认识，我们固可利用自然，以代人力，但如此做成的交换价值，必从而降低。先前要用 10 人来推动谷磨，后因风力水力之助，这 10 人的劳动用不着了。由谷磨制成的麦粉价值，必按节省劳动量的比例，而立即低落。这 10 人制造他种商品，即可增进社会的富；维持劳动的基金，决不受损害。但使用价值和交换价值的根本区别，每为萨伊君忽视。

萨伊责备亚当·斯密，说他忽视了自然动因和机械的贡献。亚当·斯密虽认一切物价值出于人类劳动，但在我看，萨伊的责备，总是不该的。亚当·斯密决未轻视自然动因和机械的贡献。他知道它们的贡献，是增加生产额，是使人类更富裕，是增加使用价值。但它们的贡献，无报酬必要。空气温度水料，虽大有利于人，但不能增加交换价值。

---

① “金属价值，因镕解而提高了。但创造这种追加价值的，不是镕解金属的发明家。利用这种知识的人，使火的物理作用，与劳动资本结合，结果是价值增加。”

“从这种错误，亚当·斯密引出了错误的结论。他以为，一切生产物的价值，都代表人类劳动——现在的或是过去的。换言之，所谓富只是蓄积的劳动。从这种错误，还引出了一个错误的结果。他以为劳动是富的唯一尺度，是生产物价值的唯一尺度。”(第 4 章第 31 页)这个结论，是萨伊自己推得的，亚当·斯密，何尝有这结论？如果价值与富，本无区别可言，这结论亦未尝不确。亚当·斯密作富的界说，虽说构成富的，是人生必需品方便品与娱乐品，他虽认机械和自然动因，有增进国富的能力，但他不承认它们是增加价值的原因。

第二十一章

蓄积对于利润利息的影响

资本蓄积之时,若无永续提高工资之原因,利润即无永续减低之理由。此理,可由利润法则推知。维持劳动基金之增加,固将增加劳动人数,增进食品需要,而追加食品之供给,却将渐感困难,以致提高工资,减低利润;但若工人必需品能以同样便利程度不绝增加,资本蓄积,当不致永续变动利润率工资率吧。亚当·斯密之意见,与此相反。斯密氏认资本蓄积及由此而生之竞争,亦为利润减低之原因。在如此主张时,他并不曾引述追加资本雇用追加劳动所必需的追加食品供给,将益感困难的话。他说:“使工资提高的资本增加,必致减少利润。大家把资本投到同一职业上来,会减少这一职业的利润;同一社会的资本增加,亦会发生同一结果,因将互相竞争故。”这里,亚当·斯密提及了工资提高,但提高的原因,既然是基金增加人口不曾增加,所以只是暂时的。他像没有看到,资本增加,同时赖资本而举办的事业,亦必按同一比例增加。关于这点,萨伊的说明,最令人满意。他说需要只受限制于生产,事实上,没有不可使用的资本。一人从事生产,定然着想在消费或售卖上。一人起意售卖,定然因为想购买别种有用物品或有助于未来生产的物品。生产者非消费自产的商品,即消费他人的商品。他知道,他若要享受别种物品,最好是生产什么物品。没有人要的商品,决不会继续生产。①

---

① 亚当·斯密说,使各业资本充溢的资本蓄积,是利润跌落的一个原因。他引荷兰的情形作例。“那里,政府借款,利息2%,私人借款,利息3%。”但我们应当记住,荷兰消费的谷物,几乎全部须由外国输入。课工人必需品以重税,提高了荷兰的劳动工资。这种事实,已够说明荷兰利润率利息率低微的原因。

必需品腾贵，工资提高，利润减少，固可减煞蓄积的动机，资本既不能用而有利，蓄积当然不可能，[①]但若利润不致过低，蓄积动机，就会依然存在。有宿愿未酬的，每需要追加商品；设能得一新价值，以交换追加商品，他的需要，就可见诸实际。年收 10 万镑的，若再得 1 万镑，必不愿锁在箱内。对于这 1 万镑，他有几种用法：第一，增加用度；第二，投在生产事业上；第三，借给他人投在生产事业上。在这诸场合，需要对象虽不相同，需要增加却是无疑的。若以之增加用度，建筑物家具和享乐品的需要，定会增加；若投在生产事业上，衣食物和原料的需要，定会增加。总之，需要必增无疑。[②]

购买生产物的手段，即是生产物或劳役，货币只是实行交换的媒介。就特殊商品说，生产可以过剩，可在市场上发生过剩现象，其价格可以不够偿还生产费。但就一般商品说，却决不能有此现象。对谷物的需要，受限制于食口；对鞋对衣服的需要，受限制于人数。一个社会或社会一部分所有的食物衣履，一定等于他们能消费愿消费的数量。但天然的人造的非必需品，却未必。有些人能够取得更多葡萄酒，便消费更多葡萄酒；又有些人，有足够的葡萄酒后，即愿加饰家具；又有些人，愿意布置自己的田园房屋。这种愿望，深种于人心

---

① 萨伊说："与投资范围比较，若待用的资本愈多，资本出借的利息率必愈低。"（第 2 卷第 108 页）这句话，和萨伊自己的主张，不相矛盾吗？一国资本，倘若全部能够被人使用，又怎样说"与投资范围比较，待用的资本愈多"呢？

② 亚当·斯密说："如果特殊工业部门的生产物，超过一国需要额，则剩余必输往国外，用以换取国内需要之物。没有这种输出，这国的生产劳动，便有一部分会停顿。这国年产物的价值，亦会减少。英产谷物毛织物铁器，既较多于国内市场上的需要，故剩余一部分，不得不送往国外，以换取国内需要物。事实上，亦幸有这种输出。否则，这个剩余额的价值，怕不够报酬生产这个剩余额的劳动和费用。"从这一段话看下去，好像我们有不得不生产剩余谷物剩余毛织物剩余铁器的苦衷，并且，投在这等职业上的资本，似亦不能改作他用。但考之事实，投资必经选择，世间决无常常过剩的商品。若偶有之，其价格必降在自然价格以下，资本即将移往他种有利用途。亚当·斯密自己，亦曾说明资本移动的趋势。他说如果一种商品的价格，尚不足补偿全部费用（即生产费、运输费，和普通利润），资本就会改作他用（见第 1 卷第 10 章）。

中。他们所要的，只是资力；但取得资力的方法，只有增加生产。如果我有食品有必需品，即无虑无人助我，以取得自己需要的物品。

追加生产和追加需要，会不会减少利润，只看工资会不会增加。除了暂时的事例，工资增加与否，又看工人食品必需品的生产，是否已较困难。我说除了暂时的事例，因为劳动的人数和维持劳动的基金，常可保持适当的比例。

在资本累积食品跌价的场合，只有一件事情，可减低利润，即维持劳动基金的增加，远速于人口的增殖。工资将因而提高，利润将因而减低。但这只是暂时的。一切人若都放弃奢侈品的享受，而专心致志于蓄积，定然有些必需品，不能立时消费；普遍的充斥现象，于以发生。对于这种追加量的商品，将无需要可言。投下追加的资本，亦将毫无利润。跟着消费的停顿，生产亦将停止。幸而，这事实，尚不足破坏普通原则。一国的资本和劳动，决非全部用以生产必需物品。

商人投资于国外贸易或贩运业，大都出于自愿，非有不得已的苦衷。他们择定这种职业，一定因为这种职业的利润，较大于国内贸易。

亚当·斯密说："食品的欲望，受限制于狭隘的胃力；对家屋衣服车马家具等方便品装饰品的欲望，却似乎没有限制和境界。"诚哉斯言！农业资本之量，受制于自然，逾其限度，农业资本将无利润可言；但生产"方便品装饰品"的资本量，却不受自然限制。求最大的享乐，是我们心中的目标。我们不情愿投资制造本国需要的物品，而从事国外贸易或贩运业，只因为经营这种职业，较易于达到这个目标。设有特殊情形，使我们不能投资于国外贸易或贩运业，我们一定会把资本投在国内，虽则利益少些。对"家屋衣服车马家具等方便品装饰品"的欲求，既无限制，则在吾人尚有力维持生产劳动者时，可用以获取此等物品的资本，亦不能有限。

但亚当·斯密又说："若一国资本的增加，在国内竟到无处使用的地步，既不能供给消费品，又不能维持一国生产劳动，则剩余资本，非呕出来，投在贩运业上不可。”根据这段话，贩运业的经营，就是不得已了。似乎，不这样使用资本，资本就会丧失一般；而且，投在国内贸易上的资本，亦似乎有个不可逾越的限度。

接着，亚当·斯密又说：“英国每年以工业剩余产物之一部，购买烟草，大约 96000 桶。但英国本国的需要，或许不过 14000 桶。其余 82000 桶，若不能运往国外，以交换国内需要的别种物品，烟草的输入，便当立即停顿。昔时购买 82000 桶烟草的手段，将无人生产。这一部分生产劳动，亦即无所使用。”但是，这部分生产劳动，始终不能用以生产他物，而交换国内需要品吗？始终不能用以生产国内需要的货物及其代用品吗？如果我们需要丝绒，我们为什么不使用（虽则利益少些）这部分生产劳动，来制造丝绒？即令不能制造丝绒，我们为什么不用它生产罗纱，生产我们需要的别种物品呢？

制造输出品而在外国购买本国需要的物品，即令比较有利，但若输出停顿，我们就会自己制造自己需要的物品的。亚当·斯密亦说：“设有外国，能以廉价供我商品，即不如输出一部分本国擅长的工业生产物，而从外国购买。一国的劳动，常与其资本成比例，无劳动缺乏之虞，但什么是最有利的用途，却颇难于解决。”但他前面又发那样的议论，可见他尚未把握住自己的主张。

他又说：“一个人所能支配的食品，若较多于他所能消费的数量，他定愿以剩余部分的价值，来交换他物，以图他种满足。有限的欲望满足了，有余，则进行满足无限的欲望。贫民因欲食品，不得不努力填满富人这种种嗜好；他们要得确定的食品供给，遂彼此争胜，以致价廉物美。劳动者数，既随食品量之增加而增加，又随土地改良，耕事改进而增加。他们职业的性质既许有极精细的分工，他们所能利用的原料的增加，又远过于劳动者数的增加。因此，为实用计，为装饰计，人类创造性在建筑方面、服装方面、家具方面、用器方面所能利用的各种物质，都有人需要了；地中心的化石与矿产，黄金与宝石，全都有人需要。”

由此推论，需要就无限了——在投资尚有若干利润的时候，资本的用途亦是无限了。在工资不提高的场合，无论资本怎样丰饶，亦无减少利润的理由。而工资提高的充足原因，又只有一个，即，劳动人数增加了，供给追加食品必需品的困难亦增加。

亚当·斯密知道利润率不易确定。他说：“特定职业的利润，已甚多变化，一般职业的利润，不用说。所以，要确定一般利润率，是一件难事。要判定昔日利润率，直不可能。”但因投资的利益，往往与借钱的利益相等，所以他说：“若知市场利息率，即可推知大概的利润率；利息进化史，指出了一部利润进化史。”无疑的，如果我们确知了一个时代的市场利息率，我们就有了一个标准，可以估定这个时代的利润率。

但一切国家的错误政策，都想用法律规定利息率，严禁超过法定利息率的贷借，违者每处以重刑。正当自由的市场利息率，遂无由表现。这种法律，实际上，虽有时等于虚设，但史乘上记载的，不过尔尔，与其说是市场利息率的记载，尚无宁说是法定利息率的记载。譬如，在现代战争中，财政官银票与海军官银票，每以7%、8%的折扣出售，使购买官银票者，得享受这样高的利息率。政府借债的利息率，亦常在6%以上；个人借债的利息率，有时且在10%以上。但这时，法定利息率，却不过5%。法定利息率与市场利息率，相差如此，可见史乘上的记载，大都不可轻信。亚当·斯密告诉我们，自从亨利第三三十七年至詹姆士第一二十一年，10%为法定利息率。复辟后，减至6%。安皇后十二年，又减为5%。他以为，法定利息率的变化，常后于市场利息率的变化，决不发生在市场利息率变化以前。美国战争以前，政府借债利息率为3%，人民借债的利息率，是3.5%、4%、4.5%。

利息率，虽终受支配于利润率，但得由他种原因，而发生暂时的变动。货币的价值与数量，每变化一次，商品价格亦必随而变化一次。据上述，商品价格，在生产难易依旧的场合，每因供求比例变动而变动。商品市场价格，若偶因供给丰饶，需要减少，货币价值提高，而跌落，制造家必不愿贴本售卖，货物停积，遂致累累；平时由售卖货物而支付的一切款项，遂无法应付。他不得不借债。大家都借债，利息率或将提高。幸而，这是暂时的现象。如果制造家的期待，毕竟不空，商品价格，定将提高，如果需要总是减少下去，他亦许会放低价格来售卖货物。商品跌价，货币和利息的真实价值恢复。倘因新矿发现，银行滥发钞票，或其他原因，以致货币量大增，商品价格，终须按货币追加额而提高。但其间，或许有个时期，利息率不免受些影响。

公债价格，不是判定利息率的确定标准。战时，政府不断借债，公债市场负担过重，公债价格尚未安定，又有新公债发行。政治上的预测，亦可影响公债价格。迄时局平静，减债基金的作用，特殊阶级所感受的改业厌恶心，又将提高公债价格，因而减低有价证券的利息率，使在普通市场利息率以下。并且，政府各种有价证券的利息率，亦彼此不等。母本 100 镑行息 5％的公债，将以 95 镑售卖。但财政部 100 镑的有价证券，价格却有时是 100 镑又 5 先令，每年利息，亦不过 4 镑 11 先令 3 便士。一个利息在 $5\frac{1}{4}$％以上，一个利息却不过 $4\frac{1}{4}$％。这，或许因为现今银行家，都须有财政部有价证券，作安全的可随时变卖的投资物。财政部有价证券的数额，若过于超过需要，它们或许亦会跌价，而等于行息 5％的公债。每年行息 3％的有价证券，与每年行息 5％的有价证券比较，售价必较大，因公债母本，均按额面价格偿还，100 镑须还 100 镑。市场利息率，若降为 4％，五分公债所有者，若不愿利息率减在 5％以下，政府就会按额面价格，把公债还清。在市场利息率未减至三分以下时，三分利息公债这样偿还，于政府亦无利益。为支付国债利息，每年虽有 4 回，从金融界抽去大宗货币，但这是暂时的需要，不常影响价格；高利息的支付，常可克制这种需要。①

---

① 萨伊说："各种公债，都可妨碍资本移动，使不易从生产事业撤回，改作消费之资。劝募公债的政府若无信用，亦可提高公债利息。这时，求借者准备出 7%或 8%的利息，有谁愿以 5%的利息，把钱借给农业家制造家商业家呢？这一类收入（即所谓资本利润）的增加，就将损害消费者了。以生产物价格腾贵之故，消费额减少；对生产劳役的需要，亦将减少。工资于以跌落。于是，除了资本家，全国民都要吃亏。"对于"如果求借者准备出 7%或 8%的利息，有谁愿以 5%的利息，把钱借给农业家制造家商业家"的问题，我的答覆，是——一切谨慎而有理性的人都愿。借钱须冒危险，故利息非 7%或 8%不可；借钱毫无危险，利息就可不必那么高。萨伊既认利息率定于利润率，当然不能说利润率定于利息率。一个是因，一个是果，我们不能倒因为果。

第二十二章

输出的奖金和输入的禁止

谷物输出的奖金，会减低国外市场上的谷物价格，但不能影响国内市场上的谷物价格。

假定，因要提供普通利润，在英国，谷价应为每卡德 4 镑。若外国谷物价格仅为每卡德 3 镑 15 先令，英国谷物即无输往其国之可能。但若每输出 1 卡德，可得奖金 10 先令，英国谷物即能在外国市场上，以 3 镑 10 先令的价格出售。因为，以 3 镑 10 先令售于国外，或以 4 镑售于国内，利润相等。

这样看，使英国谷物较廉于输往国土产谷物的奖励金，当然会增进对英国谷物的需要，使输往国土产谷物，更不能畅销。对英国谷物的需要增加了，在一定期间内，必致提高英国国内市场上的谷物价格，使外国市场上谷物价格的跌落程度，不能依照奖励金本有的趋势。但我们应知道，英国谷物的市场价格，虽有发生变动的原因，但这原因，不能影响谷物的自然价格或真实生产费。生产谷物所必需的劳动既不增加，所必需的资本亦不增加。因之，农业家利润，昔时等于一切其他职业，今因谷物售价提高，一定较高于其他职业。奖金增加农业家的利润，即无异奖励农业。资本将从制造业撤回，改投在土地上——迄至国外市场上的追加需要，得到满足的时候为止。这时，国内市场上的谷物价格，再下落而等于自然的必要的价格，利润再下落而定着于普通的惯常的水平线。谷物供给的增加，又将减落输往国市场的谷物价格，使输出者利润，恢复普通的原状。

谷物输出的奖金的最后结果，不是提高，亦不是减低国内市场上的谷物价格，它只能减低国外市场上的谷物价格。国外市场的谷物价格,若原与国内市场相同,则价格减低,当等于奖金全额。若原已较低,则价格减低,当较少于奖金全额。

《爱丁堡评论》第五卷,有一文论输出奖金,作者明白指出了奖金对国内外的需要的影响。他说这种奖金,对于输出国的农业,确是一种奖励。这话很是适当。但他不免与亚当·斯密陷入同样的错误。因见工资终受支配于谷物,便说一切商品价格终受支配于谷物价格。他说奖励金"因可提高农业利润,是农业的奖励;因可提高国内市场上的谷物价格,故可暂时缩小国内人民的购买力,因而缩减他们的实在财富。但我们应该记着,购买力缩减的现象,只是暂时的;劳动消费者的工资,与谷物的货币价格,昔由竞争而互相调节,今仍由竞争而得调节。劳动的货币价格提高了,诸商品的价格亦必提高。输出奖励金,虽不立即,但最后一定会提高国内市场上的谷物的货币价格。国外市场对谷物的需要的增进,将间接提高国内谷物的真实价格。这种腾贵,一经影响及于其他诸商品,便会固定起来,不可改变"。

若如我所说,货币工资的提高,真不致提高商品价格,不过常常影响利润,则结论当为:诸商品价格,决不能因奖金而腾贵。

国外需要的增加,虽可暂时提高谷物价格,但这种提高,不能提高劳动的货币价格。昔为国内市场专有的谷物,当然会因外国争求而腾贵,但因利润提高,投在农业上的资本必增加,谷物供给亦必增加。在供给未增以前,要使消费与供给平衡,虽有暂时提高价格的绝对必要,但其影响,可与工资提高之事实,互相抵消。谷物腾贵虽为谷物缺乏的结果,但又为减少国内需要的手段。工资增加,谷物需要亦增加,价格当然有再向上提的必要。但我们未假定,生产谷物,已较困难,所以,奖励金的结果,其实,不必是谷物自然价格的提高。能提高谷物自然价格的,只是生产所必要的劳动增加。譬如,罗纱自然价格,原为每码 20 先令,因国外需要激增之故,价格诚可提至 25 先令或25先令以上，但毛织业特高的利润，一定会改变投资的方向，于是，需要无论怎样增加，供给终不致有不足之虞。罗纱价格，仍将为20先令，即等于其自然价格。所以，除了生产所必要的劳动量已经改变，这每年输出，无论是20万卡德，30万，抑是80万卡德，自然价格总不会改变。要改变谷物的自然价格，须先改变生产谷物所必要的劳动量。

在亚当·斯密名著中，最受人攻击的议论，要算他的奖金论。第一，他说，谷物这一类商品的生产额，不能因输出奖励而增加；他始终一致，假定奖金的影响，只能及于实际已经产出的物品，说它不是增加生产额的刺激。他说："丰年若输出加甚，必致提高国内市场上的谷物价格，使腾在自然价格以上。歉岁，奖金虽往往停止，但丰年所促起的大输出，仍可使去年的丰收，不能救济今年的荒歉。于是，丰年歉岁，奖金都多少会提高国内市场的谷物价格。"①

亚当·斯密的议论是否正确，就看"谷物的货币价格提高，能否因增进农业家利润，而鼓励谷物的生产"。关于这层，他自己亦似乎十分明白。

他说："我的答覆是——倘若奖金结果，是提高谷物的真实价格，使农业家能以等量谷物，按照一般工人生活状况，而维持更多工人，那情形也许就会这样。"

工人所消费的，倘若只是谷物；他所领受的全额，倘若已是生存

---

① 在别个地方，他又说："在一定年限内，奖励金惹起的国外市场的扩大，必致牺牲国内市场。因为，假若未设奖金，输出或不可能，谷物将全部留在国内，增加消费，而减低谷物价格。一切奖励金，都有使人民负担二重赋税的作用——一因奖金的来源是赋税，赋税的来源是人民；二因无人不须购买谷物，国内谷价提高，人民无异纳了一种赋税。就谷物而言，第二种税，尤为繁重。""为第一种税，他只支付5先令；为第二种税，他须支付6镑4先令。""于是，由奖励金引起的谷物的非常输出，不仅暂时缩小国内市场和国内消费，而扩大国外市场和国外消费，且因可限制一国人口与工业，它的最后趋势，又是阻碍国内市场，使不能逐渐扩张。最后结局，与其说会扩大谷物的市场和消费，无宁说会把它缩小。"

所必要的最低限，我们假定付给劳动者的数量，无论如何，都无法缩减，亦未尝毫无理由。但谷物的货币价格腾贵了，劳动的货币工资，却不一定会增加，而且一定不会按比例增加。因为，谷物虽然是工人消费品中的重要部分，但只是一部分。假设工人的工资，一半费于谷物，一半费于价格未曾增加的肥皂、蜡烛、薪炭、茶、糖、衣服等等。那在谷价每布奚 8 先令的昔日，付劳动者 2 布奚或货币 16 先令，在谷价每布奚 16 先令的今日，付劳动者 1.5 布奚或 24 先令，于劳动者，显然没有什么高低。这时，谷物价格增加了一倍，工资却仅增加一半。农业家的利润，因而增加了。如果其他职业的利润依旧，转投资本于农业，当有充足的动机了。制造家将因工资腾贵，撤回制造业上的资本，转投于土地。农业家的商品价格，增加了 100%，所付工资，却只增加 50%。制造家所付工资，提高了 50%，却不能在制造品价格上，补偿这样追加的生产费。如是，在谷价供给尚未增加，谷物价格尚未减至每布奚 8 先令，工资尚未降至每星期 16 先令以前，资本将离制造业而流入农业。这种流动，迄至二业利润均等之时为止。事实上，资本移动，亦常常是扩张种谷事业的方法，常常是满足市场上追加需要的手段。维持劳动的基金增加了，工资亦增加。工人的舒适状况，诱致他们结婚。结果是人口增加，对谷物的追加需要，使谷物价格，相对提高起来。投在农业上有利可图的资本，越是增加。资本继续流入农业，迄至供求相应之时为止。那时，谷物价格再跌落，农业和制造业的利润，又互相均等。

在谷价提高后，工资不变呢？些微增加呢？大增加呢？那我们可以不问。制造家农业家须同样支付工资，亦同样受谷物腾贵的影响。但就他们的利润说，影响却不一致。农业家将以高价格售卖自己的商品，制造家的商品价格却依旧。利润不等，常常是资本移动的诱因。于是，谷物产量增加，制造品产量将减少。但制造品价格，不能因产量少而腾贵。制造品的供给，可由谷物输出而得。

若说奖励金会提高谷物价格，那非相对提高，即是不相对提高，二者必居其一。若是相对提高，则在谷物尚未因供给丰饶而再减落以前，我们决不能否认农业家的利润特高，亦不能否认资本移动的诱因。若不相对提高，那除了纳税的不便以外，还有什么可以伤害国内消费者呢？如是，制造家购买谷物虽须支付追加价格，但他售卖制造品亦可以取得追加价格，二者可以相抵。

亚当·斯密的错误，和《爱丁堡评论》作者的错误，出自同一来源。他们都以为“谷物价格，支配一切国产商品的价格”。[①] 亚当·斯密说：“这，支配劳动的货币价格，因劳动的货币价格，须够工人购买足够的谷物，以维持他自身和他家庭。支付的丰啬如何，固应视社会情状，但足够的谷物量，雇主终有支付义务。谷物的货币价格，支配一切其他原生产物的货币价格，从而支配各种工业原料的货币价格；谷物价格支配劳动的货币价格，从而支配各种工业劳动的货币价格；合计起来，从而支配全制造品价格。劳动的货币价格，一切生产物的货币价格，都须按照谷物的货币价格，为比例的腾落。”

亚当·斯密这种主张，我早已加以驳斥。他认商品价格腾贵为谷物腾贵的必然结果。他以为，谷价腾贵的负担，只能由商品腾贵而支付。他不知道，这种负担的支付，不一定要提高商品价格。利润减少，已经够了。依照斯密博士所说，资本无论如何蓄积，利润亦不许跌落了。在工资提高的时候，如果农业家能够提高谷物价格，毛织业者、制帽业者、制鞋业者，总之，一切制造家，如果都能按比例提高他们商品的价格，则以货币计算，一切商品的价格虽都提高了，但彼此相对而言，一切商品的价格又都依旧。这时，他们所重视的，只有一件事情，即——对于他种货品的支配权，是否依旧。构成财富的，是货物，不是货币。原生产物价格、制造品价格，若同时腾贵，只能使一

① 萨伊亦这样主张。第2卷第335页。

种人吃亏，即以金银为财产者。他们每年的收入，全是这两种金属。今设未有货币，一切贸易，均以物易物。在如此情形下，谷物对其他物品的交换价值，能不能提高呢？如果能够，我们就不应当说谷物价值支配一切其他商品价值；因为，谷物价值若真能支配一切商品的价值，谷物对其他物品的相对价值，就不应当变化。如果不能，我们就应当说，无论谷田肥瘠，必要劳动量多寡，机械有无，一定量谷物，总必能够交换同一量的他种物品。

我所不能已于言者，亚当·斯密的普遍原理，虽与上文所述者一致，换句话说，是同样错了，但在他著作中，有一部分说明价值的性质，却很正确。他说："在一切场合，决定金银价值对他种商品价值的比例的，都是一定量金银上市所必要的劳动量，对一定量他种商品上市所必要的劳动量的比例。"他充分承认，倘若某种商品上市所必要的劳动量增加了，他种商品上市所必要的劳动量却未增加，那某种商品的相对价值，必提高无疑。如果罗纱上市和金银上市所必要的劳动量都未增加，他们的相对价值，亦决不变动。但是，倘若谷物鞋履上市所必要的劳动量增加了，谷物鞋履对金银罗纱的相对价值，亦不会增加吗？

亚当·斯密又说奖励金的结果，将惹起货币价值的局部的跌落。他说："因银矿丰饶而生的银价跌落，将同样，或几乎同样影响于商业世界的大部，故对特殊国而言，无关重要。因银价跌落而起的一般货物价格的腾贵，虽不使受者更富，亦不使受者更贫。银器跌价，但一切其他货物的真实价值依旧。"这种观察，当甚正确。

"但若银价跌落，是特殊国情或特殊政治制度的结果，且仅发生于一国，则其事极可注意。这种现象，实际上不能使任何人更富，却将使一切人更贫。独一国一切商品的腾贵现象，必多少摧残本国各种工业，使外国比较本国，能以较少量的银，供给各种货品，使本国不仅在外国市场上，而且在本国市场上贴本售卖。"

我曾说明,货币价值的局部的跌落(会同样影响于农产物制造品),不能永续。货币价值的局部的跌落,即是商品价格的一般的提高。金银购物,有选择最廉价市场的自由。它们将输出,而交换外国的更低廉的商品。于是,它们的数量,将从而减少,价值将从而提高,商品价格,将从而复原。宜于输出的商品,再可输出。

我们不能拿这个理由,来反对奖励金。

倘因奖励金之故,谷物价格,是比较提高起来,则于农业家有利,耕地势必致于推广。倘因奖励金之故,谷物价格,不是比较提高,则唯一不利之点,是奖励金的付纳。这种不利,无可讳言。

亚当·斯密以为"谷物输入,课以重税,谷物输出,赐以奖金。乡绅们,似乎效法于制造家"。他们二者,想以同一方法,提高各自的商品价值。"他们也许不知道,谷物和其他商品,究有怎样的区别。由上述两种方法,你使制造家能够以高价售货。你不仅提高了制造品的名义价格,而且提高了它们的真实价格,不仅增加了制造家的名义利润,而且增加了他们的真实利润。你增加了他们的真实财富,增加了他们的真实收入。你实际奖励了制造家。由同样的方法,你虽能提高谷物的名义价格或货币价格,但不能提高谷物的真实价值。你不能由这个方法,增加农业家或乡绅们的真实财富,你不能由这个方法,鼓励谷物的生产。按照事物的本性,谷物的真实价格有定。我们不能由改变谷物的货币价格,而改变谷物的真实价值。走遍世界,谷物的真实价格,始终等于它所能维持的劳动量。"关于这段话,我想加以指摘。

奖励金往往会增加谷物;在未获得追加供给以前,谷物市场价格,往往超过于其自然价格;但追加供给一经获得,市场价格,即当再与自然价格一致。关于这几点,我已尝试说明了。但谷物的自然价格,比较更不固定。对谷物的需要增加了,便当耕作品质较劣的土地,而耕作较劣土地的人,若要获取一定量谷物,非加投劳动不可。

谷物的自然价格,就会提高。所以,谷物输出的永续的奖励金,不免有永续提高谷物价格的趋势。这趋势,又必致提高地租。[①] 所以,乡绅们不但暂时赞成奖励谷物输出,暂时赞成禁止谷物输入,而且永远赞成。制造家却与此不同。制造品输入的重税和输出的奖金,于制造家,只有暂时利害关系。

制造品输出的奖金,可暂时提高制造品的市场价格,但不能提高它们的自然价格。斯密博士此言,诚有至理。200 人劳动的生产额,必倍于 100 人劳动的生产额。为获取必要追加供给而投下的必要资本,一经充足,制造品的市场价格,就会降落而与自然价格相等。由市场价格昂贵而生的一切利益,就会消灭。制造家当然只能暂时享受高利润。在市场价格已提高,追加供给未获得的时候,制造家的利润,固然会暂行提高,但价格一经降低,利润亦必降落,而恢复常态。

亚当·斯密说,乡绅赞成禁止谷物输入,制造家亦赞成禁止制造品输入,但前者要求,较弱于后者。关于这层,我不能赞同。我以为,禁止输入,是更有利于乡绅。乡绅的利益是永续的,制造家的利益是暂时的。斯密博士知道谷物与其他各种商品的根本区别,但他的推论,恰好和这个根据相反。地租即从此区别而生。制造家决不希望制造品的自然价格增加,乡绅却莫不渴望谷物的自然价格提高。我以为,亚当·斯密不应以制造家比于乡绅,应以之比于农业家。农业家和地主的利害关系,极不相同。制造品的自然价格提高与否,无关于制造家的利害。谷物或原生产物的自然价格提高与否,亦无关于农业家的利害。于制造家农业家有利的,只是市场价格超过于自然价格。反之,谷物的自然价格提高,却于地主有利益。地租提高,是原生产物生产困难的必然结果。没有这种困难,谷物的自然价格不能提高。奖励谷物输出,禁止谷物输入,既可增加谷物需要,驱使我

---

① 见地租章。

们耕作劣地，故能促起更大的生产困难。

输入重税和输出奖金的唯一结果，是使一部分资本，投在不自然的用途上。社会的总基金，分配将不适宜。这无异贿赂制造家，使经营比较不利的职业。这是最不适宜的赋税。因之，从本国失去的东西，有一部分，不为外国所得。一般资本的分配方法，已经更不利了。譬如英国谷物价格为4镑，法国谷物价格为3镑15先令，10先令的奖金，使英国谷物输往法国，使法国谷物价格减为3镑10先令，在英国，却仍为4镑。在这场合，英人输出谷物1卡德，须纳税10先令。法国输入1卡德，却仅得利5先令。所以，就全世界说，由资本分配方法的失宜，就绝对损失了5先令。生产，不免受到阻碍。固然，受阻碍的，不一定是谷物的生产，但总有一种商品的生产，会受阻碍。

关于奖励金，布哈南君似乎看出了斯密博士的错误。他说："斯密博士说，按照事物的本性，谷物的真实价格有定，不能由改变货币价格而改变。这里，他未免混同了使用价值和交换价值。年岁无论丰歉，1布奚小麦所能维持的人口，没有增减，但歉岁1布奚小麦所能交换的奢侈品享乐品，必较多于丰年。所以，有食品剩余的地主，歉岁将更为富有。他们歉岁所能换得的享乐品，必较多于丰年。所以，奖金强迫谷物输出，会不会提高谷物的真实价格，是一个无待辩论的问题。"布哈南君论奖金的全部意见，已够明确，毫无遗憾了。

劳动价格的腾贵，有没有影响于制造品呢？关于这问题，布哈南君的意见，并不比亚当·斯密和《爱丁堡评论》作者的意见正确。布哈南君根据他自己的特殊见解，以为劳动价格无关于谷物价格；谷物的真实价格的提高，不会影响劳动价格。如果有影响，他就会说，制造品价格亦会腾贵。他的主张，会与亚当·斯密等一致。我不知道，他将怎样分别谷物价格腾贵和货币价值跌落？他怎样能够得到和亚当·斯密不同的结论？《国富论》第1卷第27页，有布哈南君注云："谷物价格，不支配一切其他原生产物的货币价格。谷物价格既不支配金属的价格，亦不支配一切其他有用物品如石炭木材石料的价格。它既不支配劳动的价格；亦不支配制造品的价格。所以，提高谷物价格的奖金，对于农业家，无疑是一种实利。批评奖励政策者，实无须列举这个理由。我们必须承认，这种政策，因可提高谷物价格，故可奖励农业。但我们的问题，是：农业应不应该奖励。”按照布哈南君的意见，谷物输出奖金，因不提高劳动价格，实有利于农业家。但若会提高劳动价格呢，布哈南君的结论，便当是，一切物品价格，都会按比例提高，故于农业，非特殊奖励了。

我们必须承认，任何商品输出的奖金，都有略微减低货币价值的趋势。一切助长输出的制度，都有蓄积一国货币量的倾向。反之，一切妨碍输出的制度，都有减少一国货币量的倾向。赋税可提高课税品价格，其一般结果为减少输出，故可抑制货币流入。又根据同一原理，奖励金就会奖励货币流入了。关于这层，在论述赋税时，我已说明。

重商制度的恶果，已为亚当·斯密暴露无遗。这种制度的整个目的，在于取缔外国的竞争，在国内市场上，提高商品价格。但对于这种制度，农业阶级的损失，决不更甚于其他各阶级。驱资本投在不自然的用途，将减少商品的总生产额。价格永续提高了，提高的理由，不是缺乏，是生产困难。商品售价虽已较高，但必要资本量一经充分投下，营业利润即不能更高。①

---

①　萨伊以为国内制造家的利益，并不是暂时的。他说：“绝对禁止某种外国商品输入的政府，设立了一种独占事业。这种独占事业，有利于国内这种商品的生产者，而不利于国内这种商品的消费者；换言之，国内这种商品的生产者，因独享售卖权，得提高商品价格，使超过于其自然价格。国内这种商品的消费者，因无他处购买这种商品，不得不支付高价格。”（第1卷第201页）但是，倘若本国人都有从事这种职业的自由，他们又怎样能够维持过高的市场价格呢？对外国，他们虽有了保障，对本国，他们却没有呀。由这种独占（如果可称为独占）而生的实害，不在于商品市场价格的提高，只在于他们真实价格或自然价格的提高。生产费的增加，使一国劳动的一部分，不得不投在更无利益的用途上。

制造家自己，以消费者资格，购买商品所须付出的价格，亦必增加。所以，我们不应当说："由这二项(组合条例与外货输入重税)引出来的腾贵，终须由该国地主农业家和劳动者支付。"

现今，一般乡绅，常常引用亚当·斯密的话，要求征收外谷输入的重税。各种制造品的生产费与价格，既然由一个荒谬法律提高了，乡绅们又起来要求公平的待遇，要国家默从新的诛求。似乎，我们买麻布棉纱棉布，既须支付追加价格，购买谷物，亦应支付追加价格。既已减小工业劳动的生产力，还应减小农业劳动的生产力。乡绅们这种观念，是大错特错了。我想，我们不如明白承认这种错误政策的错误吧，马上回过头来，逐渐实施世界贸易自由的原则。[①]

萨伊说："贸易差额，是一个不通的名词。关于这名词，我曾说过，倘若商人愿输出贵金属，不愿输出他种商品，国家亦当赞助他们。因为国家的利害，定于公民的利害。最有利于个人的国外贸易，必最有利于国家。阻碍贵金属出口，使个人事业，不能从心所欲，结局不过使他们改变输出品的种类，于个人，于国家，均更少利益。但说到这里，我须申明一句。这所说的，是国外贸易。在国内贸易和殖民地独占贸易上，个人利益，却不全是国家利益。国内贸易只有一种利益，即生产使用价值。"[②][③]我不知道国内贸易的利益与国外贸易的利

---

① "英国既富有各种工业生产物，又富有各种适合社会需要的商品，那要保障英国，使无缺乏之虞，贸易自由，实为唯一需要之物。地球上，其实没有一个国家，是命里注定了非饿不可。世界上的食品，常常是丰富的。要享受这种不绝的丰富，我们只须打倒一切限制与禁止，不再违反上帝的大智大爱的精神。"——《大英百科全书》附录《谷物条例与贸易》。

② 下述那几段话，不和这段话冲突吗？萨伊说："国内贸易，是最重要最有利的。国内互相交换的商品，一定是同一国的生产物。"——第1卷第84页。

"英国政府不知道最有利的贸易，是国内贸易。国民倘非生产了两个价值，国内贸易即不可能；换言之，必须生产一个出卖的价值，一个用作购买手段的价值。"——第1卷第221页。

对于这种意见，本书第26章，将加以考验。

③ 第1卷第401页。

益，究有何种差别。一切贸易的目标，都是增进生产。假设我以 100 日劳动生产物的价值，换得 1 个金块，把这金块输往外国，可购葡萄酒 1 桶。今因政府禁止输出金块，我不得不以 105 日劳动生产物的价值，购买 1 种商品，再把这种商品输出，以购买 1 桶葡萄酒。在这场合，我损失了 5 日劳动的生产物，国家亦损失了 5 日劳动的生产物，这情形，固可证明国外贸易上个人利益与国家利益，完全一致。但国内贸易上个人利益与国家利益，不亦互相一致吗？且假设这种卖买，不发生于不同国间，而发生于同国的不同省间吧。如果不限制个人自由，让他自由选择商品作交换手段，个人得利，国家亦将同样得利。倘因限制之故，他不得不以最不适宜的商品作交换手段，个人受损，国家亦将同样受损。本书第六章，已说明一切贸易，无论国内国外，利益都在于增加生产量，不在于增加生产物的价值。无论我们所经营的，是最有利的国内贸易国外贸易，抑是利益最小的国内贸易国外贸易，我们所得价值，终归一样。利润率与生产物价值，将依旧。唯一利益，是**使用价值的产出**。以同一资本投在煤炭丰饶之地，铁之产额，或将较多；投在煤炭缺少之地，铁之产额，或将较少。铁的产额的增加，当然是国家之福。但若一国之大，竟无煤炭丰饶之所，则以同量资本劳动投在他种商品的制造业上，把出品输出，以交换外国之铁，国家不亦可因所获铁量较大，而得利吗？

第二十三章

生产奖金论

本书前部，已确立资本利润的原理，年产物分配的原理，制造品和原生产物相对价格的原理。现今，我们讨论生产奖金的影响，最好心中不要把这些原理忘记。第一步，我们且假定，因要收集基金，供政府奖励谷物的生产，遂课一切商品以赋税。这种税，既不供政府消费，不过从这一阶级人民移归别一阶级，故就全体说，这种赋税的征收，这种奖金的颁发，实不能增减国富。我们承认，因收集奖励基金而征收的商品税，必致提高课税品价格。课税品的消费者，即是奖励基金的捐纳者。课税品的自然价格或必要价格既提高，市场价格亦当然会提高。但课税品自然价格提高的原因，即是谷物自然价格跌落的原因。在未有谷物生产奖金以前，农业家售卖谷物的价格，除了付清地租以及各种费用，已须提供普通利润；有奖金后，谷价若不按奖金比例跌落，农业家利润就会超在普通水平线上。课税品价格按赋税比例提高，谷物按奖金比例跌落，才不致永续改变农业和制造业间的资本分配法。人口与资本，既无数额上的增减，对面包对必需品的需要，亦无增减。谷价跌落后，农业家利润不会超在普通水平线上；制造品涨价后，制造家利润亦不会低在普通水平线下。奖金既不能增加栽种谷物的资本，亦不能减少制造业的资本。地主的利害关系，又将受何影响呢？原生产物税，会减少土地的谷物地租，但不能减少货币地租。原生产物的生产奖金，会增加土地的谷物地租，但不能增加货币地租。其事虽相反，其理则同一。[①] 地主的货币地租不

① 见本书第九章。

变，购买制造品所应支付的价格加大，购买谷物所应支付的价格减少，所以，总计起来，地主不致蒙受影响，既不更富，亦不更贫。

这种政策，能否影响工资，就看他购买课税品所须支付的高价格，与购买食品所须支付的低价格，能否相抵。若恰好相抵，工资即不变。工人消费品，若全不课税，工资必减少。工资减少，固然于雇主有利，但这种利益，可惜不甚实在。工资跌落，虽可引起利润率的提高，但在这情形下，奖金出自劳动者的部分愈少，出自雇主的部分必愈多。发给奖金，提高利润率，雇主虽有所得，但支付赋税，他亦难免有失，得失且往往相抵。这时，他不仅自己纳税，且须代劳动者付纳。代劳动者付纳的部分，或由工资减少而得补偿，或由利润增加而得补偿。自己付纳的部分，则将因谷价减低而得赔偿。他需用谷物，谷价已因奖金之故，跌落了。

谷物的自然价值变动了，可影响于利润；因课取赋税及发给奖金之故，谷物的相对价值变动了，这种变动，亦可影响于利润。但其影响不同。关于这点，我们有一述必要。倘谷物价格因自然价格变动而减低，结果，不仅会改变资本的利润率，且能改善资本家的境遇。利润更大了，他消费品的价格，却未加大。谷物是人类最重要的食品，今因生产所必要的劳动减少，其价值，且将实在跌落。同时，劳动的生产力，又加大了。不加资本，不加劳动，却加了生产。不仅利润率提高，获利润者之境遇亦将改善。资本家投下同额的货币资本，已可取得追加的货币收入；在支出这种货币的时候，他又可取得追加的商品量。他的享乐增进了。但在奖金的场合，事情却不是这样。如果谷物跌价的原因，是由于不自然的奖励金，结果便不能如此。被奖励的商品跌价，虽于他有利，但不被奖励的商品价格的腾贵，亦于他有害。他提高的利润率，只足支付高价格。所以，他的实际状况虽未恶化，亦无所谓改善。他的利润率虽则提高了，但他所能支配的生产物，却未增加。总之，如果谷价跌落，是发因于自然的原因，他的利益，便是实在的。别种商品亦将因原料跌价之故而跌价。如果谷价跌落，是发因于不自然的原因，他的利益，便是不实在的。谷物虽跌价了，别种商品却将涨价。

这种事实，又可证明必需品税，决不因提高工资减低利润率之故，发生特别弊害。利润确是减低了，但减低之额，仅等于劳动者付纳的赋税额，这个税额，是必须由雇主或消费者负担的。无论是在雇主收入中扣去50镑，抑在他消费品价格内，加上50镑，对于他，其影响且无殊于其他各阶级所受。如果加在消费品价格上，守财奴可不消费，以避免负担；如果间接从各人收入中扣除，要避免负担，当亦无从了。

谷物生产的奖励金，虽可使谷物价格相对减低，制造品价格相对提高，但不能实际影响于一国年产额。设政府采用相反的政策，换言之，因要奖励其他诸商品的生产，遂征收谷物税，作为奖励的基金，那谷物价格，当然会腾贵起来，其他诸商品的价格，当然会低廉下去。劳动者购买诸商品的利益，与购买谷物的不利，若恰好相抵，劳动价格，即可依旧。否则，工资即将提高，利润即将低落，货币地租不变。谷物价格提高了，工人又不能在奖金上领得津贴（全部奖金，都落在雇主手里），故非领追加工资不可。劳动者支付的那部分赋税，须由雇主负担，故利润将跌落。于是，工资提高，利润跌落。在这场合，计划虽甚复杂，于国家无所影响。

在讨论这问题时，我们不问它对于国外贸易，究有何种影响。这不是忽略。我们讨论时，无宁假设一个孤立不与外国通商的岛国。我们既知，这国对谷物及其他诸商品的需要不变，那无论奖金如何，这国都没有移动资本的动机。若有国外贸易，而且贸易自由，情形就不复如此了。这种奖金既改变了诸商品及谷物的相对价值，又改变了它们的自然价格，所以，国内商人，必愿输出自然价格已经减低的商品，而输入自然价格已经提高的商品。这种理财计划，势必改变职业的自然分配方法。这种改变，固可使外国得利，但采用这计划的国家，必受损害。

第二十四章

亚当·斯密的地租学说

亚当·斯密说:“土地生产物的普通价格,必须足够补偿它们上市所必须投下的资本及其普通利润。普通价格,若补偿此数而有余,剩余部分,自然作为地租。若无所余,商品上市,即不能提供地租。但价格能否有余,全看它的需要。”

读这段话的人,谁敢怀疑他不曾了解地租的性质。他知道,社会所必须耕作的土地的品质如何,取决于“土地生产物的普通价格”,是否“足够补偿耕种所必须投下的资本及其普通利润”。

但他又说:“有一类土地生产物的需要甚大,其价格不仅足够补偿土地生产物上市的费用。”他以为,食品就属于这一类。

他说:“土地出产的食品额,不仅足够在最丰裕状态下,维持食品上市所必要的劳动。还有一个剩余。又不仅足够补偿必要资本及其利润。还有一个剩余,留作地主的地租。这几乎是普遍的现象。”

证据在哪里呢?他说:“挪威苏格兰最荒芜的旷野,亦可牧畜。这种牲畜,既可产乳,又可繁殖。就这二项说,已不仅足够维持牧畜所必要的劳动,补偿农业家牧畜家的普通利润,且可提供若干地租。”关于这话,我不免有点怀疑。我相信,国家无论文明野蛮,都一定有一种土地的生产物价值,仅足补偿资本及其普通利润。亚美利加的情形,就是这样。美洲的地租原理,不会不同于欧洲吧。农业发达的今日的英格兰,固无土地不供地租,但昔日英格兰却确有不能提供地租的土地。我们姑且不讲这个道理。英格兰投在土地上的资本,总随时有一部分,仅能补偿所投下的资本及其普通利润罢。譬如,农业家缔结七年或十四年期限的租地契,以10000镑投在土地上。他预计，按照现今谷物价格及原生产物价格，他一定能够偿还他必须投下的资本，支付地主的地租，此外，还有普通的利润。他不会投下 11000 镑——除非投下最后这 1000 镑，亦能提供普通的利润。在他预算中，投不投下这 1000 镑，就看原生产物的价格，能不能偿还他支出的资本和利润。因为，他知道，地租是不增加的。甚而，租期满后，他的地租亦不会提高。如果，因为加投了 1000 镑，地主就要追索地租，他就会把这 1000 镑撤回。他投资，一定希望普通的利润。所以，如果原生产物不涨价，普通利润率又不减低，他最后投下的 1000 镑，是不支付地租的。

亚当・斯密的扩大的胸襟，若曾注意这种事实，他决不会说地租是构成原生产物价格的要素。支配价格的，随时随地，都是最后那一部分不支付地租的资本报酬。如果他知道了这个道理，他决不会说矿山地租和土地地租，是受支配于各不相同的法则。

他说："炭山能否提供地租，一部分由其丰度而定，一部分由其位置而定。矿山的丰度如何，又看一定量劳动投在这矿山上，所能获得的产额，与同量劳动投在一般同种矿山所能获得的产额比较，是较多，抑是较少。较多则称为丰饶，较少则称为贫瘠。有些炭山，位置很好，但以贫瘠之故，生产物不够偿还原费，不能提供利润和地租，故不能开采。有些炭山的出产，仅足支付劳动工资，偿还资本及其普通利润，但不能提供地租。所以经营这种事业有利的，只有地主自己，他自己就是企业者，能够获得资本的普通利润。苏格兰有许多炭山，就只能在这条件下开采。因为，没有地租，地主不许任何人开采；但任何人开采，亦不能提供地租。"

"有些炭山，颇为丰饶，但以地位不宜，不能开采。有些矿山，投下普通量（甚而，不要普通量）的劳动，即可采出一定量的矿产物，足够偿还开矿的费用。但因位居大陆内地，居民稀疏，水陆运输不便，这一定量的矿产物，无法贩运出来。"这种解释，真是周详透彻，不仅适合于矿山,且适合于土地。但他又说:“就地面财产说,情形就不同了。地面财产的生产额与地租额,均按照比例于其绝对丰度,不是相对丰度。”且假设这里一切土地,统有地租。最劣土地的地租额,即按照比例于生产物价值超过资本及其普通利润之剩余。丰度较大一点,位置较好一等的土地的地租,又受同一原则支配。那吗,这种土地的地租,必较多于较劣土地无疑。再好一点的,依然受这个原则支配,推而至于最上等的,莫不要受这个原则支配。那很明白,决定矿山地租的,是矿山的相对丰度,决定土地地租的,亦是土地的相对丰度。

亚当·斯密既然知道有些炭山,只能补偿资本及其普通利润,所以开采这种炭山有利的,只是炭山所有者;他为什么不说,规定一切炭产物价格的,就是这种炭山的产物呢?如果原在开采的炭山,已不够应付必需,煤炭价格,自然会腾贵起来,而且继续腾贵,迄至新炭山所有者,开采较劣新炭山,已能有普通利润之时为止。这种新炭山若有相当丰度,价格亦只须有相当的腾贵,即可投资经营。若无相当丰度,价格必继续腾贵,至足补偿开矿资本及其普通利润之时为止。所以,决定煤炭价格的,显然是丰度最小的炭山。亚当·斯密的意见,却与此相反。他说:“丰度最大的炭山,支配附近各炭山的煤炭价格。附近煤炭,势须贴本售卖。于是,最丰矿山所有者,可获较大地租,企业者可获较大利润。附近各同业者,虽有较大的生产困难,但仍不得不减少地租与利润(有时全然放弃),而在同一价格上售卖。因之,有些炭山,没有人愿意开掘;有些炭山,因不能提供地租,只能由所有者开掘。”如果煤炭的需要减小了,或因生产方法改良,产额增加了,其价格诚将跌落,有些炭山,诚将停止开采;但无论如何,不付地租的炭山的开掘,总非偿还资本及其普通利润不可吧。规定价格的,其实是最贫瘠的炭山。这个原则,亚当·斯密亦未尝不知。你看他说:“煤炭出售的最低价格,仅足偿还资本及其普通利润。这,和其他商品,没有两样。不支付地租的炭山的煤炭价格，必须和这个价格，相差不远。”

煤炭丰饶低廉，无论起自何因，都会停止无租或少租的矿山的开采；同样，原生产物丰饶低廉，亦必停止无租或少租的土地的耕作。譬如，如果番薯，像米一样，可以作人民一般食品，现今耕作的土地，也许有 1/4 或 1/2，会停止耕作。拿亚当·斯密的话来讲，“栽种番薯 1 英亩，可产固体滋养料 6000，3 倍于栽种 1 英亩小麦”。人口增殖，既不能如此迅速，土地的耕作事业，当然有许多停止，地租不得不跌落。在人口尚未加倍或 3 倍以前，耕地的数量，地租的数额，均不能恢复原状。

无论构成总生产物的，是足够养活 300 人的番薯，抑是足够养活 100 人的小麦，地主所得部分，必依旧；生产费虽因工资受支配于番薯价格而大减低，支付工资后的剩余生产物，虽将大增，但这个剩余部分，不会变成地租，将全部变为利润。随便在什么时候，工资跌落，利润就增加；工资增加，利润就跌落。无论栽种小麦抑是栽种番薯，支配地租的，总是一个原则——地租，等于投下等量资本，在同种土地或不同种土地上，所收获的不等量生产物间的差额。若耕地品质不变，其相对丰度与便利又不变，地租对总生产物的比例亦不变。

亚当·斯密却说地主应得部分，将因生产费减少而增加，并主张丰年地主所得，必较多于歉岁。他说：“米田所产出的食物量，较多于最上等的麦田。1 英亩米田，每年收获 2 次，每次 30 布奚至 60 布奚。耕作虽需较多劳动，但在全生产物中，除了维持劳动所必需的数量，剩余部分，还是更大得多。所以，与产麦国比较，产米国的地租更高。”

布哈南君亦说：“倘有某种物品的出产，较丰饶于谷物，又可作人民普通食料，则其出产愈丰滋，地租必愈大，其间似乎保持着一个比例。”

事实是，如果番薯可作人民普通食料，地租必致长期大减，不是增加。地主所得的滋养料，或许不会减少，他所收得的价值，或许会减而等于现今 1/3。但地主所须消费的制造品价格，只能在原料跌价时跌落。原料价格，又只能在耕地丰度加大时跌落。

在这场合，如果人口增殖了，昔曾加入耕作而曾一度停顿的土地，将再加入耕作，地主所获得的生产物部分，固将依旧不变，他所获得的价值，亦必恢复原状。换言之，地租，必完全恢复旧况。但利润，却因食品价格大减，工资大落，而提高了许多。高利润，宜于蓄积资本。于是，对劳动的需要，对土地的需要亦增加。地主因之，常受其益。

食品生产如此丰饶，耕作土地的利益，一定更高。因之，进步社会，尽有提供追加地租，维持追加人口的余裕。这于地主，当然有利。但这种事实，恰符合于我的结论。一切非常的利润，都有时间性。在土地全收获中，减去鼓励蓄积的适度利润以后，终须归于地主。

有如此丰饶的收获，如此低廉的劳动价格，当然不仅已耕土地的收获量，会大增加。许投在已耕土地内的资本，会更多得多，许从已耕土地取出的价值，亦会更多得多。同时，劣等土地的耕作，亦必较有利益。这大有利于地主，亦大有利于消费者全体。机械，将改良以生产最重要的消费品；需用机械之处愈多，机械的报酬愈优良。最先享受这一切利益的，虽为劳动者资本家和消费者，但因人口增殖，这一切利益，终须逐渐移归地主。

但除了这种改良（这对于社会全体，有近利，对于地主，有远利）不说，地主的利害关系，便与消费者制造家的利害关系，常常相反。谷物价格永续提高的唯一原因，是生产谷物所必要的劳动增加，因而增加谷物的生产费。但地租提高，即由于这个原因。所以，为地主利益计，谷物生产费是应该增加的。但为消费者利益计，却不应该。消费者，宁愿谷物价格相对减低——对诸商品与货币而言——因为购买谷物的手段，就是诸商品与货币。为制造家计，谷物价格亦不应腾贵。谷价腾贵，将提高工资，但不能提高商品价格。制造家，为自己，既须加付谷物价格，为工人，又须支付追加价值。这种追加费用，没有一点赔偿。所以，除了地主，一切阶级都不利于谷价腾贵。地主和社会上各阶级的关系，不类似于贸易上的关系。贸易上的关系，于卖者买者双方有利；但地主与社会各阶级的关系，却是一方全然损失，一方全然得利。在外谷低廉时，禁止谷物输入，于一方面的损失，且远甚于别一方面的利得。

货币价值低和谷物价值高，是两回事，亚当·斯密却混为一谈。他以为，地主的利害关系，决不与社会各阶级相反。其实，在货币价值低的场合，是货币对一切商品，行相对的跌落；在谷物价值高的场合，是谷物对一切商品和货币，行相对的腾贵。在第一场合，谷物（对诸商品）的相对价值依旧，在第二场合，谷物（对诸商品和货币）的相对价值，已经更高。

亚当·斯密下述那一段话，只适用于货币价值低的场合，全不适用于谷物价值高的场合。他说："如果谷物输入自由，农业家和乡绅售卖谷物所得的货币量，比于禁止谷物输入的今日，或将减少，但他们所得货币的价值，却将更大。因此**货币额所能支配的商品**，所能雇用的劳动，必较多。他们由货币计算，财富和收入虽是减少了，但他们的真实财富和真实收入，可不致变化，他们所能栽培的谷物，决无殊于今日。反之，因谷物价格跌落而生的银价提高，略可减低各种制造品的价格；其国工业，借这机会，可在外国市场上得利，从而得到奖励与发展。谷物在国内的销路如何，既与其国一般工业状况成比例，又与他物生产者数成比例。国内市场既最接近最方便，又是最阔大最重要的谷物市场。因谷物平均货币价格减低而生之银价腾贵，既然可以推广最重要最阔大的谷物市场，所以是谷物生产的奖励，不是阻害。"

因金银丰饶低廉而生的谷价腾贵，对于地主，无关重要，因金银价值的腾落，会同样影响于各种生产物。但我们不能根据这点，便说谷物价格的相对提高，无利于地主。这常常使地主得利。第一，谷物地租额将增加；第二，即令地租无所增加，他所能支配的货币额，必增加无疑，因之，他所能支配的商品量，亦必增加无疑。

第二十五章

殖民地贸易

关于殖民地贸易，亚当·斯密已毫无遗憾的，说明了自由贸易的利益，详论了殖民地因受祖国压迫，不能在最昂贵的市场上售卖，最低廉的市场上购买，未免太不公平。他说，世界各国，若都能随依己意，自由交换各自的生产物，世界劳动的分配方法，将最有利，人类所能获得的生活必需品享乐品，将最丰饶。

他说明了，商业自由，既可促进全体利益，又可促进各国利益。今日欧洲诸国对殖民地的狭隘政策，不仅有害于殖民地，且有害于祖国。

他说："殖民地贸易的独占，有如卑陋有害的重商主义，一方面压抑他国（尤其是殖民地）工业，他方面又不仅不足助长独占国工业，且从而减退之。"

他论殖民地贸易独占政策，未免虐待殖民地，可称畅达令人折服了，但关于论题这一方面，却尚有待吾人补充者。

我想，祖国限制殖民地，能否有利于祖国，至少亦是个疑问。例如，假设英格兰是法兰西的殖民地吧。在谷物罗纱及其他商品输出时，英格兰若须支付大奖金，那谁敢怀疑法兰西的利益呢？在考验奖励金问题时，我们假定英格兰谷物售价为每卡德 4 镑，输出时，每卡德可得英格兰奖金 10 先令，谷物在法兰西，便可以 3 镑 10 先令的价格出售。我们假设法国谷物，原价为 3 镑 15 先令，那法国每输入 1 卡德，法国消费者，即可得利 5 先令。法国谷物，若原价为 4 镑，法国消费者，即可得利 10 先令即奖金全部。如是，英国所失，恰为法国所得。法国所得，不仅是英国损失的一部分，是全部。

或谓，输出奖金，是国内政策，不易在殖民地设立。

牙买加[①]（英国属地）与荷兰贸易，若最好是没有英国从中取利，那不能直接交换，就是二国的损失。事实上，牙买加要交换荷兰商品，既须英人从中撮合，那定然有一个英国资本，投到这种职业上来。引诱它投在这种职业上的，是奖励金，但支付奖励金的，不是英国，是荷兰或牙买加。

由二国劳动分配方法不善而发生的事实，使其中一国受利，一国受害，而其实际损害，且不只由于分配不善。关于这一层，亚当·斯密已充分说明了。倘若真确，则有害于殖民地的方策，就可使祖国享一部分利益了。

关于通商条约，他说："若一国订约，只许某国某种货品入口，而禁止他国，或只许某国某种货品入口免税，而不允许他国，受惠国，便可从这种条约享受利益。至少，受惠国的商人和制造家，可由这个条约得利。他们可在施惠国享受一种独占权。施惠国，就成了受惠国货品的更阔大更有利的销售场：更阔大，因他国货品，或则不许输入，或则课以重税；更有利，因受惠国商人，得享独占权，售价每每较好。"

假设缔约二国，就是祖国和殖民地。从上文推论，亚当·斯密一定会说，压迫殖民地的祖国，是有利益的吧。但这里，我们仍当附注一笔。如果国外市场不被独一公司独占，外国购买者所须支付的商品价格，决不会更高于国内购买者。外国购买者所须支付的价格，与出产国商品的自然价格比较，决不能相差过甚。在普通情状下，英国常能按照法国货品的自然价格，购买法国货品，法国亦可按照英国货品的自然价格，购买英国货品。但在无条约的场合，货物卖买，亦少不了要按照这种价格的。那吗，条约之对于双方，究有何利何害呢？

对于输入国，这条约的不利如下。这条约，使她只能从英国（比

① 原文为牙沫加，现通译为牙买加。下同。——编者注

方这样说）按照英国商品的自然价格，购买商品。他国商品的自然价格，即令更低得多，但受着这个条约束缚的她，也只许从英国输入。所以，一般资本的分配方法，将因这条约的缔结而陷于不利，缔约国不得不在最不利的市场上购买。这条约，又不能凭借幻想的独占，给卖者以任何利益。同国人的竞争，使他在国内在国外的售价，都不能超在自然价格之上。

这条约的利益又何在呢？那就是：英国在特殊市场上若无供给特殊商品的特权，英国即不能以输出为目的而生产这种商品。何则？自然价格较低之国，将与之竞争，使英国无售卖这等商品的机会。这时，英国制造别种商品送往法国，若可无虑不易畅销，条约之有无，当无足轻重。英国所要的，若只是购买 5000 镑法国葡萄酒，英国所希望的，亦就只是卖出货品，换得 5000 镑，好满足自己的欲望。若法国给英国以罗纱市场的独占权，英国一定会把罗纱输出去。若贸易自由，他国竞争，或可使英国罗纱的自然价格，不能如此低廉，因而，这 5000 镑的获得，或不能依赖罗纱的输出。英国的工业劳动，一定会改投在他种商品的生产事业上。但若因货币价值跌落，英国生产物，或许没有一种，能照外国商品的自然价格出售。结果怎样呢？英国饮葡萄酒者，仍愿以 5000 镑输往法国，购买葡萄酒。这种货币的输出，一定会使英国货币价值腾贵，他国货币跌落。因之，英国一切工业品的自然价格，全会低落。货币价值提高，无异是一切商品价格跌落。于是，英国又可输出商品，取得这 5000 镑。自然价格的减低，使英国商品，可以和他国竞争。但这时，要换得 5000 镑，已非售去追加商品不可，而 5000 镑所能换得的葡萄酒量，又比较少了。英国货币量的减少，既可减低英国商品的自然价格，法国货币量的增加，又可提高法国葡萄酒的自然价格。于是，在交换完全自由而无商约束缚的时候，为交换英国商品而输入英国的葡萄酒量，必致减少。但利润率不致变更。两国货币价值已相对变动了。法国在交换上的利益，是换去的货物依旧,换来的货物较多;英国在交换上的损失,是换去的货物依旧,换来的货物较少。

国外贸易(无论是受阻碍、受奖励,抑是自由)的进行,可不问各国生产商品的比较困难。支配国外贸易的,是自然价格,不是自然价值;但要改变自然价格,又须变更贵金属的分配。这种解释,证实了我上面讲过的意见——即,对商品入口出口的赋税、奖励金,或禁止,都会引起贵金属分配方法的改变,从而改变商品的自然价格和市场价格。

受这样限制的殖民地贸易,比较完全自由的贸易,当然更有利于祖国,更不利于殖民地。限制消费者个人,使仅能与特别商店交易,固然不利于消费者个人;限制消费者国家,使仅能购买特定国的商品,亦不利于消费者国家。若有一商店,一国家,能以最低价格供给必需品,即令没有排他的特权,亦无虑货物不能畅销。如果不能以更低廉的价格售卖商品,他们的营业,可见尚不能与他人并驾齐驱,为一般利益计,鼓励他继续这种营业,实在不上算。变更职业,固然会给商店,给售卖国以不利,但要切实保障一般利益,质本分配,即当力求妥善,即容许世界自由贸易。

第一等必需品的生产费的增加,不必会减少它的消费额。一般购买力,虽由商品腾贵而减小,但他们会放弃别种商品(生产费未曾提高的商品)的消费。在这场合,供给额与需要额依旧,增加了的,只是生产费。价格亦将腾贵,而且必须腾贵。要这样,各种职业的利润,方才能够立在一条水平线上。

萨伊承认生产费是价格的基础,但他有时又说,价格受支配于供求比例。其实,两种商品相对价值的真实定素或究竟定素,只是它们的生产费,不是它们各自的产额,亦不是购买者间的竞争。

亚当·斯密论殖民地贸易,说:这种贸易,因为只许英国投资,曾提高一切其他职业的利润率。因高利润高工资,可提高商品价格,所以他说，殖民地贸易的独占，有害于祖国。祖国制造品，将不能以同样低廉的价格售卖。他说："独占的结果，殖民地贸易增进了，但殖民地贸易增进的结果，与其说是英国的贸易增进，无宁说是英国的贸易通路改变。其次，这种独占，又使英国各业的利润率，超过世界贸易自由时代的自然利润率。""但是，若因独占之故，一国普通利润率竟致提高，无独占权的各种职业，便不仅要蒙受绝对的不利，且须蒙受相对的不利了。这各种职业，不提高货品（无论是输往外国的本国货物或输入本国的外国货物）价格，即无法获利这个追加的利润。他们买价更高，卖价亦更高，买少卖亦少，享受少生产亦少。"

"我国商人，常谓英国工资提高，是他们制造品在外国贴本售卖的原因，但关于利润的提高，他们却默然不发一言。关于别人的法外的利得，他们常发不平之鸣，但关于他们自己的，他们却三缄其口。英国利润高与工资高，是英国制造品腾贵的两个原因，它们是同样重要，有时，还更宜注意前者。"

我承认，殖民地贸易的独占，将变更投资的方向。这种变更，常常有害。但我以为，由甲种国外贸易变为乙种国外贸易，或由国内贸易变为国外贸易，都不能影响利润率。其弊害已如上述。即，资本和劳动的分配方法，将更不利，生产力将因而减退，商品自然价格将提高，购买者所能支配的商品量将减少。并且，即令能够提高利润，亦不能变动价格。支配价格的，既非工资，亦非利润。

亚当·斯密曾说："商品价格（即商品价值与金银价值比较）定于两个劳动量的比例。一为一定量金银上市所必要的劳动量，一为一定量商品上市所必要的劳动量。"说这话的亚当·斯密，不已赞同我的意见吗？劳动量的多寡，既不受影响于利润的高低，亦不受影响于工资的高低。那吗，价格如何能由利润腾贵而腾贵呢？

第二十六章

总收入与纯收入

非从纯收入额加大，只从总收额加大而生的利益，常为亚当·斯密所夸张。他说："农业是最生产的，投资农业者愈多，被雇用的生产劳动亦愈多；它加在年产物上的价值最大。次于农业，当推制造业。投在输出业上的资本，在三者中。效果最小。"[①]

姑且假定这是实在的情形。如果一国纯地租纯利润不变，我真不知道，被雇用的生产劳动量的增加，究于国家何益。一国所有的生产物，常常分作三部：一部分工资，一部分利润，一部分地租。赋税与蓄积，只能出自后二部分。适度的工资，已成为绝对必要，不可再减。[②] 一个人有 20000 镑资本，每年利润 2000 镑，那只要他的利润不减在 2000 镑下，便无论被雇工人为 100，为 1000，商品售价为 10000 镑，为 20000 镑，对他个人，是一样行得。对于国家，亦是一样有利。倘若一国纯收入不变，利润地租不变，居民多少，实无关重要。一国能够在什么程度上，维持海陆军及一切不生产的劳动，就看它的纯收入若何，无关于其总收入。如果 500 万人能够生产 1000 万人所必要的衣食物，其国纯收入，当为 500 万人的衣食物。倘有别国，能以 700 万人，生产 1200 万人所必要的衣食物，那亦同样有 500 万人

---

① 萨伊的意见，同于亚当·斯密。他说："最有利的资本用途，除了投在土地，就算制造业和国内贸易。这样投下的资本，其利仅属于一国，但投在国外贸易上的资本，却毫无分别的，使一切国的工业，一切国的土地有利。对国家最少利益的投资，是贩运甲国货物到乙国去。"——萨伊第 2 卷第 120 页。

② 这种说明，也许太强硬了些。因为，在工资名义下，付给工人的部分，大概略高于绝对必要的程度。在这场合，国家纯收入的一部分，将由劳动者领受，亦由劳动者贮蓄或消费，或者捐纳出来，供国防之用。

的衣食物，作为其国纯收入。这时，被雇的人数虽然更多了，但我们不能增加一个兵士，不能多纳一个几尼的赋税，那于国家，又有何利呢？

亚当·斯密以为，最有利的资本用途，可以促动最大量的工业劳动。他的根据，非谓人口较多，必有福利。这种福利，全然是幻想的。他的理由，是国家势力的增进。① 他曾说"有富即有势的今日，国之富强，常与其国年产物价值成比例。这种年产物的价值，是一切赋税所从出的基金"。这话，其实是错的。纳税力，只与纯收入成比例，不与总收入成比例。

国际资本分配方法如下。贫困资本用途，常常能够维持较多国内劳动。在贫国，要获得追加人口的追加食物，很是容易。富国食品昂贵，故在贸易自由时，资本最适宜的用途，自然是必要劳动量最小的职业。贩运业，远方的国外贸易，采用昂贵机械的职业，便属于这类。这一类职业的利润，与资本成比例，不按照比例于所雇用的劳动量。②

根据地租的性质，我虽承认投在最后耕地上的资本（与投在制造业上的同额资本比较），能雇用较大量的劳动。若谓投在国内贸易上的资本（与投在国外贸易上的同额资本比较），亦能雇用较大量的劳动，我却不能承认。

亚当·斯密说："以资本贩运苏格兰制造品至伦敦，再贩运英格兰谷物及制造品往爱丁堡，往返一次，可偿还两个资本，那都是投在英国农业制造业上的。

---

① 萨伊说我蔑视人口较多的福利。这完全是误解。我这里，只是批评亚当·斯密。

② "幸而，按照事理之自然，资本不会投在利润最大的职业，却会投在最有利于社会的职业上。"——萨伊第2卷第122页。什么职业，对个人最有利，而对国家非最有利呢，萨伊没有告诉我们。资本有限而肥地无限的国家，加入国外贸易，往往甚迟，其中原因，即是：国外贸易对个人利益较小，对国家利益亦较小。

“以资本输出国内工业生产物，而输入国内消费的外国货物，往返一次，亦可偿还两个不同的资本，但只有一个，是维持国内工业的。譬如，以资本送英国货物往葡萄牙，再送葡萄牙货物入英国，往返一次，只偿还一个英国资本，其他一个，则为葡萄牙所有。所以，国外贸易的往返，即令与国外贸易往返之速度相等；但与投在国内贸易上的资本比较，投在国外贸易上的资本，只能奖励半数本国工业劳动。”

这种议论，未免错误。投下的两个资本，诚如斯密博士所想像，是一个葡国资本，一个英国资本。但国外贸易上使用的资本，必倍于国内贸易。所以，本国投下的资本无论如何，都是两个。譬如假设苏格兰用 1000 镑资本制造麻布，英格兰用 1000 镑资本制造丝绢，二地互相交换，二地共投下资本 2000 镑，且按比例，投下一定量的劳动。今假设英格兰发觉了，要输入较多麻布，不如与德国交换，同时，苏格兰亦发觉了，要输入较多丝绢，不如与法国交换，于是，英格兰对苏格兰的交换，将立时停止。国内贸易不将停止吗，国外贸易不将发生吗？这时，贸易上虽增加了两个外国资本，一个是德国的，一个是法国的，但英格兰苏格兰投下的资本量和雇用的劳动量，不正相同于国内互相交易的时候吗？

第二十七章

论通货与银行

关于通货问题的著述,不知有多少了。除了少数成见在心的人,对此问题留意的,大都所见不错。我要概论的,只是支配通货数量通货价值的一般法则。

金银的价值,与其生产及上市所必要的劳动量成比例。金价约等于银价 15 倍,非因金之需要较大,亦非因银之供给较丰,只因获一定量金,比于获一定量银,须费去 15 倍的劳动量。

一国所能使用的货币量,必须受支配于其价值。金与银的相对价值,即为 1∶15,所以,专用银来周转商品,量若为 1,则专用金来周转商品,量当为 1/15。

货币流通额,决不致丰饶到泛滥的地步。减少它的价值,你就以同一比例增加它的数量;增加它的价值,你就以同一比例减少它的数量。

在铸造货币,国家不征收造币料的场合,货币价值,等于任何一片同重量同成色同种类的金属的价值。但在国家征收造币料的场合,铸币价值,往往按照造币料的全额,超过未铸金块的价值。在这场合,银币的获得,须费去较大量的劳动,或者说,须费去更大量劳动生产物的价值。

若国家独享铸币权,这种造币料的征收,就可无限制;因之,限制铸币量,即可随意提高铸币价值。

纸币的发行,即按照这个原则。纸币的全部价格,可视为造币料。它虽无内在的价值,但以其量受限制,其交换价值,遂得与同名称之铸币或铸币内金块价值等。实质低劣的铸币,内含金块之价值虽较少，但仍能以法货资格流通，亦是依照这原则。试一检阅英国币制史，可见历年英国通货价值的跌落比例，不等于通货成色的减低比例。理由是：它的数量的增加，不曾按照比例于它内在价值的减少。①

发行纸币，最应注意数量限制的结果。50年来，英伦银行指导员，似都知道，不受持票兑现者限制的纸币，会影响（而且能够影响）商品价格、金块价格，与国外汇兑。

自银行设立以来，铸造货币发行货币的权力，已非国家特有。通货的数量，不仅可由铸币而增加，且可由发行纸币而实际增加。货币成色若是减低了，国家虽限制货币数量，亦不能维持货币的价值了。银行已经同样有增加通货数量的权力。

根据这个原则，我们知道，要维持纸币价值，能否兑换正币，还是次要的问题。纸币数额，须按本位金属的价值而受调节，才是主要的一点。如果本位是重量有定成色有定的金，则在金价跌落，货物价格提高时，纸币数量，便无妨增加。

斯密博士说："发行纸币过多，过剩额将不绝转来兑换金银，因之，英伦银行，接连许多年数，须每年铸造金币80万镑至100万镑，平均计算，每年当在85万镑左右。数年前，又因金币重量磨损，实质低劣了，银行铸了大批金币。但即因此故，银行不得不常以高价格购买金块。每4镑买1翁斯，迄至铸成，每翁斯却仅等于3镑17先令$10\frac{1}{2}$便士，损失在2.5%以上，甚至3%。银行虽不纳造币料，但暗中无异纳了。"

根据上述原理，还库的纸币若不再发行出去，对银行的一切要求，便都停止。全部货币（无论是否实质低劣）的价值，当然会再提高

① 关于金币的话，可同样用在银币方面，没有每回并举的必要。

起来。

布哈南君的意见，却与此不同。他说："银行这时出费的浩大，原因殊不如斯密博士所想像。换言之，原因不在于滥发纸币，乃在于通货的实质低劣与金块的价格腾贵。据观察所得，英伦银行，除了把金块送铸币局铸造，再无别法，可以获得几尼。它不得不常常铸造几尼，来兑换钞票。在通货重量不足，金块价格按比例腾贵时，常常有一种人，以纸币兑换重几尼，镕成金块，再以金块交换纸币，以纸币交换新币，依此循环，亦颇有利可图。在通货重量减低时，银行现金，易致干竭。钞票兑现，虽于银行不便，但银行不能借口放弃兑现的义务。"

布哈南君以为全部通货，必致引下而等于劣币价值。但按诸事实，若限制通货数量，则残余部分的通货，必上升而等于良币价值。

关于殖民地通货，亚当·斯密似乎忘记了他自己的原则。他不说纸币过多是纸币跌价的原因，却问：假设殖民地的抵押甚为稳当，15 年后支付的 100 镑，是否等于立时支付的 100 镑？我的答覆是：若货币量不过多，便是相等的。

据经验所示，国家和银行随意发行纸币，都是滥用权力。发行纸币，应受或种限制与监督。为这个目的，最适当的方法，是强制纸币发行人，有以金币或金块兑现的义务。

【"为保障社会公众[①]，使通货价值，除了本位金属价值亦不免变动的场合，即不致发生变动，同时，又使流通媒介物最为轻便经济，通货制度必求其完美无缺。银行兑现的手段，不应当是铸币，应为未铸的金银，其交付又须按造币标准及造币价格。靠这种方法，纸币价值若低在金块价值之下，纸币数量即可减少，故纸币价值，无低在金块价值以下的危险。至若，要防止纸币腾在金块价值之上，则在交换本

① 括弧内那几段话，录自著者 1816 年出版的《调剂稳定通货制度的意见书》。

位金时，银行应以纸币3镑17先令交换1翁斯本位金。为免除银行麻烦起见，凡以纸币3镑17先令10 $\frac{1}{2}$便士来兑换金块，或按3镑17先令卖金给银行的，金的数量，必须在20翁斯以上。换言之，若价格为3镑17先令，金量又在20翁斯以上，银行随时有收买的义务；若价格为3镑17先令10 $\frac{1}{2}$便士，金量又在20翁斯以上，银行就随时有以现金兑换纸币的义务。[①] 银行既有调节纸币数量的权力，所以，这种规定，决无不便于银行之处。

"同时，金块的出口入口，须有完全自由。银行若能照本位金块的价格，调节它的贷借额与纸币额，则无论流通中多少纸币，要求兑现的事件，总不会常常发生。

"要达到我心中的目标，须规定银行以未铸金块，按造币标准和造币价格，兑换纸币。若能这样，银行虽无按照固定价格购买任何量金块的义务，亦行。造币局若可代任何人铸造，更好。这种规定，不过使货币价值接近于金块价值，使不致相差过甚，至多，不过等于银行卖价与买价之差。这是很微小的，没有妨碍。

"若银行肆意限制纸币数量，纸币价值将腾贵，金块或将低在我所拟设的限度（收买金块的限度）以下。在这场合，金将送往铸币局，流通中的货币量将增加。这时，货币价值的跌落，固可使其价值再与其本位一致，但这种方法的实施，与我提议的方法比较，是更不安全，更不经济，更不速便。对于我所提议的方法，银行方面，毫无异议。就银行的利益说，与其强迫他人提供铸币，无宁通用纸币。

"在这种制度下，通货既如此调节，所以，除了全国发生恐慌，人

---

① 这里所举的3镑17先令的价格，是随意假定的。提高一点，减低一点，都有理由。我的假定，只为说明原理的方便。不过，在确定金价时，应注意使售金者不愿送金往铸币局，情愿把金卖给银行。同样，我说20翁斯，目的亦是这样。说多点，说少点，亦未尝没有理由。

人都要贵金属的时候，银行即可不致陷入任何困难。如果有这种恐慌，什么制度亦不能保障银行。按照银行的性质，这就是无法避免的。一个银行，决不会贮藏那么多的正币或金块，准备一切有钱阶级的合法的兑现的要求。如果社会上，有一天，大家一齐向银行要钱，那通用的钞票，无论增加多少倍，亦不能应付社会上的要求。这种恐慌，是一七九七年危机的原因。一般人认这次危机的原因，是政府向银行大批借款。这种观察，未免错误。其实，咎既不在银行，亦不在政府。当时社会上的胆怯份子，流行一种无理由的恐怖。这种恐怖的传染，叫大家向银行要钱。即令当时银行不借款给政府，即令银行资本倍于现在，亦会发生这种危机。固然，银行如果能够继续兑付现金，那在银行铸币干竭以前，恐慌也许早已镇静。

"关于纸币发行条例一事，英伦银行理事先生们早有表明，据称，他们并没有什么了不起的轻率行使职权的地方。很显明的，他们曾经极其小心的，遵奉他们自家的原理。按照当时的法制，他们委实有不受制裁的权力，只要他们认为适当，他们即可随意增减流通中的货币。其实，这种权力，既不应委托于国家，亦不应委托于国内任何团体。有了这种权力，通货数量，将取决于发行者个人的意志。通货价值是否一致，遂致毫无保障。现今，虽有人否认银行有随意增加通货数额的特权，但无人否认银行有随意减少通货数额的特权。我确信这种妨害公众的特权，亦违反银行的利益，非银行所愿有。每一思及骤增通货骤减通货的恶果，我不禁惋惜国家滥赐特权的不当。

"在兑现尚未宣布停止以前，地方银行，有时必致蒙受不利。恐慌来了，或恐慌的恐慌来了，地方银行必须准备几尼，以应付当时急需。地方银行，以大票向英伦银行兑取几尼，运回来，准备兑换钞票。这种运转，既须冒险，又须委托代理商人护送。但使命一旦完结，这些货币，又须归返伦敦，如果重量未曾减少，成色未曾减低，也许会再存在英伦银行。

“现今我所提议的计划——以金块兑付钞票——若竟被采用，则办法有二：一、使地方银行取得同样的特权；二、把英伦银行钞票定为法货。若采用第二法，则无须改变地方银行法规。地方银行，仍须应人民要求，以英伦银行钞票，兑付本银行的钞票。

“几尼一往一返，重量既有磨损，搬运又须费用，损失颇大。若能避免这种损失，所节省的，为数当亦不小。若小额的支付，在伦敦，在各地方，都不消用高价媒介物如金，用最廉媒介物如纸已经行得，那当然很有利益。采用低廉媒介物如果没有别种害处，拒绝这种明明白白的利益，岂得谓为适当。”】

全由纸币(但价值必须等于它所代表的金)流通，是最完全的通货制度。以纸代金，即以最廉媒介物代替最贵媒介物，国家可不牺牲任何个人的利益，以向来充作通货的金，扫数改作原生产物器械与食物之交换手段。因之，国更富裕了，国民幸福亦增进。

就国民全体的幸福说，适当的有规则的纸币，当由政府抑当由银行发行的问题，无关重要。就全体说，一样是有利的。但就个人的利害说，便不同了。若一国市场利息率为 7%，国家经费每年 7 万镑，这 7 万镑将由赋税征得呢，不由赋税征得呢？这问题，于个人甚关重要。假设远征军的开拔费为 100 万，国家发行 100 万纸币来代替 100 万铸币，远征军开拔，即无须加税于人民。若发行纸币者为银行，以 7%的利息率借给政府，国家每年便有征收 7 万镑赋税的必要。付这种赋税的是人民，收这种赋税的是银行。国家发行纸币抑是银行发行纸币，对于国富，是没有分别的；由纸币的发行，100 万开拔费有了着落，100 万价值的资本，依然可在商品形态上，成为生产的，不致在铸币形态上，成为不生产的。这是一种利益，但利益常常归于纸币发行者。国家是人民的代表。所以，如果这 100 万纸币由国家发行，人民便可省免赋税的负担。

我讲过，纸币发行权，若有切实保障，不致滥用，则发行者无论为政府为银行，全国总财富，总是一样。我现今又说明了，为人民的直接利益，则发行者宁为国家，而不应为公司银行。但把发行纸币权委托政府，又比较更有滥用权力的危险。公司易受法律制裁；为公司利益计，有时虽不免滥用权力，但个人既有权要求兑换现金，无形中，便是一种限制。论者谓，政府若有发行纸币权，将无可制裁。政府往往不顾未来的安全，只顾现今的便利。紧急时候，政府会不顾一切制裁，滥发纸币。

如果政府专制，这论调颇有力量；但在国会开明的今日，国家自由，钞票所有者既有要求兑现的权利，纸币发行权仍须受必要制裁。纸币发行权，可安然委托在特别委员会手中，全不受大臣支配。

管理减债基金的委员，仅对国会负责，由他们负责的投资，进行已极有规则。若纸币发行，须受同样适当的支配，我们还有什么理由，怀疑国家发行纸币，将有弊端发生呢？

或谓国家发行纸币，固然可以使一部分有利息（由公众支付）的国债，变作无利息的国债，对国家，对民众，都有利益；但国家发行纸币，有时会妨碍商人贷借，妨碍期票折扣（这亦是银行券发行的一种方法），故于商业有害。

这样主张的人，以为：倘若银行不贷货币，即无处有可借之货币。又以为：市场利息率与市场利润率，须受支配于货币行借的数量与方法。但是，一个有支付力的国家，不愁缺乏衣服葡萄酒及各种商品，同样，有稳固抵押且愿支付市场利息率的求借者，亦不须忧虑没有可借的货币。

本书曾说明，支配商品真实价值的，不是某生产者享得的偶然利益，乃是最不利生产者遭遇的真实困难。就货币的利息说，亦然。支配货币利息的，不是银行愿意索取的利息率，乃是投资所能取得的利润率。这种利润率，毫无关于货币的数量与价值。银行出借的款项，无论增减了多少倍，市场利息率都不因而发生永续的变动。它所能变动的，只是借出去了的货币的价值。我们现今经营事业所需的货币量，也许10倍20倍于昔时。社会上，向银行借钱的，往往会比较投资所能取得的利润率和银行愿意索取的利息率。若银行利息率不及市场利息率，银行货币，便可全数借出。若较高，愿向银行借钱的，便只有浪子荡儿。市场利息率超在银行利息率之上，折扣局将为借款者挤塞；反之，若市场利息率低在银行利息率之下，折扣局的职员，将无事可作。

过去20年间，英伦银行的利息率，较低于市场利息率。有人说，这是英伦银行对商业的大贡献；我却说，我们与其拿这事实来为英伦银行辩护，尚无宁把这事实看作反对方面的证据。

设有一机关，以市场价格以下的价格，把羊毛卖给半数毛织业者，请问，这是应当的吗？对于社会，这有什么利益？我们的商业，仍是不能推广。羊毛按照市场价格售卖，决不会减少羊毛的需要。要买的，总归要买。亦不会减低消费者应付的罗纱价格。支配价格的，是最不利生产者的生产费。唯一的结果，是使一部分毛织业者的利润，超在普通水平线上。这个机关，夺去了一部分人的正当利润，使别一部分人受益。讲到这里，我们回头看看那时候的银行制度。其影响正与此相同。按照法律的规定，银行利息率，须在市场利息率以下。否则，银行借款，即干法禁。于是，银行基金，非如此处分不可。国内一部分商人，得以较小负担，取得营业手段，享受一种不正当的于国家无益的利益。

全社会所能经营的全事业，由其资本额而定。换言之，投在生产事业上的原料机械食物船舶等等，究有多少呢，那是我们所要问的。若纸币调节稳定，社会资本额，决不能由银行作用而增减。国家纸币的发行，决不能扩大职业的范围。我们所有的原料机械食物与船舶，依然无所增加。但市场上，因贷借双方的正当竞争，贷借利息率，或将较高于5分的法定利息率，而为6分、7分、8分。

现金结算法，盛行于苏格兰。亚当·斯密说，这是苏格兰一个特色。这种营业资金流通法，实较优于英格兰，因而使苏格兰商人得利。苏格兰银行，不仅为顾客折扣期票，且以现金结算法，给他们以信用。但银行不能兼顾各方，这样贷借货币的利益，只可抵消反对方面的弊害。利益如何，未免难于想像。全流通中所能容纳的纸币若仅为 100 万，实际上所能流通的，怕亦只是 100 万。这个数目，是全部在折扣期票的方式上发行，抑是半在折扣期票的方式上，半在现金结算的方式上发行，于商人，于银行，毫无问题。

关于用作货币的金银，我们有说几句的必要。斯密博士说："在英格兰，自铸金币以来，有一长期间，不认金为法货。银币价值和金币价值的比例，不由公法规定，而纯由市场决定。负债者若以金付款，债权人可全然拒绝，但亦可照双方同意的价值收付。"

因之，几尼价值，常随金银相对市场价值变动而变动。有时，1 几尼值 22 先令，甚而在 22 先令以上；有时，1 几尼值 18 先令，甚而在 18 先令以下。金币价值，可因金价变而变，亦可因银价变而变。金币价值变动的原因，很难从表面察知。几尼价值由 18 先令涨至 22 先令，金价竟可不曾变动，变动的，或许只是银价，昔时 18 先令的价值，或许不更低于今日 22 先令。反之，这种变动，有时会全然发因于金价那一方面，昔值 18 先令的几尼，今已值 22 先令。

银币若成色减低，数量增加，1 几尼尽可兑换 30 先令。30 先令劣质银币内的银，比 1 几尼内的金，可以没有更大的价值。恢复银币的造币价值，银币当会腾贵；但外表上看，又似乎是金价跌了，1 几尼的价值，已等于 21 个新造的先令。

设明令定金为法货，负债 21 镑者，得以 420 先令偿清债务，亦得以 20 几尼偿清。那么，他还债时，当然会选择比较低廉的方法。有时，5 卡德小麦换得的金块，持往造币局，可铸造 20 几尼，同量小麦换得的银块，持往造币局，可铸造 430 先令。在这场合，他定愿以银币支付。这样,他能从中取得 10 先令的利益。又有时 5 卡德小麦所能换得的金块,持往造币局,可铸造 20.5 几尼,同量小麦所能换得的银块,持往造币局,仅可铸造 420 个先令。在这场合,他当然情愿以金币支付。若一可铸造 20 几尼,一可铸造 420 先令,择何种货币偿债,就于他不成问题。近来,一般富国人民愿以金币还债,非因金币宜于搬运。这不是偶然事件,是利害关头。

一七九七年,英伦银行曾限制铸币的兑付。一七九七年前,有个长时期,与银价比较,金价很是低廉,故英伦银行及一切其他负债者,均愿在市场上买金送往铸币局。这时,以金币还债,比较低廉。这期间,通用银币的成色,大都低劣,但因数量有限,故照我所述原理,银币价值尚不致跌落。银币成色虽低,但人仍愿以金币偿债。如果劣质银币的数量大增了,负债者也许不会以金币还债的。但当时银币数量有限,成色虽低,却尚不致落在通用价值之下。金,事实上,已成通货的真实本位。

事实如此,无容否认。或谓,金之成为本位,原因在于法律。法律宣称 25 镑以上的债务,不得以银币为法货——除非按照造币标准,以重量计算。

这说殊不尽然。负债者若以新铸银币偿债,那无论债额大小,当时仍不在禁止之列呀。让我说吧,负债者不以银币偿债,既不是偶然事件,亦不是必然事件,那是选择的结果。为他的利益计,他宁愿送金往铸币局铸造,不情愿送银。当时有法货资格的劣质银币,若竟大增数量,1 个几尼,也许就会值 30 先令的。但这是劣质银币跌价,不是几尼涨价。

如果金银同有法货资格,可同样支付各种数额的款项,什么是主要的标准的价值尺度,就不定了。有时是金,有时又是银,须取决于金银相对价值的变动;在一定期间失去标准尺度资格的金属,将被镕解而被斥于流通之外;因为它的价值,未铸前较大于已铸后。这是一种不便，应当设法救济。但制度改良的进程，迂而缓。自洛克先生以来，论货币者虽早已注意这种困难，但毕竟不能采用较良的制度。一八一六年，国会始议决凡 40 先令以上的债款，应以金为唯一法货。

并用两种金属作法货的结果，斯密博士似乎不大知道。他说："其实，各种铸币金属的价值，若继续保持调节的比例，最贵金属的价值，将支配全部铸币的价值。"他那时，金最宜于偿债，故认金之内在性质，为金支配银价之原因。

一七七四年整顿金币，造币局铸了一种新几尼，只能兑换 21 个成色低劣的先令。威廉王治下，银币状况依旧，几尼亦是新铸的，但 1 几尼竟可兑换 30 先令。因此，布哈南君说："这是最奇异的事实。对于这事实，普通的通货原理，全然不能说明。同是 1 个几尼，为什么这时可换 30 先令，那时却仅可换 21 先令呢？先令是同样低劣呀。这二时期的通货状况，显已起某种大变化。关于这种变化，斯密博士的臆说，不能说明。"

在我看，这问题的答覆，殆甚易事。上述二期，几尼价值所以不等，当归因于二期通用的银币，成色虽同样低劣，数量却多少不等。威廉王治下，金尚不是法货，只能按照习惯的价值流通。一切巨额的款项，都由银支付：纸币与银行作用，又为当时一般人所不甚了解。劣质银币量超过了应有货币量，价值当然下落。后来，金成了法货，银行钞票亦可作支付手段，劣质银币量又不超过应有之度，所以银色虽低，价值却不致下落。布哈南君的说明，微异于此。他以为，主要货币的价值虽可下落，补助货币却不。威廉王治下，银为主要货币，故价值难免下落。下至一七七四年，银已为补助货币，故价值不致下落。布哈南君这种意见，其实是错误的。通货价值跌落与否，定于其量是否过剩，非定于其主要补助。[①]

货币（支付零星款项的货币，尤然）铸造，征收适度的造币料，并不甚可反对。货币价值的提高，往往能够等于造币料的全额。若货币量不过多，适度造币料的征收，毫无妨碍。但须注意，通用纸币之国，发行纸币者虽有兑现义务，但若纸币流通未有制裁，纸币铸币，就都会按照法货造币料的全额跌价。金币造币料若为 5%，银行发行纸票过多，定会减落通货价值 5%，至纸币所有者愿镕铸币为金块之时为止。这种减落，在金币不纳造币料，或纸票所有者，可按造币价格 3 镑 17 先令 10 $\frac{1}{2}$便士，要求兑换金块的场合，不会发生。英伦银行若不能从人所欲，以金块铸币兑换钞票，那近顷规定的法律（禁课金之造币料，却允许课取银造币料 6%，或每翁斯 6 便士），也许是最适当的处置。这种法律，可以防止通货价值的不必要的变动。

---

① 近顷，议员洛豆尔德伯爵，以为现今的铸币条例，使英伦银行，无法以现金兑付钞票。二金属的相对价值如此，一般还债的，均愿付银，不愿付金。但银行债权人，却有要求银行兑换金币的合法权利。伯爵以为，在这情况下，金的输出，已甚有利。因之，要维持金的供给，英伦银行不得不常常高价买金而平价卖金。如果一切债务都由银币支付，洛豆尔德伯爵的意见诚是，不幸，40 先令以上的债务，却规定不能由银币支付。所以，即令政府无权停铸银币，只要有这个规定，银币流通额，已经有了限制，并且，银币若过多，其价值又非相对（与金相对）跌落不可，以银支付 40 先令以上的债务，亦非贴水不可。偿还 100 镑债务，每需价值 105 镑的银币，故银币过多，须受两种制裁：第一，政府禁铸银币，这是直接的制裁；第二，个人不愿铸造银币，因银币通用，不能按照造币价值，只能按照市场价值。

第二十八章

论富国贫国金、谷物及劳动的比较价值

亚当·斯密说:"金银亦自然会寻求价格最好的市场。资力最厚的国家,一切物价格,大都最好。须记着,劳动是购买一切货物的究竟价格;劳动报酬一律优良的地方,劳动的货币价格和生活资料的货币价格成比例。与贫国比较,富国金银所能换得的生活资料量,自然更大;与生活资料不大丰饶的地方比较,生活资料丰饶地方,亦有这种情形。"

但谷物之为商品,与金银同。如果富国一切商品的交换价值都更高,谷物当然不能除外。所以,我们可以说因货币腾贵,故能换得更多谷物;同时又可说,因谷物腾贵,故能换得更多货币。我们同时肯定了两个相反的结论,说富国谷价腾贵,同时又说富国谷价低廉。根据经济学说,我们知道,富国人口,必因食物供给困难渐增,不能与贫国人口,以同一比率增殖……供给食物的困难,必致提高食品的相对价格,而鼓励谷物输入。如是,与贫国比较,富国货币如何能够换得较多谷物呢?只有在谷物腾贵的富国,地主才要法律禁止谷物输入。在亚美利加,在波兰,有谁要禁止原生产物输入呢?此等国,原生产物的生产,比较便利,故无需人为的限制,单有自然的限制,已可禁止原生产物输入。

如是,说"除了谷物及全由人类劳动而获之野菜,其他各种原生产物——如家兽、家禽、猎获品、化石、矿物等等——都将随社会进步而腾贵",便不免错误了。为什么单除去谷物和野菜呢?斯密博士有一个错误,终其书,没有自己发觉。这个错误,是假定谷物价值不变。他以为一切其他商品虽可提高价值,谷物价值,却永远不能提高。照他说，谷物价值，常常相等，因谷物所能养活的人数，常常相等。如果亚当·斯密的话正确，那我们亦可说罗纱价值常常相等了，因罗纱制成衣服，亦常可披盖相等的人数。但是，能供多少人食，多少人穿，又于价值何干呢？

各国谷物，都有一个自然价格。这个价格，是生产所必要的，没有它，耕种即不可能。支配各国谷物市场价格的，即是这个价格。决定宜否输往国外的，亦是这个价格。如果英国禁止谷物输入，在法国谷物价格每卡德 3 镑的时候，英国谷物价格，可以是每卡德 6 镑。如果英国撤废禁止谷物输入令，英国市场上的谷物价格，马上会低降下来，且不仅降在 3 镑 6 镑之间，终必降而等于法国谷物的自然价格。法国谷物输入英国，以法国谷物的自然价格售卖，仍可提供普通利润。至若英国消费 10 万卡德，抑是 100 万卡德，那无须顾问。不过，如果法国因为要供给这 100 万卡德谷物，不得不耕种品质较劣的土地，因而提高谷物的自然价值，那当然亦会提高英国谷物的价格。总之，我主张，究极支配输入国商品的售价的，是输出国商品的自然价格（独占商品，自然例外）。

亚当·斯密曾主张自然价格支配市场价格的学说，但他又假设一个场合。在这场合，他以为，支配市场价格的，既不是输出国的自然价格，亦不是输入国的自然价格。他说："设能保持荷兰或艮诺亚的人口现状，但减少他们的实在财富，换言之，设能减少他们的资力，使更不能仰给于远国，谷物价格，依然不会因银量减少（这是社会衰落时常有的现象）而跌落，却将腾贵起来，有如饥年。"

在我看，事实恰与此相反。荷兰或艮诺亚购买力的减少，大都会暂时抑压谷物价格，使落在输出国输入国的谷物自然价格以下。那决不能使谷物售价，提在自然价格之上。只有增加荷兰或艮诺亚的实富，方才能够增加它的需要，因而使谷物售价，超在原价之上。但这种现象，也不能持久——除非生产谷物，已发生新的困难。

关于这问题，斯密博士说："在我们缺少必需品时，我们会捐弃一切赘余物。这种赘余物的价值，在富裕繁盛时提高，在贫穷困苦时下落。"这当然是实在情形。但他又说："必需品却不然。必需品的真实价格——即它们所能购买，所能支配的劳动量——将在贫穷困苦时提高，富裕繁荣时跌落。富裕繁荣时，常常是谷物丰饶的时候。不然，不能称为富裕繁荣。谷物是必需品，银是赘余物。"

两种毫无关系的主张，在此一同提起。一谓在假设场合(附注：亚当·斯密所假设的荷兰状况)，谷物可支配更多劳动；一谓在假设场合，谷物可换得较多的银。前一命题，毫无疑义。后一命题，我却认为错了。如果谷物供给截止了，换言之，如果谷物缺乏，情形或当如此。但在假设场合，我们原假定谷物丰饶，既未假定输入额减少，亦未假定需要额增加。荷兰人、艮诺亚人，因要购买谷物，亟求货币；因要获得货币，又亟望赘余物之销售。于是，跌落的，当然是赘余物的市场价格。比较起来，货币似乎是腾贵了。但这情形，既不能增加谷物的需要，亦不能减低货币的价值。谷物价格，实在没有提高的理由。再就货币方面说，由于信用缺乏或别种原因，货币的需要，只有更为激切，因而与谷物比较，只能显出腾贵的模样。总之，我们不能根据任何学理，说假设场合的货币价值，将更低廉，谷物价格，将更腾贵。

我们说这种商品，在这一国腾贵，在那一国低廉，心中必定有一个评价的媒介物。否则，这命题，将毫无意义。我们说英格兰的金价高于西班牙，若我们不举出别一种商品来，这话还有什么意义。如果谷物橄榄石油葡萄酒和羊毛的价格，在西班牙较廉于英吉利，我们说，由这等商品估计，西班牙的金价较高。如果金属制造品砂糖罗纱等物的价格，在英吉利较廉于西班牙，我们就说，由这等商品估计，英格兰的金价较高。因为我们着想在一种评价媒介物上，才能评定西班牙的金价是更高，抑是更低。亚当·斯密既认谷物和劳动为普通价值尺度，拿金所能换得的这两种物品的数量，来评判金的比较价值，自是意中事。他说两国的金的比较价值，我知道他所指的，只是由谷物或劳动评定的金的价值。

但我们讲过，以谷物评价，二国金价，可极不相等。我的意思是，富国金价将更低，贫国金价将更高。亚当·斯密的意见，反此。他以为，以谷物评判的金价，富国最高。我们不要进一步考验这两种主张的是非，不要进一步考验这两种主张，哪种能够充分说明产金国金价不一定低廉（这是亚当·斯密的意见）。且假设英国为产金国吧。在这场合，英国的金，虽会流入他国，以交换他国商品（这样，已可证明，英国由谷物劳动评判的金价，不较低廉于他国），但我们仍假定亚当·斯密富国金价最高的学说正确吧。但在别个地方，亚当·斯密不又因见西班牙葡萄牙是贵金属矿山专有者，便说这二国贵金属的价值，必较低于欧洲其他各国吗？请问，葡萄牙西班牙是富国呢，抑是贫国呢？看亚当·斯密自己的话吧。他说："今日封建制仍未废除的波兰，其贫困状况，犹如美洲金矿尚未发现的时候。但谷物的货币价格亦腾贵了。在波兰，贵金属的真实价值跌落了，这与欧洲其他各国相同。在波兰，贵金属的数量增加了，其增加比例，与其国年产物相对而言，亦几乎与欧洲其他各国相同。贵金属的量的增加，没有增加波兰的年产物，既未改良其国之工业农业，又未改善其国居民之状况。除了波兰，有金矿的西班牙葡萄牙，怕是欧洲最贫的两国了吧。但葡萄牙西班牙的贵金属，却因不需运费保险费，且禁止出口或抽出口税之故，价值是比较低廉的。与年产物比较而言，这两国贵金属的数量，又较多于欧洲各国。但这两国，仍较贫穷。她们虽废除了封建制度，但不能有大改良。"

斯密博士的议论，似乎是——由谷物评判的金价，在西班牙比较低廉。证据不是他国以谷物交换西班牙的金，只是他国以罗纱砂糖金属制造品来交换。

第二十九章

生产家支付的赋税

制造品税，若不征收于制造之末段，而征收于其初期，结果当然不便。关于这种不便，萨伊曾大放厥辞。他以为，因须垫付赋税，制造业必须有较大基金，资本有限信用有限的小制造家，遂不易经营实业。萨伊这种意见，不容我们反对。

但他还指了一种不便，说垫付税额的利润，须归消费者负担，但赋税这样的增加，实无补于国库。

关于后一种意见，我不能同意。我们假定，国家立须征税 1000 镑，并把赋税加在制造家身上。但制造家却须经过 12 个月，才能把赋税转嫁于熟货的消费者。这种延迟，使制造家不能不提高商品价格。提高之额，不仅为 1000 镑，尚须加 100 镑，作为利息。这样支付 100 镑利息，实际上，并无害于消费者。何则？因政府征收，是迫不及待，消费者支纳，却延迟了一年。他有机会按 10％的利息率或双方协定的利息率，把 1000 镑借给制造家。因之，立即支付 1000 镑或年终支付 1100 镑，所付价值，事实上恰是一样。政府经费，若延迟一年征收，待商品制成，也许要发行一种有利公债券。这时，消费者付出的商品价格虽可减省，但所节省，除了制造家实得部分，其余或须纳为公债利息。如果有利公债券利息为 5％，不发行公债，政府即可节省 50 镑赋税。制造家借钱的利息若亦为 5％，加价比例却为 10％，那制造家除了普通利润，就仍可得 5％的利益。所以，消费者支付的全额，恰为政府制造家合得。赋税这样的增加，不能说无补于国库。

西斯曼底著《商业财富论》，追随萨伊之后，倡导同一主张。他以为，一种制造品若须经 5 人处理，才能送到消费者手上，那原由制造家支付的 4000 法郎赋税，就会增加至 6734 法郎（如果利润率为 10％）。这种计算，根据一个假定。他假定，最先垫付这种赋税的制造家，须从第二制造家领受 4400 法郎，第二再从第三领受 4840 法郎，每进一步，价值即须追加 10％。他假定税额价值，将依复利法累积。不是年利 10％，是每进一步，便增加 10％。若由第一次垫付时期到课税品售卖时期，中须经过 5 年，西斯曼底的主张，当无可反对。若其中仅经过 1 年，400 法郎（不是 2734 法郎）已足补偿垫付税额一年的利润。其间究曾经多少人处理，已非所问。

第三十章

论需要供给对于价格的影响

我曾屡次说明，究极支配价格的，是生产费，不是需要与供给的比例。在供给丰歉尚未按合于需要多寡以前，供求比例虽可暂时影响商品市场价格，但只是暂时的。

减少帽的生产费，即令需要已2倍3倍4倍，价格终须落而等于其自然价格。减少人类的生活费，换言之，减低衣食物的自然价格，即令需要大增，工资终必减低。

有些人，以为商品价格，全然取决于供给对需要，需要对供给的比例。这种见解，几乎被认为经济学上的公理，在经济学上，不知引出了多少误谬。根据这种见解，布哈南君便说工资不受影响于食品价格的涨跌，惟受影响于劳动的供给与需要；又说工资税不会提高工资，因为这种赋税，不能改变劳动供求比例。

商品的购买量消费量既然不曾增加，便不能说它的需要已增；但其价格，在这场合，仍有腾贵可能。倘若货币价值减低了，购买者莫不愿多出货币，一切商品价格，便都提高。这时，一切商品的价格虽都提高了10%或20%，但我们既假设购买量未曾增加，我恐怕，说商品价格提高的原因是需要增加，不见得合理吧。商品的自然价格——用货币计算的生产费——实际上，已由货币价值变动而发生变动；即令需要依旧，商品价格，亦自然会适应新货币价值。

萨伊说："生产费，决定货物的可能的最低价格。低于这个最低价格的价格，不能持久。若持久，生产就会全然停止或减少。"①

① 第2卷第26页。

后来，他又说，自金矿发现以来，金的需要的增加，仍较速于金的供给的增加。“由货物计算的金的价格，不以 10 对 1 的比例减低，但以 4 对 1 的比例下落。”这就说，金价的跌落，非按照比例于自然价格的减低，而按照比例于供给超过需要。[①] ——“一切商品价值的提高，与其需要成正比例，与其供给成反比例。”

洛豆尔德伯爵亦有相同的意见。

“价值变动，是一切有价物品所不免的。在商品群中，我们若能暂时假定某物有固定的内在的价值，假定这种物品的一定量，常有同样的价值，那由这固定标准而判定的一切物品，会按照各自的数量和需要，而发生价值的变动。所以，一切商品的价值，都会因由下述四种事情，而生变动：

一、数量减少，价值增加；

二、数量增加，价值减少；

三、需要增加，价值增加；

四、需要减少，价值减少。

“但世间没有一种商品有固定的内在的价值，可为一切其他商品的价值尺度。因之，人类不得不选择一种最不易因上述四种事情——这些才是价值变动的原因——而发生价值变动的商品，来作实际的价值尺度。

“于是，一般说来，商品价格的变化，常常因由八种事情：

一、关于价值被测量的商品，可有四种事情如上；

二、关于用作价值尺度的商品，亦可有四种事情如上。”[②]

---

① “现存量的金银，若仅用以制造家具和装饰品，金银当甚丰饶，会更低廉得多。换言之，在交换他种商品时，我们必须付出更多的金银。但这两种金属既有大部分用作货币，用以制造家具装饰品的金银，遂形缺乏，这种缺乏，增加了这两种金属的价值。”——萨伊第 2 卷第 316 页。

② 见《公共财富的性质与起源》第 13 页。

就独占商品说，这当然是真的；就一切商品的暂时市场价格说，这亦是真的。帽的需要加倍了，帽的价格，可以立时提高起来。但这种提高，只是暂时的——如果帽的生产费或自然价格未曾提高。面包的自然价格，即令因农业进步，减低了50%，但其需要不加（一个人需要的面包，自有定量，不可逾越），故其供给亦不加。我们供给一种商品，不仅因为我们能够供给，且因有人需要。这是供给需要都少变动的例，一方增加了，他方亦会增加。但就这个例说，就连在货币价值不变的场合，面包价格，亦有时候会跌落50%。

由个人或公司独占的商品价格，却确实会按照洛豆尔德法则变动。卖者增加数量，价格即须按比跌落；买者愈要购买，价格就会按比提高。它们的市场价格和自然价格，没有必然关系；但竞争下的能相当增加数量的商品价格，不受支配于供求比例，只受支配于生产费。

第三十一章

论 机 械

这章所论述的，是采用机械，会怎样影响于社会各阶级的利害关系。这个重要问题，尚无人研究得了满意的结论。我的更进一步的考察，又改变了我原来的意见，所以关于这问题，实有发纾我见的责任。关于机械问题，我昔日公表的各种意见，虽至今尚无取消必要，但我昔者赞成的各种学说，至今，却已被我看出了错误。对于我现今的见解，我有检验一番的义务。

自从注意经济问题以来，一向，我以为，生产上采用机械，结果可节省劳动，故于公众有利。我以为，由采用机械而生的唯一不便，是资本劳动难于改业。在我看来，地主货币地租若不变，商品价格跌落，当然有利于地主。采用机械，却就是商品价格跌落的原因。我想，资本家亦将以同一理由得利。发明机械的，首先采用机械的，虽可暂时博得巨利，享受追加利益于一时，但机械的应用逐渐普及，出产品价格，即因竞争之故，降而等于生产费。这时，资本家的货币利润，恢复了原状，仍能以消费者资格享受各种利益。他能以同样的货币收入，支配追加量的娱乐品享乐品。我又以为，劳动者亦将因采用机械而享受同等利益。他们的货币工资依旧，可支配的商品却更多。资本家虽改其业，但他所愿雇用，所能雇用的劳动量既未减少，工资亦不致减少。机械改良的结果，袜的产量 4 倍了，袜的需要或仅加倍，有些劳动者固然不免从袜业解职出来，但雇用他们的资本既未消灭，资本家为自身利害计，定愿把它投在生产事业上，所以，一向，我都认为，从袜业撤回来的资本，仍将用以生产别种于社会有益的商品，供人需要。我深信——以前深信，现今仍深信——亚当·斯密的话:"食品的欲望,受限制于狭隘的胃力;对家屋衣服车马家具等方便品装饰品的欲望,却似乎没有限制和境界。"在我看,劳动的需要既无改于昔,工资又不低落,故采用机械,若能减低一般商品价格,当然于劳动阶级有利。

关于地主和资本家,我一向的意见这样,现今仍是这样。但我现今相信,以机械代替人类劳动的结果,常常有害于劳动阶级。

我先前所以误解,因我认社会纯收入增加了,社会总收入亦必增加。我现今看出了,地主收入和资本家收入所从出的基金的增加,劳动阶级赖以维持生命的基金的减少,是两种可以同时发生的现象。所以,增加一国纯收入的原因,可以同时使人口过剩,因而使劳动阶级的状况恶劣。

设有资本家 1 人,投资 20000 镑,兼营农业与必需品制造业。又假设在这 20000 镑资本中,有 7000 镑用作固定资本,以购买建筑物器具等,其余 13000 镑用作流动资本,以维持劳动。又假设利润率为 10%,因而,除了恢复原有的效率,资本家的资本,每年还可提供 2000 镑利润。

资本家开始作业,即于一年之始,贮 13000 镑食物和必需品。一年内,他把这些食品必需品,卖给他的工人,换得 13000 镑货币。同一年内,他又把这些货币作为工资,付给他的工人。年终,他复得的食品必需品,价值当等于 15000 镑,其中有 2000 镑归自己消费,以求更大的娱乐。在这场合,总收入为 15000 镑,纯收入为 2000 镑。现今,设资本家次年,以其半数工人建筑机械,半数照常生产食品和必需品。所付出的工资,照常是 13000 镑,售给工人的食品必需品,亦照原是 13000 镑。但又次一年的情形,该是怎样?

在机械建造期中,每年获得的食品必需品,仅等于往年一半,价值亦仅等于往年一半。机械值 7500 镑,食品必需品亦值 7500 镑。此外,尚有固定资本值 7000 镑,合计,仍为 20000 镑加 2000 镑利润。

把利润归自己消费，他又次年营业的流动资本，就只有5500镑了。于是，这个资本家雇用劳动的手段，就按13000对5500的比例而降落。昔由其余7500镑而受雇的劳动者，遂无工可作，成了过剩的。

资本家所雇用的劳动量虽减少了，但得着机械的助力，所产结果，除了修缮费，仍非值7500镑不可。总之，仍须偿还原流动资本加2000镑利润。采用机械既能提供2000镑利润或纯收入，总收入的价值多少，又于资本家何利何害？

在这场合，纯生产物的价值虽未减少，纯生产物的购买力虽已大增，但总生产物的价值，却将由15000镑，降而等于7500镑。维持人口手段与雇用劳动手段，既由一国总生产额而定，而非定于一国纯生产额，故对劳动的需要，必因而减少。人口过剩现象，遂致发生。劳动阶级的地位，遂陷于困难贫穷。

这里，我当附带声明一句。收入的贮蓄力，定于纯收入的满足欲望力。采用机械的结果，既必致减低商品价格；商品价格减低了，资本家欲望却依旧，故资本家的蓄积力，必加大无疑。因之，收入必较易化成资本。资本增加一次，受雇劳动者数亦增加一次。前此离职的劳动者，遂可再就职业。再者，采用机械的结果，生产事业是增进了。向来以总生产物名义而供出的食品量必需品量，现今若能以纯生产物名义供出，那雇用全人口的手段，即依然存在，社会上即不致有人口过剩的现象。

不过，这种事实，不足推翻我的议论。我所要证明的，是机械的发明与采用，可伴以总生产物的减少。在这场合，劳动阶级必受害无疑。有一部分工人，必致失业；与雇佣基金比较，人口必生过剩现象。

上所述例，最为简单，但其应用甚广。无论何业采用机械，结果都会减少对劳动的需要。假设采用机械的是毛织业，那采用机械后，罗纱产量必减少。何则？昔时雇用劳动的基金，现今有一部分，已无投下去的必要。制造家不得不生产的价值，仅等于被消费的价值加全部资本的利润。按照现在的情形,他所不得不生产的价值,已经不是 15000 镑。7500 镑就够了。或谓,对罗纱的需要依旧,供给却来自何方?但请先问,以前是谁需要呢?——无疑是农业家及其他必需品生产者。他们投资生产必需品,作购买罗纱的手段。他们以谷物必需品交换罗纱;毛织业者又以谷物必需品给工人,以生产罗纱。

现今,这种贸易终止了。毛织业者不再需要衣食物了,他所雇用的工人更少,可处分的罗纱亦更少。农业家辈生产必需品,既仅为达到目的之手段,若再继续投资生产衣食物,便不能获得罗纱。因之,他们将亲自投资生产罗纱,或把资本借给别人,使实际需要的罗纱,不致缺乏供给。无人能买无人愿买的商品,即将停止生产。所以,结果仍是对劳动的需要减少,维持劳动所必要的商品量,不能丰饶如旧。

倘若这种见解正确,结论当如下:

第一,机械的发明与采用,常能增加一国纯生产物,但纯生产物价值不增加。

第二,一国纯生产物增加了,其总生产物尽可同时减少。采用机械每致减少总生产物的数量与价值,但若能增加纯收入,则采用机械,已有充分理由。

第三,采用机械往往损害劳动阶级的见解,合于经济学上的正确原理,不能目为偏见谬妄。

第四,改良的生产机关(因采用机械),若能使一国纯生产物的增加,不致减少总生产物(指数量说,不指价值说),一切阶级的境遇,都将从而改善。地主、资本家,不仅因地租利润增加而受益,消费品跌价,亦于他们有利。同时劳动阶级的境遇,亦大改善。原因是:(一)对婢仆的需要增加;(二)丰饶的纯生产物,是蓄积的刺激;(三)工人消费品的价格,亦将减低。

今舍机械之发明与采用不论。一国纯收入的支出,当然是使有权满足者满足，有权安享者安享；但其支出方法如何，亦颇有关于劳动阶级的利害。

地主资本家，若效法封建诸侯，以其收入雇用成群的奴婢，劳动机会，当然较多；若一反封建诸侯所为，以其收入，购美衣丽服，家具车马，以及各种奢侈品，劳动机会当然较少。

在上述二场合，纯收入相同，总收入亦相同，惟纯收入将实现而为各异之商品。我的收入如果是 1 万镑不变，那无论这 1 万镑实现而为美衣丽服，奢侈物品，抑为同一价值的衣食物，我所雇用的生产劳动量，是差不多没有两样。但把收入实现而为第一类商品，我的目的，就是享受家具衣服，即不能间接雇用以外的劳动。把收入实现而为衣食物，作为雇用奴婢的手段，结果，我除了雇用生产衣食物的工人，还雇了一些人。这是劳动需要的增加。劳动者既宁愿劳动需要增加，他们当然希望在可能范围内，把用在奢侈品上的收入，转用作维持奴婢的手段。

同样，参战国因须维持大批海陆军，当能雇用更多得多的人。战争停止，被雇人数，自当减少。

战时，我若幸免了 500 镑供养兵士的赋税，我也许会把这部分收入，用来购买家具衣服书籍。但这 500 镑，无论是用以供养士兵，抑留下购买物品，我所直接雇用的生产劳动量，总是相同的。生产士兵的衣食物，比于生产一般奢侈品，需要同量的劳动。惟战时因需大批人民当兵，故依收入，不依国家资本维持的战争，亦有利于人口增殖。

战争终了，我的收入依旧，我购买葡萄酒家具或其他奢侈品，亦可一如旧时。昔日参加战争的人民，却将成为过剩的。彼等求职业的心急，会酿成互相竞争，使工资跌落，劳动阶级的状况恶劣。

还有一种情形，我们应当注意，即一国纯收入增加，总收入增加，但劳动需要减少的情形。以马代人劳动，便可发生这种现象。譬如，我耕田，本来雇用 100 人，后来发觉了，只须移 50 人的食品养马，以马耕田，结果，偿还购马资本的利息除外，所提供的原生产物，还比较更多。以马代人，当然于我有利，但于劳动者不利。如果我追加的收入，足我兼用人马，就无庸讲了，否则，人口将生过剩现象，劳动者状态，将一般向下。他们不能在农业上寻得职业。但土地生产物增加了，因之，他们也许能够在制造业上寻得工作，或被雇为奴婢。

我希望，没有人会根据我这种议论，指斥奖励机械的不当。为求明了起见，我假定改良的机械是突然发明的，而其应用，又假设甚为普遍。但事实上，机械发明是渐次的，与其说会突然转变资本的现在用途，无宁说可决定资本的用途。

跟着资本与人口的增加，食物亦将因生产困难而为一般的腾贵。食物腾贵，结果是工资腾贵。工资腾贵的结果，制造家愿以较大部分的蓄积资本，投在机械上。机械与劳动，常在竞争中；劳动未腾贵以前，机械往往无人采用。

亚美利加采用机械的诱因，必较薄弱，因其地易于获得食物。英国食物是腾贵的，食物的生产，亦须费较多劳动，故采用机械的诱因较高。但提高劳动价值的原因，不一定是提高机械价值的原因。资本增加一次，投在机械上的资本亦增加一次。劳动的需要虽因资本增加而继续增加，但增加的比例不同。劳动需要的增加率，是递减的。①

---

① "对劳动的需要，不取决于固定资本的增加，但取决于流动资本的增加。这两种资本，若能随时随地保持同一比例，结论当为：被雇工人的数目，与其国财富状况成比例。但这是不可能的。技术进步了，文明推广了，固定资本，所占比例必渐大，流动资本所占比例必渐小。英国生产 1 匹洋纱所投下的固定资本量，比较印度生产 1 匹洋纱所投下的，至少，更大 100 倍，也许 1000 倍。反之，所投下的流动资本量，却至少更小 100 倍，也许 1000 倍。如是，我们很容易想到，在一定情状下，勤勉民族每年的贮蓄，若全部投在固定资本上，即不致增加劳动需要。"——巴登《劳动阶级的状况》第 16 页。

说资本增加，无论如何，都不致增加劳动需要，我想，不见得吧。至多，我们只能说劳动需要的增加率是递减的。但巴登先生显已看见了固定资本增加将如何影响于劳动阶级。他的论文，包含许多有价值的意见。

我讲过，机械改良，由商品计算的纯收入必增加。纯收入增加，引出了新的贮蓄。贮蓄是年年有的。不久，所创造的基金，必足补偿原由机械发明而损失的总收入。这时，对劳动的需要，恢复原状。纯收入增加的结果是贮蓄增加；贮蓄增加的结果，是人民境遇改善。

阻止采用机械，对于国家，往往会得到不好结果。资本在甲国不许尽量获取最大的纯收入，即将输往乙国。这样，将大减劳动的需要。普遍采用机械的影响，或尚不若此严厉。因资本留在国内，无论怎样，亦可引出劳动的需要。没有人帮助，机械不能动转；没有人力的贡献，机械不能制造。以一部分资本采用改良机械，固然会减少劳动需要，但以资本外运，将全然消灭劳动需要。

商品价格，受支配于其生产费。采用改良机械的结果，商品生产费缩减了，故能以较低价格售于国外。若外国已采用机械，本国偏拒绝采用机械，那吗，在本国商品自然价格未降而等于他国以前，交换外国商品，即非输出货币不可。在这场合，你须以本国二日劳动生产物，交换外国一日劳动生产物。这是不利的交换，但咎由自取。

第三十二章

马尔萨斯的地租学说

本书前部，曾详论地租性质，这里，我又须指出一种错误的地租学说。提倡这种学说的，是现代伟大经济学家马尔萨斯。关于马尔萨斯的《人口论》，幸有机会，表白赞同之意。反对者对于这部大著作的攻讦，仅足证明它的权威。我相信，它的正当的名声，将随经济学发展而普及。这部伟著，确是经济学界的装饰啊。关于地租学说，马尔萨斯的说明，亦甚圆满。他指出了地租的腾落，按照比例于各种耕地的相对利益，而这所谓利益，又指其丰度位置言。关于地租问题，有许多难点，为昔人所完全不知或不大了解的，到他手上，都有了相当的理解。但在我看，他亦不免有些错误。他是一个权威者，他的错误，更有指摘必要。他特有性格上的淡泊，或不致怪我指摘吧。其中，有一个错误，是——认地租为纯粹赢利和新富的创造。

布哈南君的地租学说，我完全不能赞同。他下面那一段话，我却完全同意。但引用这段话的马尔萨斯，却表示不能同意。所以，对于马尔萨斯的批评，我必须提出抗议。

布哈南君说："由是观之，这种纯粹的剩余，不过由一阶级移至他阶级而已；它（地租）不能增加社会资本，因为它不过转了一下手。这种收入，亦不是纳税的财源。为报酬土地生产物而支付的收入，早已在购买生产物者手中，若食品低廉，必仍留在购买者手中；若食品昂贵，即须移归地主。但无论在谁的手中，纳税力总是一样的。"

就原生产物与制造品的区别而加以种种观察以后，马尔萨斯问："那末，我们能不能像西斯曼底那样，认地租仅有纯粹名义价值呢？说它只是卖者特权增加价格的结果呢？能不能像布哈南那样，认地租无所增于国富，说它只是价值的转移，将以同一比例福利地主，妨害消费者呢？”①

讨论地租时，我已表明了我的意见，现今只须加以补充。我说过，地租是价值的创造，不是富的创造。谷物价格，因一部分谷物生产困难之故，从每卡德 4 镑增至 5 镑。于是，100 万卡德的价格，不复是 400 万镑，已经是 500 万镑了。并且，因为这时的谷物，不仅能够换得更多货币，且能换得更多其他各种商品，故谷物所有者，将占有更大量的价值。他们所有的价值既然更多了，别人所有的又未减少，故全社会所有的价值，将从而增加。就在这意义上，我们说地租是价值的创造。但这既然只是名义上的价值，故无所增于国富；这就说，无所增于社会必需品方便品与享乐品。我们所有的商品额依旧没有一点多少，100 万卡德谷物，依然是 100 万卡德。但因价格已由 4 镑增至 5 镑，所以，一部分谷物的价值，须由原所有者移归地主。所以，地租是价值的创造，不是富的创造。它无所增于一国财源；有了它，一国并不能维持更多海陆军。如果一国土地全都优良，投下同量资本，虽可增加一国可以处分的财源，但不致产出地租。

西斯曼底布哈南二君的意见，本质上是相同的。他们一则认地租仅有名义价值，无所增于国富，一则认地租为价值的转移，将以同一程度福利地主，妨害消费者。这种意见的正确，我们必须承认。

在《地租的性质及其进步》中，马尔萨斯既谓：“地租的直接原因，显然是原生产物市场价格超过于其生产费的剩余。”但又说：“原生产物高价格的原因有三：

第一个最主要的原因，是土地的品质。某级土地所能提供的生活必需品，不仅足够维持农业劳动者的生活，而且有余。

第二是生活必需品的特性。生活必需品的生产，不愁无人需要。

---

① 见《地租的性质及其进步》第 15 页。

需要者数，常常按照比例于必需品产量。

第三，是最沃土地比较稀少。”在论述谷物高价格时，马尔萨斯所指的，并不是 1 布奚或 1 卡德谷物的价格，却是全生产物市场价格超过于其生产费之剩余。但所谓“生产费”，又须包括利润与工资。设甲有 150 卡德谷物，每卡德价格 3 镑 10 先令，乙有 100 卡德，每卡德 4 镑，设二者生产费相等，则甲所能提供之地租，必较大于乙。

如果高价格一辞的意义如此，高价格即不能说是地租的原因。我们不能说“地租的直接原因，是原生产物市场价格超过于其生产费之剩余”，因为这个剩余，本身就是地租。马尔萨斯亦说“在全生产物价值中，支付各种费用及普通利润之后，剩余部分，即归于地主”，而为地租。这剩余部分无论可售得若干金额，可称之曰货币地租。马尔萨斯说“原生产物市场价格超过于其生产费之剩余”，用意当亦如此。这样，可知原生产物价格超过生产费的原因，即是地租腾贵的原因。

马尔萨斯说：地租腾贵的第一原因是“土地的品质。某级土地所能提供的生活必需品，不仅足够维持农业劳动者的生活，而且有余”。关于这点，他又说：“我们要知道，为什么消费与供给的情状，会使价格大超过于生产费。最主要的原因，当然是土地的丰度。丰度减小，剩余亦减少，再减少，可致全然没有。”诚然，必需品量的剩余，将由减少而消灭。但这不是我们的问题。我们的问题是——必需品价格超过于生产费的剩余，能不能由减少而致消灭？货币地租，即取决于必需品价格的剩余。马尔萨斯以为，因为数量的剩余，将减少以致消灭，故“必需品超过生产费之高价格，原因不在于生活必需品稀少，而在于它丰饶。这，根本不同于不自然的独占，亦根本不同于自然的必然的独占（如特殊土地的生产物）”。请问，这种推论，有何根据？

难道土地丰度与收获丰度之减小，无论如何，都不能减少价格的剩余吗？换言之，都不能减少地租吗？倘不尽然，马尔萨斯的主张，就未免失之普遍。因为在我看，他似乎承认这个原则（地租将随土地丰度增而增，减而减）是普遍原则，无往不真。

地主在全生产物中所占部分，着因土地产量愈丰而愈大，马尔萨斯的意见，当然是对的。但事实恰与此相反。只耕作最沃土地时，地主在全生产物中所占部分最小，所得价值亦最小。限于因人口增殖，不得不耕作劣地时，地主在全生产物中所能占取的部分的价值，始能为累进的增加。

假定全社会需要谷物100万卡德。而现耕土地的收获，亦为100万卡德。又假设这一切土地的丰度今都减损了，收获亦减为90万卡德。但对谷物的需要，却依然是100万卡德，于是，谷物价格，会腾贵起来。这时，不得不耕种劣等土地。这种不得不——便是地租腾贵的原因。地主所领受的谷物量虽将减少，但地租的价值，必致提高。我们须记着，地租与现耕土地的绝对丰度不成比例，只与其相对丰度成比例。一切驱使资本投入劣等土地的原因，都是提高优等土地地租的原因。地租的原因，是最沃土地比较稀少（即马尔萨斯所述第三原因）。最后部分谷物之生产愈困难，谷物价格亦自然会愈提高。于是，就特定农场说，收获量虽将减少，全部收获的价值，却将增加。优地生产费既不增加，工资与利润的合计价值又常常同一①，所以，价格超过生产费之剩余——地租——必随土地丰度减退而提高。（如果当时的资本和人口减少了，自在例外。）这样，马尔萨斯的主张，就不正确了。地租并不直接，亦不一定随土地丰度之增而增，减而减。丰度增加，只使土地将来能够供出更多的地租。丰度极小的土地，永不能提供地租；中平的，将因人口增殖，能提供中平的地租；丰度愈大，能提供之地租愈高。但能提供更多地租是一回事，实际支付更多地租，又是一回事。土地最肥国的地租，可较小于收获中平国。

① 参看第六章，那里，我说明了无论生产谷物难易如何，工资与利润的合计价值，总必一样。工资增加，每牺牲利润；利润增加，每牺牲工资。

地租，与其说与土地绝对丰度成比例，无宁说按照比例于相对丰度；与其说与生产物之丰饶成比例，无宁说按照比例于生产物之价值。[①]

马尔萨斯以为，生产特殊物品（可称为天然的必然的独占）的土地地租，和生产必需品的土地地租，受支配于两个根本不同的原则。他以为，第一种地租腾贵的原因是生产物稀少；第二种地租腾贵的原因是生产物丰饶。

在我看，这种区分，没有充分理由。葡萄土地的地租与谷物土地的地租，是受支配于同一法则。收获丰饶了，若需要又增加了，地租固然会提高；但若谷物需要不增，谷物供给的丰饶，不仅不能提高谷物土地的地租，且会把它减少。土地品质无论如何，地租腾贵，必因生产物价格昂贵。若以价格昂贵为已知事项，地租高下，当然不与收获之稀少性成比例，而与其丰饶性成比例。

我们没有不得不超过社会需要额而生产商品的必要。出产额如果偶然过多，价格将跌在自然价格之下，不敷支付生产费（内含普通利润）。所以，在供给需要尚未一致以前，市场价格若不能等于其自然价格，供给即生遏制。

我看，马尔萨斯君未免过于看重他的人口原理。他说人口增加的唯一原因，是预先有食物供给。他以为"食物能创造它自身的需要"。他以为，食物的预先供给，是结婚的鼓励。他不知道一般人口增加的由来，是资本增加，劳动需要增加，和工资增加。食品的生产，只是这种需要的结果。

要改善工人状况，只有使工人领受追加的货币或商品（不曾跌价

---

① 马尔萨斯近顷有一著作，说我在这段话上，误会了他的意思。他说他并未说地租直随土地丰度增加而增加，减少而减少。如果真是这样，那我真是误解了他。马尔萨斯的原文是："土地丰度减少，这种剩余（地租）亦减少，再减少，可致全然没有。"叙述这种主张的时候，马尔萨斯没有附带条件，是一个绝对命题。我所反驳的，限于我所知道的他的主张。他以为土地丰度减少和地租增加，是极不相容的两种事实。

的商品)。人口增加与食物增加,往往是高工资的结果,但不是必然结果。劳动者以所得价值增加故,改善了自身的境遇,但境遇改善的结果,不必是结婚,不必是家庭负担。他尽可拿一部分追加工资,购买追加的食品必需品,以供养他一身,其余,高兴就买些享乐物品如椅桌金器美衣砂糖烟草之类。如是,他的追加工资,除了增加这类用品的需要,就不能发生别的结果。劳动者的种族既未实际增加,他的工资,自然会继续腾贵。但是,这虽然可以是工资腾贵的结果,但家庭乐趣的深长,也许,到底会诱致他们结婚,因而增加人口。亦就因此,除了上述那个小例外,工资增加,往往会引出食品的新需要。这样讲,这种新需要,就是资本增加人口增加的结果,不是原因了。因为人民的收入,是这样支出,必需品的市场价格,才超过它的自然价格;必要的食品量,才生产出来。后因人口增加,工资才又跌了下来。

出产的谷物量,若多于实际需要的谷物量,结果一定使谷物市场价格降在自然价格之下,使农业家利润,削减至普通程度以下,因而削去农业家一部分利润。既如此,农业家为什么硬要生产这么多的谷物呢?马尔萨斯说:"倘若生活必需品——最重要的土地生产物——不能按照产量的增加而创造追加的需要,那追加的产量,即将惹起交换价值的跌落[①]。一国生产物无论如何丰饶,其国人口尽可依然不变;这种丰饶,如果没有合乎比例的需要,原生产物价格,即当缩减而等于其生产费。"

原生产物价格,可缩减而等于其生产费!原生产物价格,能长此超在这个价值之上吗,又能长此落在这个价值之下吗?对于这问题,马尔萨斯自己,不亦曾加以否定的答覆吗?他说:"在这里,请原谅我暂停下来。在读者诸君前,叙述一个重要的原则——那就是,就实际

① 马尔萨斯所说的,是什么追加量呢?谁是生产者?追加量尚无人需要以前,有谁愿意生产它呢?

产出的数量说，谷物是和制造品一样，照必要价格出售。这个原则，为许多经济学家所忽视，就连亚当·斯密，亦不曾注意这个原则。他们说原生产物的售卖，往往按照独占价格。”

“地域辽阔的国家，生产谷物生产原料的机关，有各种等级，这不仅包括各种贫瘠土地，且包括各种下等机械。在良田再三要生产追加谷物时，劣等机关亦会被人使用。换言之，原生产物价格续涨，劣等机关亦渐可使用有利。原生产物价格续跌，它们亦会逐渐废置。这里所举的例证，一方面说明了现实收获必须有现实价格，别方面又说明了，伴特殊制造品大跌价而起的结果，伴原生产物大跌价而起的结果，种种不同。[①]”

我们讲过，他有一个主张，说生活必需品若不能按照追加产量而创造追加需要，那出产额的丰饶，必致减低原生产物价格，使等于其生产费。这种主张，与上述议论，将如何调和呢？谷物售价若永不较低于自然价格，其产量当亦永不致较多于现实人口所必须消费的数额。在这场合，有谁能为他人消费而贮蓄？在这场合，哪里来的谷物丰饶低廉，以刺激人口增殖呢？谷物生产费若果真低廉，追加工资，自然能够按照谷物低廉程度而追加工人维持家庭的能力。譬如美洲人口增加甚速，即因谷物的生产费低廉，而与预先的丰饶供给无关。欧洲人口增殖，比较迟缓，即因谷物生产费昂贵。按照事理之寻常，需要每先于供给。马尔萨斯说：“若不能创造需要，谷物价格，当与制

---

① 《地租的性质及其进步》。“一切进步国谷物的平均价格，不能超过维持产额平均增加所必要的限度。”《谷物条例效果论》第21页。

“为满足追加人口的欲望起见，我们会把新资本投在土地，但这种新资本将用以推广耕地的范围呢，抑用以改良耕地的品质呢？主要的问题，常取决于预计的报酬。总收入减少了，这样投资的动机亦必减少。价格的减少，若不能立即伴以农场必要费用的减少，换言之，除去土地税农业资本税农业家必需税后，生产物价格若不能照普通利润率而留下适当部分，作为投资的报酬，按照原地租额，留下一个部分作为地租，则预定计划的实施，恐不可能。”《谷物条例效果论》第22页。

造品价格同样,降而等于生产费。”这句话的意思,当然不是地租全然消灭。他自己亦曾说过,即令地主放弃全盘地租,谷物价格亦不能跌落。地租是高价格的结果,不是高价格的原因。事实上,无论何时何地,都有一种耕地是不纳地租的,都有一种土地的谷物价格,仅可偿还工资与利润。

马尔萨斯有一段话,确切说明了进步国原生产物价格昂贵的原因。这段话,一句一字,都有精义,为我所赞同。但我看,他这段话的主张,未免和他的地租论冲突。他说:“我毫不踌躇说,如果一国通货不紊乱,又无其他偶然事件,谷物的比较货币价格腾贵,必发因于谷物的比较真实价格腾贵,必发因于生产谷物所必要的劳动量资本量增加。但在已甚富裕而犹进步不已(财产继续增加,人口继续增殖)的国度,谷物真实价格提高而且不绝提高的理由,却是不断开垦贫瘠土地和不断采用昂贵机械的必要,使其国追加原生产物的费用追加。总之,原因在于一个重要原理,即进步国谷物售价,必等于实际供给谷物所必要的价格。所以供给愈困难,谷物价格亦按比例愈腾贵。”

这里,马尔萨斯明白说出了商品的真实价格,取决于生产所必要的劳动量资本量(所谓资本,只是蓄积的劳动)。有些人说,真实价格定于货币价格;又有些人说,真实价格,定于其物对谷物劳动及其他各种商品的相对价值。这都错误了。马尔萨斯说“商品的真实价格,取决于生产所必要的劳动量资本量”,才是真理。

马尔萨斯说“这样的人口增殖,将减低劳动工资”。马尔萨斯以为,这亦是地租腾贵的一个原因。但工资利润的合计价值既常同一,工资跌落,结果当是利润提高。[①] 工资跌落,决无提高地租的道理。无论以价值计,以数量计,劳动家农业家在全生产物中合得部分,决不因工资跌落而减少,故地主所得,不能因工资跌落而增加。工资减

---

① 见第六章。

少，利润提高，利润减少，工资腾贵之事，只有关于农业家劳动家的利害关系，全无干于地主。地主所要问的，是这种分割方法，是否较宜于新蓄积，换言之，能否增加土地需要而已。工资跌落，将提高的是利润，不是地租。工资提高，将跌落的亦是利润，不是地租。地租提高，工资提高，利润跌落，常常是同一原因的必然结果。对食物的需要增进，生产食物所必要的劳动量增加，食物价格，因之腾贵。地主虽全盘放弃地租，亦无利于劳动者。反之，劳动者放弃全部工资，亦无利于地主。他们所放弃的，均归农业家占有。但工资跌落的结果是提高利润；利润提高，有利于资本蓄积和人口增殖。所以工资跌落，也许会间接引出地租腾贵的结果。

按照马尔萨斯君的意见，地租腾贵的又一原因，是“农业改良，因可减少生产所必要的劳动人数”。这种意见的错误，等于说丰度增进，是地租腾贵的直接原因。我一样反对。农业改良与丰度增进，都只能增进未来的地租。农业改良，食品量将要增加，但在人口未按同一比例增加以前，即无所需于追加量的谷物，所以，地租不但不会提高，且将暂时减低。按照当时情状，所能消费的数量既可由少数工人或少量土地提供，原生产物价格，遂致跌落。资本将从土地撤回。[①]能够提高地租的原因，是对劣等新地的需要。此外，改变耕地的相对丰度，亦可到这目的。[②] 普及于一切土地的农业上分工上的改良，虽

---

① 参看第二章。

② 无论这一定量追加资本是投在不纳地租的新地上，抑投在既耕土地上，只要二场合的收获相等，就原生产物价格及地租腾贵二点说，结果就可说是一样。这个道理，我们没有每次明说的必要，但须常常记着——参看第二章。

本书法译本，有萨伊一段注解。他说，随便什么时候，亦没有不纳地租的耕地。他从此得一结论，与我完全相反。例如，我说谷物税原生产物税，将因提高价格而加在消费者身上，非落在地租上。他却说我错了。他以为，这种赋税一定会落在地租上。萨伊君要证明他的主张，首须证明世间绝无资本投在无租土地上，但他并未说明这点。在他的注解上，对于这个重要学说，既未加以反驳，亦未加以注意。据本书法译本第2卷第182页附注，他似乎不知有这样一种学说。

可增加一切土地的绝对丰度,但不能改变原来的相对丰度。

斯密博士以为谷物有一种特性,不能用奖励别种商品的方法来奖励。对于这种错误的主张,马尔萨斯君曾加以极正当的批评。他说:“谷物价格,久后当然大有影响于劳动价格,但这种影响,既不足阻碍资本投入土地,亦不足阻碍资本从土地撤回。试研究劳动工资支付的方法,劳动上市待售的方法,再考察亚当·斯密理论,将引出何种结果,这事实亦就明白得很。”①

一种商品的需要与高价格,可奖励这商品的生产。据马尔萨斯所说明,原生产物的需要与高价格,亦可奖励原生产物的生产。在论奖金效果时,我的见解,全然符合于这种见解。但马尔萨斯《谷物条例效果论》中的用语,是怎样不同于《限制外国谷物输入政策论》呀。真实价格一辞的意义,简直全然两样。为了指出这种不同,我曾注意《谷物条例效果论》中一段话。在这段话内,马尔萨斯告诉我们:“显明的,只有真实价格增加,才能奖励谷物的生产。”这里,真实价格四字,应解作谷物对一切其他商品的相对价值。换句话说,他所谓真实价格的增加,只是市场价格超过于自然价格或生产费。倘若真实价格作如此解,我虽不认这名称适当,但不能否认这意见正确。能够奖励谷物生产的,只是谷物的市场价格腾贵。商品生产的唯一大奖励,只是市场价值超过于自然价值或必要价值。

但马尔萨斯所谓真实价格,还有一种不同的意义。在地租论上,马尔萨斯君说:“谷物的真实价格,是生产最后追加国民产额所曾投下的真实劳动量资本量。”又说:“谷物的比较真实价格腾贵,只因生产谷物必须投下追加量的资本劳动。”②真实价格一语作如此解,我

① 《谷物条例效果论》第4页。

② 原稿正待付印,以此语请教于马尔萨斯君,他说这两个地方,他都不经意的,使用“真实价格”四字代替生产费,我以为,这两个地方都宜用“真实价格”四字,别处他却误用了这个名辞。

们就无异说——“显明的，只有增加生产谷物所必要的劳动量资本量，才能奖励谷物的生产”。这无异说：“显明的，只有增加谷物的自然价格或必要价格，才能奖励谷物的生产”。这个命题，我们当然不能赞同。能够影响谷物生产量的，不是生产谷物的必要价格，只是售卖谷物的可能价格。资本将被土地吸引，抑将被土地排斥，那须取决于售价与生产费之差。此中差额，若可提供普通利润率以上的利润，则资本将被土地吸引；反之，即将被土地排斥。

奖励谷物生产的，不是谷物真实价格的变更，乃是谷物市场价格的变更。非“因生产谷物必须投下追加量的资本和劳动，资本劳动才被土地吸引，但因市场价格超过于真实价格，耕种土地，才成为更有利的用途”。

关于亚当·斯密的价值标准，马尔萨斯的批评，甚为正确。他说：“亚当·斯密因认劳动为价值标准尺度，认谷物为劳动尺度，引出了这一列议论。据我国历史所示，谷物其实是极不精确的劳动尺度。与谷物比较，英国劳动不仅年有变动，且无时无变动。劳动，任何其他商品，都不能作真实交换价值的尺度，在经济学上，已成为不可辩驳的教义。根据交换价值的意义，这亦是当然的结论。”

谷物与劳动，若都不能作真实交换价值的精确尺度，什么商品能够呢？——当然没有什么商品能够。如果真实价格不是一个全无意义的名词，其意义就已在马尔萨斯地租论中说出了。真实价值的尺度，是生产商品所必要的相对资本量劳动量。

马尔萨斯《地租性质》一书，有云：“如果一国通货不紊乱，又无其他偶然事件，谷物的比较货币价格腾贵，必发因于谷物的比较真实价格腾贵，必发因于生产谷物所必要的劳动量资本量增加。”①

关于商品价格永续变动的事实，这种说明是很正确的。一件商

① 第40页。

品所以会永续腾贵，一定因为生产所必要的资本劳动增加；不然，就因货币价值跌落。一件商品所以会永续跌落，一定因为生产所必须投下的资本量劳动量减少；不然，就因货币价值提高。

由货币价值变动而生的变动，马上会普及于一切商品；由必要资本量劳动量变化而生的变化，限于特殊商品。允许谷物自由输入或改良农业，固可减低原生产物价格，但不能影响他种商品的价格（以原生产物为构成要素的商品，自当例外，它会按照原生产物真实价值的跌落，而为比例的跌落）。

马尔萨斯既然承认这个原则，却又说一国商品的总货币价值，须按谷物价格跌落的比例而跌落。他未免前后矛盾了。倘若一国每年消费的谷物价值等于1000万，每年消费的制造品舶来品的价值等于2000万，合计3000万，那吗，我们决不能说，因为谷物跌价了50%，或从1000万降至500万，便说每年支出额已减为1500万。

制造品原料的价值，比方说，不过占制造品全价值20%，制造品价值，便非由2000万降至1000万，不过由2000万降至1800万。所以，在谷物跌价50%以后每年支出额非由3000万降至1500万，仅由3000万降至2300万。[①]

谷价低廉，若不致增加谷物消费量，情形确会这样。但投资土地生产谷物的，会不愿继续耕作，他们会投资生产制造品，而输出一部分制造品，以交换外国谷物。其余不输出的那一部分制造品的价值，便是追加的。所以，在这场合，就连用货币计算，商品额的减少，亦不过等于地租减少的损失。但别方面，享乐品的数量却大增了。

关于原生产物跌价的影响，马尔萨斯君的论述，并未根据他的前提。他以为，这种跌落，无异货币价值提高了100%，所以说一切商

---

① 事实上，制造品并不能按照这个比例跌落。因为，在假定场合，诸国贵金属的分配，一定会受影响，在金的蓄积未足减低金价以前，诸国商品价格不能提高，我国低廉商品，将输出以交换谷物和金。

品价格均将跌落而半于原价。

他说："一七九四年至一八一三年，二十年来，英国谷物的平均价格，约计为每卡德 83 先令；一八〇四年至一八一三年，十年来，约计为每卡德 92 先令；一八〇九年至一八一三年，五年来约计为每卡德 108 先令。这二十年内，政府借债，约 5 亿。除去减债基金，每年仍大约须支付 5%的利息。谷物价格若降为每卡德 50 先令，其他商品价格亦以同一比例跌落，政府所付利息，便不只 5%，其实是 7%，8%，或 9%。为最后 2 亿公债而实际支付的利息，也许是 10%。

"对于公债所有者，这是一种异常的优待。若不考察款项出处，还有什么可以反对。但一瞬间的反省，使我们知道，支付这种款项的，就是社会上勤勉阶级与地主。他们名义上的收入，将因价值尺度的变动而变动。社会上这一部分人的名义收入，若与最后五年的平均数比较，也许减少了一半。但他们应该付纳的名义赋税，却依然。"①

第一，我想我已说明了，就连全国总收入的价值，亦不照马尔萨斯君所主张的比例减少；谷物跌价了 50%，每人总收入的价值，不必减少 50%。② 事实上，他的纯收入的价值，或可增加。

第二，我以为，即令负担增加，亦不会完全落在"勤勉阶级与地主"身上。关于这点，读者想能同意。公债所有者亦须依照自己的支出，负起一部分负担。货币价值提高了，公债所有者虽可领受追加价值，但在赋税上，亦当付纳追加价值；所以，支付追加利息的负担，决非全部落在"勤勉阶级与地主"身上。

马尔萨斯所有的论据，建筑在一个薄弱的基础上。他假定，一国

---

① 《限制外国谷物输入政策论》第 36 页。

② 马尔萨斯在他著作中，又假定谷价变动 $33\frac{1}{3}$%，诸商品价值必变动 25%或 20%。

总收入既减少，纯收入亦必以同一比例减少。著者编著本书时，心里就想说明必需品的真实价格跌落一次，劳动工资必减低一次，资本利润必提高一次。换言之，在一定量年产价值中，付给劳动阶级的部分，必较减少，付给雇主的部分，必较增加。假设其制造品价值为1000镑，以800镑给劳动者，200镑给雇主。商品价值减为900镑，但若因必需品跌价，工资可节省100镑，那雇主的纯收入，必依然不受损害。他的纳税力，减价后无异于减价前。①

总收入与纯收入，有区分必要，因赋税须出自纯收入。设一国所有商品——即每年能上市场的谷物原生产物制造品等等——价值等于2000万；又假设，因要得到这个价值，必要一定量劳动，雇用这一定量劳动的绝对必需品为1000万。如是，这社会的总收入，应该说是2000万，这社会的纯收入，应该说是1000万。但我们不能根据这个假设，便说劳动者只领受1000万；他尽可领受1200万、1400万，或1500万；换言之，他尽可分享200万、400万，或500万的纯收入，而以其余归于地主与资本家。全部纯收入，却决不能超在1000万以上。假定社会每年须纳税200万，纯收入即将减为800万。

设货币价值提高1/10，一切商品价格都跌落，劳动亦必跌价。(因劳动者绝对必需品，是商品的一部。)因之，总收入降为1800万，纯收入降为900万。若赋税以同一比例减低——即仅征收180万，纯收入即当减为720万。但现今720万，必等于昔日800万，故社会无所得，亦无所失。又假设货币腾贵后，所征税仍为200万，社会每年便损失20万。社会更贫了，事实上，赋税亦是九抽一。所以，在货币价值变动，以致商品价格变动的场合，不变的货币赋税额，必致增

---

① 关于总收入与纯收入，萨伊说："产出的全部价值，就是总收入；除去生产费，就是纯收入"(第2卷第491页)。但萨伊把地租工资利润，统括在生产费内，所以说不能有纯生产物(508页)。他又说："若一任自然，生产物的价值，生产劳役的价值，生产费的价值，本来是一个价值。"——从全部取去全部，故无剩余。

加社会负担。

但在物价变动发因于生产便易或谷物输入的场合，生产所必要的劳动，得减少 100 万，因之，地租减少 100 万，商品总价格亦减少 100 万，纯收入却依旧。总收入减为 1900 万，获取总收入所必要的费用，亦减为 900 万，故纯收入仍为 1000 万。现今，对于这个削减额的总收入，虽仍抽 200 万赋税，全社会却不会从而更贫。全社会且将从而更富。因为，纳税后他们的纯收入，依然是 800 万，但所能购得的商品，却按 20 对 19 的比例增加，商品价格将按 20 对 19 的比例跌落。这时，且莫说赋税负担依旧，即令赋税增加，社会上的方便品必需品，亦必增加以改进人民幸福。

支付同额货币赋税后，社会纯收入若依旧，惟地主阶级因地租缩减而损失 100 万，那末，商品价格虽将减低，诸生产阶级的货币收入，仍会增加。资本家将受二重利益。他自身和他家庭所消费的谷物肉类，均将减价；婢仆园丁以及各种工人的工资，又将减低。为牛马而支出的费用，必减少；以原生产物为主要成分的商品，又将减价。他的货币收入增加了，同时，他的货币支出又节省了。这种合计，使他享受二重利益。因之，他不仅能够增加享乐品，必要时，他还能负担追加的税额。他可消费更多得多的课税品。所以，地主需要虽已减少，无关重要。至若农业家商业家的处境，不用说，是和资本家一样。

或谓，在这情况下，资本家收入并不能增加；从地主那边扣下来的 100 万地租，将在工资形式上付给工人！好，即令如此，但我们的议论，仍可保持。社会的状况，仍将改善。劳动阶级的纳税力，一定会提高。这个阶级——社会上最重要的阶级——因受这种分配方法的利益，状况当可改善。他们所领受的，将较多于 900 万。这个追加部分的支出，定能增加一国收入、幸福，与势力。所以，喜欢这样，就这样分配罢。多给这一阶级，少给那一阶级，不致减少一国纯收入。同量劳动既可产出追加量商品，这等商品的总货币价值虽将因而减少，一国纯货币收入，却更能维持现在的人口，更能供给享乐品奢侈品，更能支付赋税了。

谷价大减，当然有利于公债所有者。但是，倘若谷价减低，没有谁会受害，为什么偏要勉强使谷价腾贵呢？公债所有者的赢利，亦是一国的赢利呀，一样可以增加国富呀。如果他们的利益不正当，那就应当精确计算，设法救治。因见公债所有者的赢利率不当，便使全国不能享受谷价低廉丰饶的大利益，怕是世上最不高明的政策。

以谷物价格调节公债利息的方法，尚未试行过。如果真应有这种调节，我们欠旧公债所有者的数目，怕不知有多少了。一世纪来，谷价腾贵了 2 倍 3 倍，他们领受的货币价值却是一样。

公债所有者的地位（与农业家制造家各种资本家比较），将因谷价减落而更为优良的假设，是根本错误了。事实恰好相反。

公债所有者所领受的货币利息，无疑是像先前一样。原生产物价格和劳动价格减低，由原生产物构成的商品价格减低，固然有利于他们，但不仅有利于他们，一切有固定货币收入的人，都可受益。但在农业家各种资本家的货币收入增加的时候，他们的货币收入却依旧。他们不能享受两重利益。

或谓，工资跌落，资本家利润固可提高，但其收入亦将因产品跌价而减少。但请问，什么使产品价格跌落呢？当然，那不是货币价值的变动，因为我们不曾这样假定。亦不是生产商品所必要的劳动量减少，因为在假设场合，不许有这种现象。即令有，亦只能减低货币价格，不能减低货币利润。按照假设，原料价格是跌落了的，所以，产品跌价，也许是事实。但这样的跌价，决不能减少生产家的货币收入。他以较低价格售卖商品，仅因构成商品的原料跌了价。如果羊毛价格已经减少了 100 镑，毛织业者不以 1000 镑而以 900 镑售卖罗纱，收入当不致减少吧。

马尔萨斯说："进步国农产物的最后追加量，不能增加地租比例。

因此，若确能保持不变供给，富国或宜从外国输入若干谷物。但无论如何，如果外谷低廉程度，不足赔偿因此而致排除的谷物类的地租利润，则外谷输入，决非一国之福。"①

马尔萨斯这种议论，完全正确。外谷低廉程度，必须足够"赔偿因此而致排除的谷物类的地租利润"；不然，输入无利于任何人。

地租既然是高价格的结果，地租减损，亦是谷物低价格的结果。若国产谷物尚能提供地租，外谷决不能与之竞争。但谷价下落，必致影响地主，至地租全部丧失之时为止。若仍续向下落，资本的普通利润，便亦无法提供。资本因之，将与土地告别，而从事他种职业。外谷遂乘机输入。地租的减损，一方面固然是价值和价格的减损，别方面却是财富的利得。原生产物和他种生产物的合计量加大了，但因生产便利，价值却较小了。

设有二人，资本相等，一从事农业，一从事工业。农业家每年生产纯价值 1200 镑，中以 1000 镑为利润，200 镑为地租。工业家每年仅生产纯价值 1000 镑。后因输入之故，值 1200 镑的谷物量，已可由价值 950 镑的制造品换得；于是，投在农业上的资本，亦将转投工业。他们合计的纯收入价值，将因而减少——由 2200 镑减至 2000 镑——但他们所得而消费的谷物量商品量，却不仅不会更少，反而更多了。因为，从外国购买同一价值的谷物，既然只需 950 镑，其余 50 镑，即可用以购买追加量的商品。

输入谷物好呢，生产谷物好呢，这正是利害得失的关头。投下的资本相等，从国外输入，比较在国内生产，若不能获得追加量的商品，输入即不可能。（所谓追加，不仅就农业家所得部分而言，且就地主所得地租而言。）

马尔萨斯君说："投在农业上的生产劳动，与制造业比较，当可促

① 《限制外国谷物输入政策论》第 36 页。

动大的再生产——亚当·斯密这种主张,可称恰当了。”但是,如果亚当·斯密所说的,是价值,他的主张当然正确;所说的若是富,他就错了。他自己说过,构成财富的是人生必需品方便品娱乐品。就富的观点说,不同类的必需品方便品,无由比较。使用价值的评定,不能按照固定标准。一个人有一个人的评价。

附录一　引用各书题名

亚当·斯密著《国富论》(Adam Smith:An Inquiry into the Nature and Causes of Wealth of Nations,1776,5th Edition,1789,edited by D.Buchanan,1814)

马尔萨斯著《谷物条例效果论》(Thomas Robert Malthus:Observations on the Effects of the Corn Laws and of a Rise or Fall in the Price of Corn on the Agriculture and General Wealth of the Country,1814)

马尔萨斯著《限制外国谷物输入政策论》(The Grounds of an Opinion on the Policy of Restricting the Importation of Foreign Corn,1815)

马尔萨斯著《地租的性质及其进步》(An Inquiry into the Nature and Progress of Rent,and the Principles by Which It Is Regulated,1815)

萨伊著《经济学》(Jean-Baptiste Say:Traité d'Economie politique ou simple exposition de la Maniere dont se for ment,se distribuent et se consomment les richesses,1803,2^me edition 1814,4^me edition 1819)

托伦斯著《外国谷物贸易论》(Colonel Robert Torrens:An Essay on the External Corn Trade 1815)

洛豆尔德著《公共财富的性质及起源》(Earl of Lauderdale, James Maitland, An Inquiry into the Nature and Origin of Public Wealth, and into the Means and Causes of Its Increase, 1804)

德托拉西著《观念学要论》(Antoine Louis Claude Destutt de Tracy, Éléments d'Idéologie 1817-1818)

西斯曼底著《商业财富论》(J.C.L.Simonde de Sismondi, De la Richesses Commerciale ou principes dèconomie politique: appliques a la legislation du commerce, 1803)

巴登著《劳动阶级的状况》(John Barton, Observations on the circumstances which influence the Condition of the Labouring Class of Society, 1817)

附录二　几个译音的字

Bushel	布奚
Franc	法郎
Guinea	几尼
Ounce	翁斯
Pound	镑
Pence	便士
Quarter	卡德
Shilling	先令